新装改訂版

新しいチェーンストア戦略

大閉店時代に勝ち残る唯一の方法

吉田繁治

ビジネス社

はじめに

新型コロナは、世界の民需を8割経済にしています。

民需とは、

①GDP（国内総生産）の60%を占める個人消費（商品需要＋サービス需要）、

②民間の設備投資、

③および住宅建設です。

GDP＝民需＋政府の財政支出＋輸出－輸入です。

民需8割でもGDP全体が2割落ちないのは、政府の財政支出（補助金、雇用助成金、失業手当と、企業への無利子・無担保の貸付金（政府保証）があるからです。

2020年の年間GDPは楽観的にはマイナス5%、妥当な線でマイナス8%が予想されています。翌年の2021年は多くの人がコロナの収束を予想してプラス5%としていますが（日本総研）、第二波、第三波が想定されるようになってきた新型コロナの推移次第では、2年連続でマイナス成長の可能性もあります。当方は2022年夏の収束と見ています。

GDPは、生産＝需要＝所得の三面等価の性質を持つように集計されます。

GDP＝商品の付加価値生産額＝企業所得＋世帯所得＋減価償却費＋政府の補助金＝商品需

要＋サービス需要です。ＧＤＰが減ることは、「企業と世帯の合計所得が減ること」になります。ＧＤＰがマイナス10％なら、企業所得と世帯所得も10％減っていきます。

世帯の所得が減ると、買い物は減らざるを得ず、店舗の全体売上げ（１４０兆円）も減ります。２０２０年、21年は生きるために必需である食品ＳＭとドラッグストアを除き、「１００万店の総店舗売上げが減る時代」になっていくでしょう。閉店、廃業、倒産は、従来の予想をはるかに超えて増加します。観光業とその関連店舗、百貨店、アパレルは、とりわけ大きく売上げを減らすでしょう。飲食店も座席を空けて半分にするので、売上げは最大でも70％から80％でしょう。

店舗ではありませんが、病院・診療所も院内感染を警戒する外来が11％から41％減って、80％以上の医療機関が赤字になっています（20年4月）。「病院に行かなくても済ませる程度の患者」が外来の3割はいたかもしれないということでしょう。コロナは病院にすら「生き残り」の対策を強いています。コロナ受け入れ病院も防護のコストがかかるので、およそ赤字です。

店舗経営の前提として、民需の8割経済が2年は続くとしておかねばならないでしょう（2022年夏まで：食品ＳＭ、ドラッグストア、ホームセンター業態を除く）。コロナ前（２０１９年）の売上水準に戻るのは、２０２４年ころと予想する民間エコノミストが増えています。

２０２０年から3年間、小売業に関わる民需は２０１９年の水面下ということです。
20年7月ころから世界でコロナの影響の長期化が想定され、来年5月までのV字回復予想は少なくなってきました。新種のウイルスであり、まだ治療薬がないからです。ワクチンも数万人の治験（第三段階）で、ほぼ副反応がないことが証明されなければ使えない。仮に接種した1％の人に副反応が出ると6000万人に使った時、それに苦しむ人が60万人になるからです（現在の確認感染数の約10倍）。20年12月から3種のワクチンが認可され、欧米から使用が始まります。ほぼ40％の人は副反応のおそれから接種しないと言っています。

ニューノーマル（新常態）ともいわれる交通と買い物行動の変化の中で、無店舗のWEB販売（EC）のアマゾンは2兆6000億円も売上げを増やしています。20年4-6月期は前年同月比では37％の増加。年間で10兆円レベルになる巨大な売上増加です。ウォルマートも店舗から配送するWEB販売で複合化し（オムニ・チャンネルという）、WEB販売の売上げは前年比74％の増加になっています。ショッピングセンターが閉店する中で、店舗と合わせた既存店売上げは10・0％増加しています（20年4-6月期：3カ月の売上げは14・4兆円）。都市封鎖の期間に店舗の客数は5・6％減少しましたが、行く回数が減ったことからまとめ買いが増え、客単価が16・5％増加したからです。有店舗が売上げを減らす中で、店舗のオムニ・チャンネルとWEB販売は売上げを増やしています。小売業のDX（デジタル・トランスフォーメーション）がこれです。

新型コロナは、店舗に損益分岐点を切り下げることと、人的な生産性（8時間換算労働の1人当たり荒利益額）を上げることを要求するものです。民需の8割経済の中では、現在の損益分岐点ぎりぎりの店舗のほとんどが赤字に転落します。企業経営での赤字は、普通3年程度しか続かない。現在は政府からの補助金と政府支援の無担保・無利子借入金で、苦しくても資金繰りはついているかもしれません。しかし、これも最長で2年が限度でしょう。

人的な生産性を2倍に上げ、同時に損益分岐点も20％切り下げる構造改革を、小売業は行わねばならない。ＤＸをふんだんに使って生産性を上げることは、コストダウンになるものです。構造改革は資産バブル崩壊の１９９０年から必要だったのですが、本文で述べる通り、はかばかしい進展はないのです。

わが国小売業１００万店の問題は大手も含めて、1人当たりの荒利益額で計る人時生産性（荒利益高÷労働人時）が米国に比べて、ほぼ3分の1と低いことです。１９９０年からの30年も小売業の人時生産性は、ほとんど上がっていません。70％の店舗では逆に下がる傾向です。人時生産性が上がっていないことが原因になって、約７００万人の従業者の平均賃金も上がっていません。約０・５％の物価上昇と消費税の10％を引いた実質所得は、15％以上下がっています。生産性が低い中でも存在できたのは、小売業が国内産業であり、生産性が低い店舗同士の競争だったからです。

製造業は、コストの低い中国を含む世界と競争をしています。しかし小売業の店舗は国内競争でした。ここから日本の小売業の生産性の低さが露呈してきたのです。アマゾンや中国のアリババは、世界中に配送ができる世界店舗です。その商品価格や生産性との競争です。わが国の店舗も生鮮食品以外は、ＷＥＢ販売によって国内競争ではなくなったのです。

特に1ドルが79円の超円高になった1995年から、製造業は海外生産を増やしてグローバル・サプライチェーン化し、生産性を上げてきました。しかし国内小売業の生産性は上がっていません。なお小売業でのグローバル・サプライチェーンは、わが国ではユニクロとニトリを代表とするでしょう。商品開発のマーチャンダイジングで両社が80年代末から行ってきたように、小売業のマーチャンダイザーが資材（原材料）と製造に関与しなければならない。コンビニの本部（地域本部）ではおにぎり、お弁当、惣菜のファストフードの仕入れで、製造への関与が行われています。

本書は、「新しいチェーンストア戦略」を、店舗の構造的な問題から捉え、実行しなければならないことを示すものです。単に店舗数を増やし、総年商を大きくしたものがチェーンストアではありません。

①個店では上がらない人時生産性を上げるために商品作業を標準化・デジタル化して、
②商品構成と商品作業を標準化した店舗を多く作って1品目単位のPB（プライベートブランド）販売数を増やし、
③顧客の生活を向上させるためにNB（ナショナルブランド）より商品価値（機能・品質÷価格）の高いPBを開発していくものです。

生産性を上げる目的は従業員の賃金を上げながら店舗コストを下げ、それによって流通・小売りのマージン率を下げ、PBの価格を下げていくことです。

一例をあげると、日本で26店に増えたコストコは流通マージンである荒利益率が売上比11%ともっとも低く、小売業平均の2分の1以下です。他方、人的な生産性（8時間換算労働の1人当たりの荒利益額）は、わが国の流通大手より2・5倍は高い。生産性が高いため、パートも初任給が1200円であり、1000時間ごとに1650円から1800円に上がっていきます（2018年時点）。わが国のパート時給の約2倍です。

コストコで販売するPBが持つ顧客にとっての商品価値は、同等のNBより約2倍は高い。商品価値の高さのため遠くからも顧客が集まり、店舗の平均売上げは185億円と大きい（世界762店：総年商14・5兆円：2018年）。商品価値が高いPBの売上げの大きさが人的な生産性を高くしています。

チェーンストアは、そこで働くことで生産性の高い仕事ができ、従業員の平均賃金もコストコのように高いものでなければならない。この観点で経営されているチェーンストアは、ごく少数しか存在していません。30年間の基本的な経営戦略に後退と停滞があったからです。

総消費額が伸びず、減ってきたから売上げは増えず、人的な生産性も上がらなかったというのは経営者の言い訳です。業界の総需要が金額でほぼ半分に減ってきた中で、商品価値の高いPBの開発により売上げを増やして人的生産性を高め、高い賃金を払ってきた会社も存在しています（その2社がわが国ではユニクロとニトリでしょう）。

本書では、米国の大手企業になったチェーンストアおよびユニクロやニトリにも共通している構造的な経営戦略を基本的なところから分析して理論化し、実行できる手掛かりを解説しています。

障害となったのは現状の追認でした。あるいは業界平均より少し高いところで安住したことです。一方で事例のチェーンストアは、その時々の障害になることを戦略（経営方法）によって克服し、次の一層高い目標を達成できるよう新たな戦略の付加を続けてきた歴史を持っています。

ユニクロでは世界的なファスト・ファッションで先行しているH＆M（年商2・5兆円：2018年）やZARA（インディテックス社：3・4兆円：同年）に追いつき、超えることです。ニトリも世界年商4・9兆円（2019年）のIKEAが目標としています。経営の目標と、その目標があるから生じる課題を高いところに置き続けています。「目標とするビジョン－現状＝差異」が、経営戦略によって克服すべき課題になるからです。

長期経営目標は、その時は到達できないと思える高いところに置かねばならない。目標を高くできるのは、伸び続けている企業を世界中から探して自社と比較し、戦略を学習しているからです。

①達成目標とするビジョンへの到達の情熱と、②戦略を作る知識・技術が経営者の器といわれるものです。経営は「目指すもの、戦略作り、戦略の実行力」によって資本市場と顧客から評価されます。企業を取り巻くステークホルダー（直接・間接に利害関係にあるもの）には株主だけではなく顧客、従業員、仕入先、社会環境を含むべきものです。近年、SDGs（持続可

能な開発目標）といわれるものの内容がこれです。

チェーンストアのPBは顧客の生活水準を向上させ、同じ所得でも、より豊かにするというという「社会的な目的」を持つものであるべきです。メーカー品のNBより値入率（商品の売価における利益の割合）を高くできるからPBを開発するというのは、「顧客の生活水準を向上させる」というチェーンストアが共通に持つべき経営ビジョンから外れています。このため顧客から高く評価されるものではなかった。NBより一目でわかる高い商品価値（機能・品質÷売価）にはなっていなかったからです。（注）大手小売業のことを書いていますが、名前は伏せます。

トレードオフ型PBがわが国で評価された時流（時代で変わる価値観）は、10年以上前に終わっています。顧客の商品を見る目が進歩したからです。トレードオフ型PBは、「優れた機能・品質と低い製造原価は両立しない」として、価格を下げる時に機能・品質を落としたもので90年代からリーマン危機の2008年までは多かったのです。

ここでユニクログループであるGUの最新の事例をあげます（421店：年商2237億円：営業利益率13・4％：19年8月）。ユニクロより低価格のGUの業績（売上げ、生産性、営業利益）は、2016年まで低下していました。GU事業を続けるかどうかの経営決断も迫られていたのです。売場の従業員に訊ねると、「価格は安いがユニクロの安物では、自分も買う気がしない」という声が上がっていました。マーチャンダイジング（商品開発活動）の方法が90年代型のトレードオフだったからです。

GUには、スウェーデンが本社のH&M（ヘネス&マウリッツ：世界売上げ2・6兆円）が持っているようなデザイン性とトレンドのカラーコーディネート性が薄かった。ユニクロと同系列の装飾を排したミニマリズムではあっても、安物に見えるものだったのです。「顧客が必要とする機能・品質÷価格＝商品価値」において、類似の価格帯のH&Mには相当に劣っていました。これが「ユニクロの安物では自分も買う気がしない」という同社の女性社員の素直な言葉の意味するところでした。

2010年ころから他の商品領域でも、トレードオフ型の品質を落としたPB開発で価格を下げるだけでは、顧客が評価する商品価値は低く、買う気を喚起しないものになっていました。社長は、女子社員の言葉を「顧客からのGU商品に対する評価」として正面から取りあげ、マーチャンダイジング（商品開発の活動）を転換させたのです。新任の社長も同じように感じていたからです。

80年代に比べて2倍の円高となった90年代から、衣料だけでなく全部の商品領域で価格のディスカウントが進みました。しかし商品の多くは機能や品質のどこかをムダと見て落としたトレードオフ型でした。

「生産・流通・小売コストが含むオーバーオールなムダを排して、いい商品を安くする」ことがディスカウントの本義です。しかし超円高の1995年ころから平均単価が2分の1に向かう下落を主因に、既存店の売上げが大きく減っていた小売業は、荒利益率を下げること（人的生産性を高めて店舗のコストダウンを図ることが必要）はできないとしていました。そして正当なコストダウンではなく、商品の機能・品質を落として値入率（値入額÷売価）がNBより高くできるPBの開発をしていたのです。安く仕入れて高く売っていたことになります。

GUのミニマリズム・ファッションも、90年代型ディスカウントだったトレードオフの系列でした。社員が「安もの」と感じていたのは、社長や商品本部より顧客の意識に近い現場の販売員でした。「安もの」と感じている商品は、顧客も同じ評価しかせず売れません。目標額より売れなければ、企業の業績と社員の生産性は上がらない。

社長とマーチャンダイザー（商品開発担当）はこの時、困難に思えていたことに挑戦します。まだ行ったことのない高い目標は当然、難しい。高い目標は現在の到達点より高いからです。その目標の高さが世界的なファスト・ファッションのH&Mにも対抗できるGUの商品を作ります。

マーチャンダイジングの目標を「ビジョン」として文章と数字で描くことから始まります。目標とする商品の粗い設計図がこれです。「デザインでのファッション性を高め、素材と縫製の品質は上げて、しかしユニクロより一段低い価格で販売し、値入率は50％」。ベトナム等の工場の現地社員も「裁断、縫製、形状の品質の向上」に参加させ、提案を受けて改善しています。全員参加のTQC（全社的品質管理）も導入したのです。

他の新興国でも同じですがベトナムの工場でも、H&Mや米欧のチェーンと発注量の競争があります。商品価値（機能・品質÷売価）で勝つには、1品目（アイテム）の生産に10万枚のロットが必要だったとしています。GUの業績は、マーチャンダイジング転換の効果が店舗に表れた2017年から売上げで10%/年で伸び急回復しました。顧客がGUの新しい商品の価値を評価したからです。

家庭用品、食品SMのファストフードも同じです。競合のPBとNBより商品価値（機能・品質÷価格）の高いPBを提供できるマーチャンダイジングの方向に転じなければならない。商品価値の高さが顧客を吸引する「商品力」と言われるものです。

他の方法やプロモーション（販売促進）、割引特売、またはCRM（顧客管理システム。要はポイント割引）だけでは2020年代の小売りの業績は上がらないと断言できます。

①商品作業の標準化、②IT化（RFID：自動認識技術とDX：デジタル・トランスフォーメイション）をして生産性を今の2倍を目標に上げていき、③コストダウンと店舗の生産性を上げて「商品価値の高いPB」を続けるというチェーンストアの本義に至らねばならない。

GUの社長は、「困難な道だった」と語っていました。競合他社がマネできない難しさから、方法を作った小売業の業績は上がります。どこでも仕入れることができ、作れる商品なら月並みの業績にしかならないでしょう。業績は、顧客を吸引する商品力の結果です。とりわけコロナ以降の2020年代は、どこでも売っている月並みな商品で業績（売上げ、生産性、営業利益）は上がりません。

顧客はスマホで世界中の商品を見ているからです。SNSではレストランやホテルの体験評価が数多く掲載されています。商品も同じです。世界中の商品評価がアマゾン等のレビューとして公開され、顧客はそれを読んで買っています。インターネットは顧客が比較する商品情報の幅を広くし、世界的にしたのです。日本の温泉や民泊の情報も世界の人が読んでいます。こうした時代の変化から、世界にない日本独自の伝統的な商品も評価を高めたのです。

一度、インターネットで中国のアリババの商品と価格を眺めてください。世界競争になった小売業が了解できるでしょう。楽天からはアリ・エクスプレスに入ることができます。当方、実は海外配送をするアリ・エクスプレスで巨大な送信管845の真空管アンプ（重量30kg）を注文したところです（マニアックな商品ですが）。送料は1万5000円、10日くらいで着きます。日本の同等の商品と比べて2分の1から3分の1の価格だったからです。

自薦ではありますが、小売業100万店とコンサルタントにも読んでいただきたいのが本書です。内容に自信があります。本書は商業界で20年4月に出版したものに、大幅な修正・加筆をして仕上げた再刊行版です。

2020年11月19日

吉田繁治

Mail address:yoshida@cool-knowledge.com

本書は2020年4月1日に商業界より刊行された『新しいチェーンストア理論』を改題、大幅に修正した最新版です。

第2章 標準化・単純化・専門化の推進

第3章

標準化のレベルをどう上げて生産性を高めるか

第4章 現場を活性化させるTQC、部門経営の導入

第5章 これからのDC物流とPB開発の方法

第1章

チェーンストア経営を基礎から解く

Q1 チェーンストアとはそもそも何ですか。基本的なところから説明していただきたいのですが。

多くの経営的な要素があるので、本格的に答えます。そもそも米国では、チェーンストアと自称する小売業は少ない。小売業の経営法がすでにチェーンストア経営だからです。わが国のチェーンストア論の代わりには、リテイルマネジメント論とアマゾンやグーグル、フェイスブックを生んだリーダシップ論があります。

米国にチェーンストアがないのではない。100年前から存在する多店舗経営の全部が、わが国でいうチェーンストア経営法に属するからです。その対極といえる個店経営は、ニューヨーク（NY）や大都市にある家業店です。100年も前からビルが建ち並ぶ大都市では、大型店用の土地と駐車場がなく、チェーンストアが作られていないために残ったのです。

日本では、都心の百貨店と商店街の家業店しかなかった1960年代（昭和35年〜）から、米国と欧州の多店舗経営の小売業を見学し、「品揃《しなぞろ》えを標準化した連鎖店」の意味でチェーンストアとしたのが始まりでした。チェーンは「鎖につながれた」という否定的な意味も持っています。鎖は個店の自由がないという含意です。

（注）実際は、成果に責任を負う範囲で、店長の自由があります。責任と自由は、原理からして一対のものです。

70年代までわが国で称揚された、繁盛店経営法を振り返るところから始めます。

この経営法は、「わが国の流通・小売りに米国流は合致しない」という前提から始まったものです。商品は整理せず、ピンキリを大量に並べて積み上げ、他より安い価格を付け、販売員を大量雇用すれば、顧客が集まり、売上げが増えるというものでした。

米国のチェーンストアは合理的（科学的）な経営であり、日本の文化（価値観と行動様式）には合わないとしていたのです。米国流に合理的にすれば、日本での売上げは減るとしていました。日本の流通は、米国のように合理化していない。逆に卸・小売業の従事者は増えているとしたのです。当時は製造業も含めて「日本的経営」が称《たた》えられ、米欧の文化、価値観、行動様式と異なる日本人論が盛んな時代でもありました。

繁盛店経営法は２０１８年にユニーを買収したパン・パシフィック・インターナショナルホールディングスに受け継がれています（ドン・キホーテ創業者の安田隆夫氏が作った最初の店の店名は泥棒市場でした）。

わが国では個店の繁盛店経営法だった

わが国における１９７０年代までの小売経営法は、「繁盛店経営」ということができるでしょう。70年代までの、

①需要に対して不足していたＮＢ商品（メーカー開発商品）や安かった人手を大量投入し、

②価格はＮＢの割引きで、

③店舗の坪当たり売上げを可能な限り大きくして、利益を増やす方法でした。

（注）本書ではNB（National Brand）は全国ブランドの有名商品という意味ではなく、大企業、中小企業にかかわらず、メーカーが在庫リスクを負って作った商品を指すことにします。

店舗の3大経営資源（設備、人、商品）のうち高かったのは、まず土地であり、店舗という設備でした。このため安かった販売員を多く使って、坪当たり売上げを高める経営法が有利だった時代でした。1980年代までセルフセレクションの業態は少なかったのです。高度成長の終盤には所得が7％増えていて、所得増から消費財の需要も増えていました。NBは需要に対して供給不足だったため、店舗が注文したものが納品されないことも多かったのです。消費は所得に比例して、増えるからです。

大手メーカーが作ったNBは、当時の家業的な工業が作っていた消費財より高品質でした。商品需要が増えていた90年までではインフレの時代であり、商品物価は上がり続けていたのです。特に2度の石油危機（73年と79年〜）の10年は、1年に5％〜15％という物価高騰の時代でした（日本の金融危機の98年からほぼ0％）。土地と物価が上がらずに下がってきた98年以降とは、まるで時流が逆だったのです。

資産バブルが崩壊した90年代からの安い人件費は、「同一作業・同一賃金」には違反しているパートタイマー（以下パート）の雇用によっていました。正社員の3分の1くらいの時間単価でパートの雇用できたので、「1人当たり生産性の上昇（必要値は年率5％）」というチェーンストアが行うべきことが進行していません。

（注）80年代半ば以前は、小売業でも8時間勤務の正社員が多く、パートは少なかったのです。

１人当たり管理面積の狭さという問題

店舗の１人当たりの管理面積は、今なら売場30坪（１００㎡）、当時でも20坪でなければならない。しかし多くの店舗で、１９８０年代を引きずっていて約10坪に１人のままでした（本部、物流を含む：同時期の米国の２分の１の管理面積）。

根本をいえば、「品揃えの80％共通化（標準化という）」と、「売場の商品作業の標準化」の進行が弱かった。この現象も、大都市で１時間８００円、地方では７００円以下の安価なパートの雇用ができていたことに原因を求めることができます（現在のパートの時給は８００円～１０００円）。

店舗面積や店舗数を増やすコストより、パートの総人時（労働時間）を70％～85％とする人を雇うコストが低かったからです。１人当たりの売場面積は家業店のように狭いままで（人的生産性は低いままにとどめ）、商品作業は標準化を十分に行わず、逆に「主体性を生かす」として店舗側に包括委任してきたのです。特に80年代まではパート人件費が低いため、中国の店舗のように店員が多かったのです。

国土が狭く、希少資源とされていた土地は、90年まで年率７％以上で高騰していました（10

年で2倍)。現在、地方の空き地を見ると、わが国にも土地はあり余るくらいあります。田舎の古い戸建て住宅は、現代風に改装しても数百万円から800万円の価格です。古いままの木造住宅に買い手がなく、価格がつかないのが人口が減り始めた2010年代です。

わが国で土地が少ないとされたのは、政府が相続税・固定資産税をゼロにし農家所得の約50%にもなる補助金をばらまいているため、農地の開放(農業の廃業)がないからでした。現在は農業従事者の平均年齢が68歳になり、至るところに耕作放棄地と空き家が増えています。

80年代までは勤続給や役職手当を加算した賃金も7%は増えていたので、需要に対して商品は不足していました。このため消費財の物価は、年3%から4%は上がっていたのです。商品はメーカー・問屋からの「NB仕入販売」でした。

わが国固有の個店経営といわれるものは、賃金と物価と土地が上がっていた経済の中での、70年代の繁盛店経営法からきたものです。総店舗は170万店もあり、店主が考えたさまざまな独自の経営法がありました(現在は、稼働店が100万店でしょう)。

全国1万2000カ所にあった商店街のほとんどが家業店(60万店)でした。世帯所得が1年に7%増える中で、消費財の70%~80%(小売業売上げの70%~80%)を売っていました。商店街が隆盛だった最末期に、商工会議所が招いた渥美俊一氏の講演を聞いたことがあります。「商店街はなくなる」という言葉が記憶に残っています。現在、全国の商店街の95%がシャッター通りとなっています。

チェーンストアの歴史は１１０年

他方、海の彼方（海外旅行費は高く、まれだった当時の印象）の米国では１９１０年代から、多店舗とＰＢ（小売業のPrivate Brand）の開発を目指す小売業が登場し、「チェーンストア」と呼ばれていました。経営法の３つの基準は、商品と店舗作業における①標準化、②専門化、③単純化でした。（注）ＰＢ（Private Brand）とは小売りが生産リスクを負って、開発する商品を言います。

これが2章で述べるマイケル・Ｊ・カレンの「売場の部門別管理」と、工業を近代化したフレデリック・テイラーの「ベルトコンベアを作った工程分解の標準作業」と結び付いて、チェーンストア経営といわれる共通の方法が確立していったのです。そのチェーンストアの経営法がリテイルマネジメントでした。

チェーンストアに共通なビジョン（事業が目指すべき目的）

小売業がチェーンストアとして１００店以上、１０００店、５０００店の多店舗経営を目指して実行する理由は、「ＮＢよりも消費者サイドに立った価値の高い商品（ＰＢ）を開発する」ことです。ＰＢはプライベートブランドのことで、開発して自店のみで販売します。量産しないと製造原価が上がります。このため開発したＰＢを大量に販売できる多数の店舗の経営が必要になり、店頭品揃えは標準化（共通品目の展示とその維持のこと）したのです。

わが国では多店舗の経営を目指した出店はあっても、いまだにＰＢ開発は貧弱です。消費者

図①-1：チェーンストアが開発目的（ビジョン）とすべきPB

顧客サイドから見た商品価値がNBより数段高い、
お値打ち商品の開発
お値打ち商品の価値＝（商品の機能・品質÷価格）が高いこと

注）本書ではNB（ナショナルブランド）は、全国ブランドの商品という意味ではなく、メーカーが開発し、多くが卸から店舗に配送される商品。一方、PB（プライベートブランド）は、小売側が企画開発した商品。ユニクロやニトリの商品がその代表的な事例。アマゾンは、NBのネット販売。ZOZOはごく一部がPBでしかない。NB商品は、どこの店舗でも仕入れ・販売ができる。

多店舗経営でもお値打ち商品のPB開発がないか、少ないところは、現代のチェーンストアとはいえない。

のために、NBより商品価値の高いPBを継続的に開発しているところは少ないのです。

欧州では全消費量の60％から80％を占めるポピュラープライス帯の商品は、ほとんどが小売りのPBです。米国でも商品分野で異なりますが、主力はPBです。日本ではユニクロやニトリなどの例外を除き、NBより価値の高いPBはまだ少ない。

生産と流通の合理化で価格を安くし、その商品価値（＝商品の機能・品質÷売価）がNBより高い商品を、消費者側に立って開発したものがPBであるべきです。NBより商品価値が高く、価格はポピュラープライスの商品群です。ディスカウントの本義は、もともと安いものを仕入れて、安く販売することではない。つまり安物の販売ではないのです。安物は百均の中国商品のように顧客にとって商品価値は低く、価格もその価値なりに低い。これが日本語での一般的な安さの含意です。

図①-1に示すのは、品質が高い商品を安くして商品価値を高めるチェーンストアの商品ビジョンです。日本語では「お値打ち商品」です。お値打ち商品のＰＢが増えると、店舗の品揃えは必然的に共通化していきます。

個店で品揃えが違ってくるのは、卸が少量（ばら配送）でも発注すれば届けてくれるＮＢが現在でも圧倒的に多いからです。商品価値の高いＰＢを販売しているところでは、在庫リスクが卸価格に含まれて15％高くなっているＮＢ仕入れはありません。品揃えの１００％が開発ＰＢの展示・販売です。メーカー製品であるＮＢは、同業のどこの店舗でも販売します。このため店舗では、３％～５％という微差の価格競争にしかなり得ないのです。

ＰＢ開発と店舗のドミナント展開

ＮＢより商品価値の高いＰＢの開発（開発マーチャンダイジング）には、量産とＤＣを使う効率的な商品配送が必要です。

（注）ＤＣ：Distribution Center：ＮＢとＰＢの在庫を持ち、店舗に補充する物流センター。ＴＣ（Transfer Center）が移送センターであるのに対し、ＤＣは配送エリアにある店舗の２週間分くらいの在庫を保管する。消費期限の短い生鮮では、加工のプロセスセンターになる。

①多店舗をドミナント配置し、１品目の平均売れ数を多くし、流通ではＤＣ（常備在庫を持つ物流センター）を作っていったのです。ドミナントとは商勢圏です。圏内の店舗数で同業よりおよそ１・５倍は上回るように配置し、商品販売数でシェア２位の１・５倍以上の優位に

立つことです。

国内で2万1000店（2019年：海外は4万店）を超えたセブン-イレブンは、ドミナント配置を忠実に守ります。調理食品では加工センターにおける1品目当たりの生産量で、飲料と非食品では店舗への補充コストで優位に立つためです。同業より低いコストで多頻度の補充をするには、店舗のドミナント配置が条件になります。

あるコンビニではドミナントが弱く、1日2回のファストフードと惣菜の補充しかできません。ところがセブン-イレブンでは、深夜も含んで1日3回から4回の補充を行っています。多頻度補充は、お弁当、おにぎり、惣菜の鮮度とおいしさという品質価値の高さを保証します。加えて陳列在庫が半分で済むことから、10％（10個に1個）あれば赤字を生む消費期限切れの廃棄も減らすことになります。調理食品では、作りたてを提供することがおいしさになるからです。

商品売価は、「製造原価＋中間流通コスト＋小売コスト」です。非食品で製造原価を下げるためには、ユニクロやニトリのような海外のコスト最適地での量産が必要です。

卸が担っている中間流通のコストダウンには、小売業が自前のDCを作り、ドミナント配置した店舗の売上予想数に対して最適量を配送することが必要です。

店舗における人的な費用のコストダウンのためには、小売DC（セントラルバイイングした常備在庫を持つ物流センター）による配送、商品作業を効率化できるワンフロアの大型店となります。さらに社員の商品作業での標準化・専門化・単純化が必要です。以上の方法の総合がチェーンストア経営になっていったのです。

わが国でＰＢ開発のチェーンストア経営が部分的に始まったのは、米国に約70年、欧州には100年遅れた90年代からでしょう。

米国と欧州では、労働者の所得中間層の誕生と増加と、小売業のチェーン化とＰＢ開発は連動していましたが、わが国でチェーンストアの進歩・発達がなく、ＰＢ開発では米国に70年遅れたのです。

Q2 チェーンストア経営、支店経営、個店経営はどんなところに違いがあるのでしょうか。

現代のチェーンストア経営は、消費者サイドから見た商品価値の高いＰＢ開発を共通のビジョンとして目指します。このため①多店舗の品揃えと、②商品作業を標準化する経営法です。ＰＢ開発の商品ビジョンがもっとも肝心な柱です。

商品ビジョンとは、消費者にとってＮＢより価値の高いＰＢへの到達イメージです。そのイメージを、建築士のように原材料と加工方法を指定した仕様書（図面）にして、試作・試用・試食・試売のテストを繰り返して高度化していく。それがＰＢです。

（注）「品揃え」の技術用語が価格帯と需要カテゴリーで区分した商品構成です。

多店舗の標準化には、商品と売場作業の両面の意味があります。

商品面では、店舗の品揃え品目の80％をめどにした共通化です。15％や20％は、地域対応、あるいは競合対応の品揃えになることも多い。もともと品揃えの標準化とは品目の100％の共通化ではなく、80％の共通化になります。店舗を作った年度と立地で売場面積と競合という条件の違いもあるからです。売場の商品作業の面では、後述する「商品作業」の工程・手順の標準化です。

顧客の80％が買うポピュラー価格帯での商品価値（商品機能・品質÷価格）の高いPB開発には、販売数量が必要です。NB商品の仕入れも、セントラルバイングという方法です。

地域品揃えは、本部のセントラルバイイングと開発ではなく、個々の店舗立地において少量の仕入れが逆にコスト優位になる商品を指します。つまり生産規模が小さな日配《にっぱい》と生鮮に多い仕入れをいいます。個別の地域文化がある商圏には、固有な消費傾向が存在するため、これを反映したものでもあるのです。品目単位の売上数から精査しても、地域対応は各部門の品目数では最大でも20％で済むはずです。世界の中で、日本くらい地域の食文化を持つ国はないからでもありますが、名古屋の「天むす」のように徐々に全国化・共通化していきます。

わが国の生鮮の問題は地域別で小規模だったこと

わが国の消費需要が25兆円の生鮮流通（輸入が少ないので日本の固有価格）において、生鮮も100年前から大規模流通になっていた米国と違いがありました。

農業・漁業・畜産は、世界で2位の厚い補助金行政（農家輸入の54％が補助金：2010年代）が続いていることもあって、現在も零細な規模です。わが国の生鮮は、セントラルバイイングで同じものを大量に仕入れると、市場《いちば》（生鮮の卸売業）での仕入価格（入札価格）が高くなります。ひとつの地域市場では、100店分を仕入れる生鮮の量がないからです。29年前の1990年でも、卸売市場からの経由率は、①青果では金額の83％、②水産物では75％、③食肉では24％（小売業からの委託集荷を含むと70％）、④花きでは83％という多さでした。

原因は、米国のような大農法と大規模な集荷業（生鮮卸）がなく、わが国の農家・漁業・畜産が零細であることです。生産者が零細なため、農協、漁協は個人が多い仲卸が介在する市場を作っていたのです。その仲卸の平均マージンは、市場《いちば》価格の14％です。小売マージンが入った店頭の野菜価格は、農家の出荷価格の約2倍になっています。小規模業者の生産コストの高さと市場流通が、わが国の生鮮物価の高さになっているのです。

農家や漁師と同じように数は大幅に減ってきましたが、現在も都市部には中央卸売市場が64カ所、地方の零細な卸売市場が全国に1081カ所運営されています。仕入れのパイプが細いという事情から、全国で約2万店（総年商16兆円）のスーパーマーケット（SM）では、いまだに全国的なチェーンがありません。現在はまだリージョナル（地域的）なＳＭの時代です。生鮮商品の集荷の大規模化とローコスト化がないと、ナショナルチェーンは作ることができないからです。

米国の食品スーパーマーケット（ＳＭ）では、

①生産コストがわが国の約3分の1から5分の1である大農法の農家から集荷業を経由して、

②採れたてを4℃の冷温を保つ大型トレーラーで運ぶ「コールドチェーン（冷温物流）」が発達しているので、

③1000店～数千店のナショナルチェーンが成立してきました。

わが国でも商品流通を全国化させる、全国をつなぐ高速道路網は1991年に完成しました。しかし青果の冷温物流は、まだ部分的に始まったばかりといっていいでしょう。

・平均年齢が68歳になった農業従事者の高齢化による廃業や貸し地で耕作地が大規模化し、

・漁業では、コンスタントにとれる養殖の魚種と量が増え、

・ＴＰＰやＦＴＡで牛肉輸入の関税が現在の38・5％から段階的に9％まで下がるので、

2020年代への視野では、ナショナルチェーンが成立する基盤ができます。

労働がきつく1人当たりの所得が低い農業には、若い人の新規参入はニュースになるくらい少ない。現在の農業従事者は1年に1歳確実に年齢を重ねるので、5年後、10年後には全国で耕作ができなくなっていくでしょう。家業型農業の崩壊の時期から、わが国でも企業型農業が増えて大規模農法になっていきます。

多店舗経営もＮＢの仕入れ・販売業だった

実は生鮮も含み、ＮＢとＰＢを個店品揃えすることに積極的な意味はない。わが国では地域密着として称揚されることもありますが、この根本的な理由には自社ＰＢの商品価値が高くないことに由来します。

例えばニトリでは、中国とアジアで作る自社ＰＢの商品価値が高いので、「ＮＢによる地域品揃えの意味はない。全店同じ」としています。個店で価格が高いＮＢを仕入れる意味がないからです。ユニクロも同じです。

数百店以上のチェーンストアがＮＢよりＰＢの商品価値を高く（＝製造原価を低く）できる理由のひとつには、メーカーの生産は卸も介在していて、店舗在庫の期間に売れる数の想定が難しいため生産数が過少、または作り過ぎであり、製造原価を高くする要素になっています（これをブルウィップ効果：牛のしっぽのように反応が遅れることをいう）。加えて大きい理由としては、日本で商品を企画・設計したＰＢの海外委託生産での生産コストの低さがあります。適切な生産を指導すれば、人件費が５分の１のアジア・中国でも人の技術は同じになります。体を動かすスポーツでの進歩の速さを見ても、これがわかるでしょう。残るのは、現地の企業文化の違いです。例えば中国では、企業への忠誠心は日本人よりはるかに薄い。賃金が少しでも高いと会社を変わります。お金への価値観が日本人より強いのです。

店舗を持つチェーンストアでは、最新の売れ数がメーカーよりはるかに速く、正確にわかります。正確な売れ数が予測できることで無駄な製造を減らして、一品の製造原価を下げる要因になっていきます。他方、メーカー生産では、ブルウィップ効果という消費需要の変化への遅れが生じます。これが作り過ぎや不足を生むのです。

メーカー・卸と共通データフォーマットの電子的なサプライチェーン（ＥＤＩ）は、90年代の米国で進化しました。これはチェーンストアと卸、またはメーカーが店舗の最新の売上情報をリアルタイムで共有し、生産と流通を効率化する方法です。サプライチェーンとは、商品の製造側から見たものです。商品発注をする小売側からは、同じものがデマンドチェーンになります。

多店舗経営であっても、ＮＢより価値の高い商品、日本語では「お値打ち」の高いＰＢ開発を行わないところ、または少ないところ、あるいは間歇《かんけつ》的な開発では、現代のチェーンストア経営のカテゴリーから外れる、単なる多店舗経営です。

支店経営、個店経営

支店経営とは、わが国で百貨店が行っているような個々の店長＋店次長が管理する経営です（ほぼ30店以内での店舗が多い）。店次長は、大型店における店長の補佐役の職責です。商法的な意味での支店とは、独自の商品方針を決定できるという意味を持っています。個店経営は1店舗の経営ですが、複数店の場合は百貨店の支店経営法に属します。

支店経営と個店経営は、「ＮＢより商品価値の高いＰＢ開発を行うのが使命」という事業のビジョンは持っていません。商品は「開発・販売」ではなく、「ＮＢの仕入れ・販売」になります。商品価値（機能＋品質÷売価）を上げるには、割引価格で特売するしかないのです。

ビジョンとは現状を超えるために、事業が実現を目指す目標です。長期ビジョンがない企業は、手近な利益を求めるため経営が左右に迷走します。経営者は、従業員が共感し働くことの士気を上げるビジョンこそ作らねばならない。上級者が部下に押し付ける権力ではなく、ビジョンと目標による経営（ＭＢＯ：ドラッカーが提唱した成果目標による管理）を行います。売場の商品部門経営もＭＢＯの方法で行います。

大型店の支店経営とコンセッショナリーチェーン

１９７０年代初期まで業態別の売上げで1位だった日本型百貨店（10兆円台）のほとんどは、卸やブランドチェーンのテナントミックスの運営業に過ぎません。事業目標を持った商品仕入れすら、特売企画としてしか行っていません。デパ地下の食品は、商品を細分化したマイクロセグメントの専門店テナントです。このため、奇妙な言葉である「自主仕入れ」と言われたのです（百貨店の総売上げは現在、6兆円台です）。

百貨店の本部はテナントを入れるだけで、売場の商品構成と仕入れには関与していなかったからです。事業の本質は小売りではなく、多層階のショッピングセンター（ＳＣ）運営業でした。小売業ナンバーワンとして君臨していたのは70年代まででした。

現在も小売業のほとんどでＮＢの仕入販売が80％から90％あるため、店舗数が増えること、あるいは全体消費需要の伸びのなさが「店舗過剰」になっていきます。競合店と同じ商品を多少の価格の違いで、販売のプロモーションをして売るだけだからです。

小売業でのPBの少ない家電量販店は売上げが1兆円を超えても、商品面ではPB開発をビジョンとするチェーンストア経営とは言えず、支店経営法に属するでしょう。

SMにおいて販売額の60%を占める生鮮（青果、肉、鮮魚、惣菜）の販売は、専業店を入れたコンセッショナリー型（妥協型）のチェーンが今も多い。

多店舗化の初期に生産加工の技術がなく、これが必要でした。ところが「2010年からは生鮮もPB開発の時代」に向かっているので、旧来の生鮮加工のテナントを入れるコンセッショナリー型のチェーンは、価格帯を低くしたデパ地下方式と同じです。店舗側の基準での原材料と加工品質の指示はできにくいので、先行きは不安になるでしょう。

コンセッショナリーチェーンでは、「商品は製造・直売業であるテナント任せ」です。店長ですら商品と商品価値に関与しにくい。SMでも、食肉の売場を肉屋や鮮魚の売場を魚屋が行う時は、商品の中身や価格の指示はできない（指示しても相手は「素人が何を言う」として聞かない）。店舗側の仕事は、「売れる商品を作るテナント」を誘致することです。

わが国のSMで店舗売上げの60%を占める生鮮について、「店舗のPBである」という意識が低い、またはない。この理由は、SMを作った初期に専門ではなかった商品部門（肉、魚、惣菜・弁当が多かった）でテナントを入れたコンセッショナリーチェーンの方式をとったからです。

しかし、およそ2010年からは生鮮と惣菜も、肉屋・魚屋・弁当屋を引き継ぐのではなく、店舗のPBの開発競争になってきました。

顧客に高い商品価値を訴えるPBを開発できない20店以下くらいのローカルチェーン（リージョナルチェーン）のSMは、今のままではPB開発で成長力のある競合店の出店により、次第に消滅に向かうでしょう。人口が減っている地方では、リーマン危機が日本経済に波及した08年から、既存店売上げの減少の連続となっています。店舗は累計で30％くらい売上げが落ちると、固定費は減らせないため構造的な赤字になって浮上できなくなります。

Q3 チェーンストアの経営は行き詰まっているといわれることがありますが、これについてどうお考えですか。

確かに、わが国の大手5社のうち3社のGMS（ジェネラルマーチャンダイズストア：総合スーパー）は、事実上の破産からM&Aされています。また2018年10月の米国のシアーズ・Kマート連合の破産からも、チェーンストア経営が行き詰まっているとされます。

しかしこれは、見当外れな見方です。

1990年代以降、GMSとシアーズなどがSPA（専門店製造販売）型のPBに「比較商品価値」で負けて、売上げを減らし続けていることが原因だからです。多くのGMSで売場の

1坪当たりの売上げは、90年の半分か60％辺りに下がっています。

一方では中国の開放経済化とともに、それまでの3分の1の10円台に人民元が下がった94年から、ドルと円での仕入原価も半分以下に下がりました。そこでニトリやユニクロは、比較生産費が低い中国とアジアでPB開発型のチェーンストアの経営法をとったのです。

100店舗や300店舗があるからといって、チェーンストア経営と自称するだけでは、駄目なことは当然でしょう。チェーンストア経営では、NBより商品価値の高いPBを開発し続けて、増やさなければならないからです。

ダイエーとシアーズの破産の原因はSPAの登場

GMSが業績（売上げ、営業利益、人的生産性）不振になりシアーズが破産したのは、PB商品価値の低さからです。1990年代以降、衣料とノンフーズで海外開発輸入のSPA企業群が登場した時、比較商品価値の低さから顧客を奪われ続けたのです。というより顧客が自分の判断でSPAを選択したのです。食品では、小売業ではなく、メーカーがアジアでNB開発をしています。

わが国のGMSは、1階の食品販売がおよそ50％ある日本型と言える業態です。GMとはGeneral Merchandizing、日本語ではポピュラープライス帯の一般商品という意味です。ポピュラープライス帯とは、その品種の需要数の60％～80％を占める価格帯です。

このポピュラープライス帯は5年から10年という期間でいうと、外為（円の比較購買力）や海外のコスト適地における生産でのコストダウン、コンテナ物流の変化により、大きく動きます。ポピュラープライス帯は売価が決まった絶対価格ではなく、生産と流通のイノベーション（技術の高度化）により移動します。

わが国のSPA（開発輸入型の専門店）の企業グループは、90年代からポピュラープライス帯の半分辺りのロワーポピュラー帯で、商品の機能と品質を2倍以上高い価格帯のものと同等にして製造・直売をしました（商品価値＝商品の機能・品質÷売価）。

衣料でのSPAの最初は、80年代のドル高（1ドル≒240円）の時からの「GAP」でした。GAPはカジュアルウエアを中南米、中東、アジアで品質は高くして開発生産して、価格を米国産の3分の1以下に下げたのです。GAPより早かったSPAは、現在は世界で4・9兆円の年商になった家具のIKEAです（FCを含めて581店：19年8月期）。70年の歴史です。

SPAの登場によって、日本型GMSの衣料と住関連商品は、比較上、商品価値の低いものになって（品質の割に価格が高くなり）、売れなくなっていったのです。顧客は店舗を移動し、商品価値の判断をして買います。買う顧客から日々、商品価値を比較されているのです。

本来は店舗側が顧客より早く、商品価値のベンチマーク（価値基準を作った比較）をしなければならないのですが、不思議に行われていない。ストアコンパリスン（店舗の商品の価値比較）をしているとはいっても、実際は漠然とした印象を受け取って何もしていないことが多い。

これでは顧客の商品比較に遅れます。優秀なメーカーは、競合商品との科学的なベンチマークをマーケティング活動として行っています。印象的ではないベンチマークにメーカーの命があるからです。科学的とは数字でとらえることです。

優秀な料理人は、顧客が多い評判の店に行って自分が食べて味を比較しています。見て食べれば、調理法もわかるからです。お客の多い旅館の女将《おかみ》や主人も同じです。小売業も商品のベンチマークを義務として、定期的に実行しなければならない。

NB商品の仕入れ・販売が長期間、主であったため、PB開発では必須《ひっす》のベンチマークをしてこなかった。どの店舗でも売るNBをベンチマークしても売価のわずかな違いしかないからです。

GMSの海外における商品開発の問題

1990年代からGMSも、衣料と住関連で中国製品を入れていました。しかしGMSとしての店舗は全国どこへでも「ばら配送」をしてくれる卸経由の仕入れだったため、ドミナント(商勢圏)を作らない飛び地出店であり、100店から300店台でした。海外であれ国内メーカーからであれ、PBの生産・店舗配送に必要になるDCからの配送を効率化するためのドミナントは形成していません。

GMSはPBを開発していましたが、海外における価格が低い開発輸入に必要な仕入数量の確定ができず、わが国固有の商慣習である返品制度に依存していました。このためPB開発の受託メーカーは、発注予約数の70%から80%をめどとした生産体制だったのです。PBを予約発注しても全量の引き取りはされず、数%の返品すらあったからです。①予約生産量の全量引き取りがなく、②返品付きで、③個店にばら配送する取引では、卸価格がメーカーのコスト分だけ高くなります（米国では「フルサービス」と区分）。

担当が在庫リスク（売れ残りでの割引）を恐れたため、遠隔の店舗まで配送されたものであっても隠れて返品できるよう国内卸と国内メーカーを通じて行われていたのです。あるGMSのトップは、「うちではPBの返品はない」と豪語していましたが、現場は返品していました。返品は仕入割引と同じ資金効果を小売側にもたらします。

衣料では国内メーカーが先駆けて、生産費が5分の1から3分の1と低い中国やアジアに工場を作っていました。このためコスト適地でのPB開発とはいっても、GMSの海外生産のPBは、自らリスクを負って直接行ったSPA企業群に比べてコストが高いものになっていました。

飛び地出店の問題

小売PBが多くなっていた米国と違い、わが国の1980代までは「NB仕入販売が主流だった時代」です。チェーンストア最大手になっていたGMSでも、商品の上流にあたる物流は卸への依存でした。そのため出店でも、全国の都市部を中心に「飛び地出店」をしていました。遠隔地でも、同じコストで配送してくれる卸依存の仕入れなら、店舗立地でのドミナントの形成は要らないからです。

物流では、集荷と積み付けから納品完了までの総時間がコストです。タクシーのように2倍の時間がかかれば、2倍の運送費がかかります。一般に小売業は店舗の前の流通のコストがどう発生しているか、調べていませんでした。オーバーオールな卸価格しか見ていなかったからです。流通業を自称していても実際は流通業ではなく、卸の流通に依存した小売業だったのです。

効率的な配送エリアの距離を超えた遠隔の店舗立地のため、自前のDCを作ることはできず、中国の工場で製造された商品でも、国内のメーカー・卸を経由した仕入れによる店舗補充が行われていました。「中国生産→日本のメーカー・卸→GMSの棚補充」だったのです。

こうした構造のため、自前のDCと流通網を作ったユニクロやニトリなどのSPA群に対して、比較商品価値（商品価値の位相差）を高くすることができませんでした。

商品価値とは？

商品価値は、消費者サイドから見た「商品が提供する機能と品質÷価格」で表すことができるものです。1990年代半ばまで生産量と品質で世界一だった、わが国の家電メーカーでコストパフォーマンスといわれていたものです。

日本の家電は、機能が高度で品質が高く、故障は少なく、70年代初期までは家電王国だった米国に比べても価格は安かった。このため世界一になったのです。数百種の部品の寸法精度が他国よりはるかに高く、生産ラインではトヨタ式カイゼンをまねたTQC（Total Quality Control：現場の品質管理）が行われていたからです。世界一の家電メーカーがあったことが、商品開発のないＮＢ集荷・ディスカウント型から出発した家電量販店が生まれた理由です。

わが国の80年代までの「ＮＢ仕入販売」の時代には、店頭での商品価値の違いがわかりにくかった。しかし80年代後期から、商品価値の高いＰＢ開発をするＳＰＡが登場し、ロワーポピュラー帯の商品を主力にした90年代から、はっきりと変わりました。

食品では、品質と添加物の問題から中国輸入が少ないかゼロに近いので衣料や家具のような価格革命が起こりませんでした。わが国のＧＭＳで業績（売上げ、営業利益、生産性）を維持する部門は、食品だけになって現在に至っています。

地方にまだ残っているネイバフッド商圏（近隣商圏）である小型ＧＭＳ（主力は食品販売）の衣料と住関連の売場は惨憺《さんたん》たる状況です。

フランチャイズチェーンのコンビニでは、店舗の資本が個人事業主であることから個店経営と言われることもありますが、これも誤りです。店舗で販売するＰＢの開発を行う商品本部を持つチェーン経営方式がフランチャイズチェーンだからです。個店経営といわれる部分は、各県で異なる最低賃金に基づいたパートの雇用だけです。チェーンストアでも、パートは店長が雇用と配置をしています。これと同じです。最低賃金は90年からほとんど上がっていません。3％上がったのは、同一労働・同一賃金を求める働き方改革法が成立したあとの２０１８年からです（施行は19年4月〜）。

Q4 組織の基礎知識について……なぜ販売員はスタッフとは言わないのですか。品揃えの権限はどんな理由から、商品本部にあるとされているのですか？

①方針を決定して、成果責任を負う職務をスタッフといい、②定型化（標準化）された作業を実行する義務の人たちをラインと呼んだことからきています。仕事を実行した結果への責任（売上げ、営業利益、生産性など）の持ち方に違いがあるのです。チェーンストアでは商品本部が方針を決定し、ラインが方針を実行するという区分けからスタッフ、ラインという区分が作られました。

区分された理由は第一に、全職務の分業による効率化（単位時間の生産性上昇）が目的です。仕入れや品揃えの方針を決定する仕事の人ばかりでは、方針の現場実行ができず、また商品の共通方針を作らず、個店で仕入販売を実行する人だけでは商品の方向が定まらないためです。分業組織の中でスキルを上げていくことをチェーン用語で「専門化」と言います。

セルフセレクション店における販売員の消滅

店舗コストを合理化したセルフセレクション（顧客が自分で棚の商品を選び、レジまで運ぶこと）の業態類型（フォーマットともいう）のチェーンストアでは、店頭での作業としては販売員といっていても、顧客への商品説明や推奨はない。商品を渡して代金を受けとるレジが仕事になります。販売作業としては、陳列商品の場所の案内しかない。個店の経営を引き継いだ用語で、店舗の担当者が販売員と呼ばれ続けているだけです。

店舗に配置された社員の仕事の主な内容は、セルフ店では、①入荷した商品の所定の陳列と、②価格札・POPを付けることです。しかしNB商品の個店経営の時代にはあった、商品の個々に価格ラベルを貼る作業、付ける作業は棚札表示が増えたため、スキャナ型POSのある店舗ではほとんどありません。NB商品にはメーカーや卸の希望小売価格がありましたが、店舗側ではそれより低い価格を付けて売ることが多く、販売価格をレジで打ち込むために個々の商品に値札を付けていました。

売場のお客から尋ねられた時の案内はあっても、顧客への商品の推奨はない。商品を推奨しているのは、百貨店や衣料品店です。1980年代までの家業店が多い時代には、店頭の係員が商品を勧めていました。ここから「販売員」という職業が作られたのです。

価格札の商品への添付がなくなったのは、レジのPOS端末を動かしているサーバーがスキャンした商品コード（90年代からはJANコード）で、商品マスターファイルの価格を検索して表示するプライスルックアップ（PLU）の機能を持ったからです。

価格札は個々の商品に添付されず、売場の陳列棚（ゴンドラともいう）に表示されるものに変わっています。商品の棚番への前出し陳列作業に個々人の方針は必要がない。担当が陳列場所を変え、レジで商品価格を変えたら困ります。

以上から店舗で働く社員は、価格や陳列場所を判断する店長・店次長以外は、標準化された定型作業を行うラインとされたのです。ラインの管理者である店長や店次長は店舗の運営に参画し、店舗業績（売上げ、生産性、営業利益）に責任を持つのでスタッフに属します。

ウォルマートでは時間給社員も店舗の事業パートナーという意味を込めてアソシエート（組織の構成員という含意）と呼んでいます。ウォルマートは70年代から、社員持ち株制の会社だったからです。草創期からいるレジのおばさんがこつこつと株を買って、あるいは報酬として受け取っていて、数億円の資産家になったという人も珍しくなかった。70年代、80年代、90年代と会社が急成長したからです。このためウォルマートのアソシエートという呼称だけをまねているところが出ました。その場合、アソシエートとはいっても、仕事の内容は定型作業のラインであり、時間給です。

ＰＢ開発で成功したチェーンの驚くべき幹部報酬

「定型作業（標準化作業）の実行の義務を持つライン」と、「方針の決定と成果責任を負うスタッフ」の区分について、あまり知られていない報酬の事情を書きます。

ＳＰＡ型チェーンストアのユニクロでは、22歳の新入社員（Ｊ１クラス）が平均で３９４万円の年収です。まずここで他より１・3倍くらい高い。店長を経て、28歳で複数の店舗を運営するスーパーバイザーになると８１８万円（Ｓ５クラス）。36歳で本部の部長クラスなら年収１７３７万円、39歳でスーパースター店長なら平均年収は３７０９万円（Ｅ５）と発表しています（２０１４年10月）。40歳でＫ１の新役員では８３００万円、退職前の64歳の上級役員では２億４０００万円です（Ｋ４クラス）。こうした高い報酬の原因は、１人当たりの生産性（荒利益÷社員数）が他のチェーンより高いからです。

定型作業を実行するラインは年収も世間並みですが、方針を決定し、成果責任を負うスタッフの職務の年収は他のチェーンをはるかに超えています。スタッフ～ラインの区分は、社員の立場で見れば年収の違いになるので、あえて申し上げました。

社員の夢になるのが、チェーンストアの幹部の高い年収でなければならないのです。ユニクロと比較した時、あなたの会社ではどうでしょうか。

社員の生産性を年率5％で高め続ける

チェーンストアでは、仕事の生産性を高める仕組みを作るために作業の標準化、専門化、単純化を図ります。ユニクロでスタッフが負う成果責任（店舗の売上げ、営業利益、人的生産性の達成責任）は重い。その背景には他より高い報酬があります。役員になると製造、サービス業を含む上場会社の社長をはるかに超える所得でしょう。ＮＢの仕入販売型小売業では得られない年収でもあります。

個店経営や、ＮＢの仕入れ・販売の多店舗経営の方法では、ユニクロのスタッフ並みの年収は望むべくもない。ユニクロでは高い人件費を払ったあとの営業利益も２４７６億円と高く、売上げの１兆８２２８億円に対し13・5％です（２０１９年８月期第３四半期）。これはニトリとともに、PB開発輸入型のチェーンでないと得られない利益率です。

ユニクロ（全部の経費を引いた後の営業利益率は13・5％）とニトリ（同16・6％：18年）の営業利益は、開発輸入のPBの商品価値（＝機能・品質÷売価）がもたらす生産性の高さにおいて、他社の追随を許さない領域にきているからです。

店頭品揃えの権限について

次は「チェーンストアでは、なぜ品揃えの権限は本部にあるのか」ということです。

まずチェーンストアは仕入販売のNB商品についても、コストダウンのために店舗の陳列では標準化（共通化）を図るため、商品本部（当時はバイヤー：意味は購買担当）が仕入れる「セントラルバイイング」の方式を採ったからです。店頭品揃えも本部が担当し実行したからです。なお権限で実行した仕事には、成果責任（売上げ、荒利益、在庫回転率の基準）を達成する責任が伴います。本部バイヤーの仕事の責任が売上げ、荒利益、在庫回転率という成果（結果）です。

個店で、同じメーカーから同じ品目をばらばらに仕入れるのはコスト面で非合理な方法です。1回の発注数量もまとまらず、コストアップします。個店仕入れは、支店経営と個店経営の方法です。

スーパーマーケット（SM）の生鮮

個店ではなく複数店経営のSMで地域品揃えが残存している理由は、生鮮（青果、肉、鮮魚、物菜）の生産の規模が零細であり、自然に依存して狭い地域での流通だったからです。このため商品量が少なく、本部でまとめて量を仕入れるセントラルバイイングの有利さが生きなかったからです。

米国では、農業と畜産の生産と流通が大規模になる仕組みを作って、早くから生鮮もセントラルバイイングでした。このためわが国にはまだない食品ＳＭのナショナル・チェーンが成立していました（最初のＳＭのＡ＆Ｐは、1世紀も前の１９１６年に1店舗目を出店）。わが国では、食品販売が50％を占める日本型ＧＭＳとしての多店舗経営は60年代からでした。21世紀の今も、約50年の時間差があります。

わが国のチェーンストア経営は少数の例外企業を除くと、米国の50年遅れといっていいかもしれません。米国の小売業で１９７０年代に成功したことを今行っているのが95％以上の店舗（95万店）と見ると、わが国の小売業経営法の現状が理解できるでしょう。

２０２０年代のチェーンストアは、ＡＩ（人工知能）も活用して情報システムの大量利用を行います。新しい経営資源であるＡＩと情報システムの有効な利用が、社員の1人当たり生産性を上げるからです。重要な点は単に情報システムへの投資を増やすだけではなく、社員の生産性を上げるのに「有効なシステム」でなければならないことです。

もっとも遅れているのは、チェーンストアとして行うべき価値の高いＰＢ開発です。他が遅れているため、ニトリとユニクロはＮＢより価値の高いＰＢ開発で独り勝ちになったのです。ＰＢ開発が多い米国でもできなかったことが、日本ではできたのです。

90年から市場が金額で40％くらい縮小する衣料品の中で、ユニクロのファーストリテイリングは2兆1300億円の売上げです（18年8月期：ユニクロ海外事業が8963億円）。世界のアパレルで販売額の先頭を走るスペインのZARA（インディテックス：年商3・4兆円）と、スウェーデンのH＆M（ヘネス＆マウリッツ：2・7兆円）を追っています。

家具インテリアの市場規模が90年の3兆円から2兆円弱に縮小する中で、ニトリも19年2月期の売上げが6081億円、前年比で6・3％増えています。営業利益は1007億円（売上比16・6％）と、ユニクロと同じように高い。いずれもNBの家具と衣料が大きく縮小する中で100％PBであるニトリとユニクロは、業績（売上げ、営業利益、人的生産性）を上げ続けてきました。

価格の安いPBの商品価値の高さ

低い価格帯でも、ニトリの営業利益率が16・6％と高いのは、室内の異なる家具とインテリア用品のカラーコーディネートのビジョンを持っているからです。競合他店より商品価値（機能・品質÷価格）の高い商品を開発・提供しています。同社は1室で使う異なる品種の家具をカラーコーディネートで統一するという商品価値要素を作ることを推進してきました。品種専業が多いNB家具メーカーが別々のカラー・デザイン・風合いで作った商品では、顧客が1室で使う他の品種の家具・インテリアとのコーディネートが難しくなります。

ユニクロのカジュアルウエアは単に価格を安くするのではなく、ファッションの価値として

ＮＢが有する装飾的なものを排した「ミニマリズム」の価値を作り、素材の品質と耐久性を高めています。これは全世代に適合する、シンプル・モダン・ベーシックのファッションといってもいいものです。今後の課題は、ＺＡＲＡのようなカラーコーディネートの高度化でしょう。

ユニクロとニトリが利益と出店で成長を続けているのは、顧客にとって使用価値が高いＰＢの開発の面で同業他社が弱かったからです。総需要の金額が大きく減った衣料と家具インテリアの販売数量は、逆に増えたのです（衣料では26億枚から46億枚に増加）。両社が２分の１から３分の１の価格で、業界の競争価格を下げてきたからです。いずれも価値の高いＰＢ開発の効果です。

ＮＢより商品価値の高いＰＢにはお互いの利益が出ない、血で血を洗い合う「レッドオーシャン（競争の激しい既存市場を米国人経営学者のチャン・キム氏らが表現）」がない。他店に類似の商品があっても、そのＰＢ商品はないからです。

市場が飽和しているのはＮＢ商品

ＮＢは世帯所得の減少も絡んだ市場飽和の中で、供給が過剰になっています。総需要が増えない中で２００８年以来の超低金利による大型店の出店により、総売場面積は２０１９年も年率２％増え続けているからでもあります。

メーカー製のＮＢは、どこの店舗でも売られます。ＮＢの総売場面積は１年に２％は増えているので世帯の所得が増えて買い物金額が増えないと、市場飽和による販売競争になって５％

から10％程度しかない売価の割引競争しかなくなります。

ＮＢより価値の高いお値打ちＰＢは、開発店舗以外にはありません。ＰＢは他店のＮＢを食って成長します。ＮＢのような価格微差での販売・販促競争はないと言っていいのです（高い売上目標に達しないことは当然あります）。チャン・キムが主に製造業に提唱した「ブルーオーシャン」を小売業が実行したのが消費者にとっての商品価値の高いＰＢです。

食品のＰＢは変化する

市場規模が25兆円の生鮮食品の分野では、魚の養殖の増加、肉・魚の輸入増があり、過去の地域流通から次第に全国流通に変わっています。生鮮でも、一次産業従事者の高齢化が進んで10年後（平均年齢は78歳）には引退が50％以上増え、ネット販売が火をつけた高速宅配物流の発達からも、チェーンのセントラルバイイングが優位になるように変わっていくでしょう。

ＮＢの仕入販売からＰＢの開発に代わった小売業でバイヤーは、商品開発のマーチャンダイザー（商品開発担当）になっていきました。

コンビニのチェーンでは、ほとんどの食品と飲料が固有のＰＢです。このためバイヤーという職種名は消え、ＰＢ開発に責任を持つマーチャンダイザーになっています。マーチャンダイザーは、地区本部のＤＣに所属しています。自分で惣菜を調理して作るのではない。提携工場との開発会議から試作品が作られ、他社の商品価値との比較をし、比較優位の価値を持つＰＢを高速で作っています。20代後半から30代の女性も多い加工食品のマーチャンダイザーが開発責任を負っているのです。５万５０００店（総年商10兆円）になったコンビニの商品開発は、大規模化しています。工場の全体がコンビニのＰＢ生産ということも多い。商品開発は商品の方針を決めて開発する仕事なので、マーチャンダイザーはスタッフ職です。

Q5 チェーンストアの成果責任とは、どんなことですか？

まずラインとスタッフの職務の責任の違いから述べなければなりません。責任とは、報酬をもらう対価として生じる義務です。

ライン職は、報酬の対価として標準化された定型作業を実行する義務を負います。会社に定時に行き、仕事をして定時に帰るということではない。例えば、物流センター（ＤＣ）のピッカーというライン職があります。店舗からの受注商品を倉庫の棚から取って揃え、店舗配送のオリコン（配送用の籠）に入れる標準作業をしています。この後の商品工程が店舗の総人時（合計労働時間）の40％から45％を占めている商品の陳列作業です。

ラインとスタッフの成果責任

ＤＣでのピック作業では、１時間当たり○○個の商品をピックするという成果の基準があります（Standardがその基準）。その成果基準をもとに、「DC（物流センター）の必要なピック数÷1人時当たりピック数のスタンダード＝必要人時数＝今日の配置必要人数」を決めています。ライン職の成果責任は標準作業の実行によって、基準とする生産性を上げることです。店頭の商品陳列、レジ作業への人員配置も、DCのピッカーと同じ方法になるでしょう。

一方、方針を決定するスタッフ職の成果責任は、マーチャンダイザーなら「担当商品部門における新商品PBの開発数」です。PBの価格はNBより安く、比較商品価値が競合店より高いものでなければならない。PBの開発手順は細かく標準化できるものではないので、マーチャンダイザー（商品開発担当）に委任されています。委任とは成果責任を負って、当人の発意と方法で仕事をするということです。最初、その方法は先輩から学びます。

食品では、「競合商品との比較試食会」を行ってプレゼンし、PB開発合格品目を決める制度を作ります。役員や商品部長だけの評価では十分ではありません。食品メーカーでは日常的に行われていることです。PB開発が主である欧米の食品スーパーには、自社の品質基準を作ってマーチャンダイザーに守らせる品質担当の役員もいます。

店長（ストアマネジャー）の成果責任は、①店舗における目標営業利益の達成と、②1年に5%は高める必要がある社員の生産性です。

店舗別の営業利益（売上げ－仕入原価－経費）の目標、人的な生産性（荒利益÷総人時）の目標に対する達成率が店長の成果責任になります。金額の大きさではなく、個々の店舗で異なる目標に対する達成度です。コミットされた成果目標なら、達成率が有効になるからです。

Q6 チェーンストアのあるべき組織の姿とは？

組織とは、事業の成果（利益）を上げることを目的とする分業の体系です。チェーンストアの組織での職種では「○○は自分の意思でできる」という権限の体系ではなく、「○○の成果の達成責任を負う」というユニクロやニトリのような「責任の体系」でなければならない。これを記したものを業務基準書（Job Description）といいます。スタッフは業務基準を守って仕事をすることを会社と契約しているのです。

方針の決定と成果責任は一対のもの

方針を決定できる権限を持つことには、原理的に目標とする成果の達成責任が伴います。方針だけを決めて結果の責任を負わないのは、政府の官僚と同じ無責任の組織です。明治時代の官僚組織（最大の組織だったのが旧国鉄＝JR）がモデルになったわが国の「部課長制」は、成果責任を問わない権限の体系でした。職能（職種の機能）と権限（自己の意思でできること）を示す職能基準書には、「○○の役職（または職種）は○○を決定できる」と書かれていたのです。

一方、戦後にはまだ新興企業だった米国のチェーンストアは、GMSの最大のチェーンストア、シアーズの事例でドラッカーが分析したように「役員以下が成果責任を持つ組織体系」でした。

ユニクロの柳井正氏とニトリの似鳥昭雄氏は、1980年代の草創期に旧国鉄の部課長制のような権限の体系の組織ではなく、ドラッカーが50年代から提唱していた「成果責任の体系」の組織を作ったのです。これがSPA型（PB開発直売）のチェーン経営に邁進《まいしん》した原因でしょう。

価格が高かったNB商品の仕入れ・販売では、90年代から市場は飽和していて、百貨店、GMS、家業店のように業績（売上げ、営業利益、人的生産性）が上がらない。

ユニクロもニトリも、衣料と家具インテリアの需要金額（数量ではない）がほぼ40％減に向かう中で（90年～2010年）、言い換えれば業界で売れる商品の中心となる単価が20年で3分の1に下がる中で（＝年率5％の平均価格の低下）、自社の業績を飛躍的に伸ばしながら出店を続けてきたのです。

Q7 そもそも業種・業態とは何ですか？

業種と業態

業種とは、販売する商品の品種によって分類した小売業をいいます。伝統的な肉屋、魚屋、八百屋、金物屋、化粧品店、薬屋、衣料品店などです。伝統とは、その方法が意識されることなく、社会に広く受け継がれてきたことを言います。近代化の前の職人技術も伝統でした。技術が対象化されて分析されていないので、見習うのに10年や20年かかるといわれてきました。大阪でも市場や道具横丁に行くと、購買頻度を無視したピンキリ価格の業種専門店が残っています。包丁も数百円台から料理人が使う数万円まで揃っています。業種店では、価格帯と品揃えの観点はありません。肉屋でも、和牛の並肉から100g1500円以上のA5ランク（霜降り肉の高品質）まで販売しています。

また一般にはわかりにくい業態（事業類型＝フォーマット）のもとの言葉はType of Business、つまり「事業（利益を目的にしたビジネス）において利益を上げるタイプによる分類」です。しかし同じ商品を売る時は区分がわかりにくい。業態では、部門の品揃えの枠になったものは品種ではなく「顧客の購買頻度（平均で何日のサイクルで買うか）」という買い物の行動です。

食品はデイリーな買い物の対象ですが、家事・家庭用品はマンスリー（月単位の購買頻度）です。衣料もマンスリーから季節、住関連の耐久財は年数回といった購買頻度の低い分類です。同じ品種の中でも、ポピュラープライス帯の購買頻度が高くなります。

百貨店の価格帯は、品質は良くても高いものがほとんどであり、世帯の購買頻度は年数回以下から1回と低い。このため1店舗が成立するには、数十万人から100万人という超広域商圏において競争優位の商品構成でなければならない。成立する店舗数は少なくなり、取り扱っている100万品目の1品目の販売量は個店経営並みに少ない。この1品目当たりの販売数量では、チェーンストアの商品戦略である価値の高いPB開発を実行できません。

わが国でのチェーンストアの最初であった日本型GMSは、「食品」「衣料」「家庭用品と住関連」の3大部門において、購買頻度が高いポピュラープライス帯の商品をラインロビング（奥行のある商品構成をする手法）し、品揃えの豊かさで競争優位になるように商品構成をしました。商圏人口では百貨店の10分の1以下の数万人でも成り立つ業態店でした。

ほぼ同時に食品の部門をポピュラープライス帯で総合化したスーパーマーケット（SM／大型は1万人商圏）、1980年代末からの住関連耐久財ホームセンター（HC／5万人商圏）と衣料専門店チェーン、そして90年代にはドラッグストア（Dg・S／6000人商圏）などの業態店が作られてきました。

業態店の増加とともに、商店街に集まっていた家業型の業種店は壊滅的に減少しました。

業態型チェーンストアが作った新しい価格帯であるロワーポピュラー帯の需要がもっとも多

くなる中で（90年代）、比較上、価格が3倍以上のベターからベストプライス帯に上がった百貨店の売上げは10兆円から6兆円へとほぼ半減したのです。

2万店に増えて7・2兆円（1店平均3・6億円）の売上げになったDg・S（2018年）では、今もPB開発が少なく、NBの仕入れ・販売型です。理由は美と健康の商品、大衆薬、家事用品においてメーカーそのものが量産の体制であり、価格ではポピュラープライスが商圏の需要の80％以上だからです。メーカーが大規模で良質なものを作っていて、PBを開発する意味が低いのが現在のDg・Sの業界です。P&Gや花王などに商品価値で対抗できる商品をPBとして作るのは、無理だからです。

国内メーカーが衰微した家電では、アイリスオーヤマなどが商品価値を高めたPB開発で成功しています。しかし全体ではNBがほとんどなので、いまだにNBディスカウント型の家電量販店が成立しています。価格が3分の1と安い中国家電ディスカウントは機能が同じでも、品質と耐久性に問題があるものがまだ多いからです。しかしデジタルのAV、PC、スマホの分野では品質の高いものもあります。

Q8 これからの時代に生き残る業態とは？

世帯所得の増加率の低下（0％〜2％程度）と人口減（日本全体は生産年齢人口が0・6％減）の中で、ＮＢ商品の仕入販売は飽和しています（将来は金額が減るという意味で成熟化ともいう）。

トレードオフ型ＰＢが売れていた時代は終わった

店舗の飽和が言及されたのは、高齢世帯の構成比増加によって平均の世帯所得が伸びなくなった１９９８年からでした（日本の金融危機の年度）。世帯の所得が増えなければ、消費も増加はできない。退職後の世帯は、厚生年金だけなら現役の60歳のおよそ3分の1の所得に減ってしまいます。退職世帯が増えると、総所得は増えなくなるのです。なお厚生年金での所得代替率60％は現役の20歳から60歳の平均賃金に対してで、退職後の所得に対するものではない。

総需要が増えない中で、「行列のできる店舗」もあります。これらは例外なくＮＢより商品価値（機能・品質÷売価）が高い店舗です。食の分野では、製造小売型の店舗に多い。

80年代からの機能・品質をトレードオフして（ＮＢより機能・品質を低下させて）、生産原価を下げるというＰＢ開発の競争だった時代は２０１０年ころに終わっています。

トレードオフとは、「高い品質と安い価格は両立しない」として、ＮＢより品質を落として開発し、安い価格で売る商品です。１９９０年代半ばのＧＭＳ（総合スーパー）のＰＢの多くは、トレードオフ商品でした。またはジェネリックです。

ジェネリックは、20年くらいの特許が切れたあと真似をして同じ成分で作る医薬のことです。新薬の開発費が高い医薬のジャンルでジェネリックは有効ですが、開発費の部分が少ない消費財ではＮＢをまねて安く作ったジェネリック型商品の品質は消費者にとって商品価値の低いものになります。80年代にはまだＰＢの購買経験が少なく、価格の安さに驚いて買われていましたが、00年代には、トレードオフ型やジェネリック型ＰＢは売れ行きがよくない。現在は、価格が安いというだけのＰＢでは十分に売れず、行列もできません。

ＰＢブランド名はあえて挙げませんが、おわかりでしょう。衣料品のコンテナ仕入型だった大手チェーンでもトレードオフ型のＰＢを作って、有効な店舗ブランドの価値を作り得ず販売し、業績を低下させています。

これからのＰＢ

これからのＰＢは、売価はロワーポピュラーで同じ価格帯のＮＢより機能・品質を高めたものでなければならない。図式で言えば、「過去のＰＢの商品価値＝（ＮＢ商品の機能・品質－機能と品質のトレードオフ）÷売価」から、同じ売価で「ＮＢにない機能・品質の高さのＰＢ」が開発されなければならない。こうした品目が多くある店舗には、需要飽和や減少の時代でも行列ができます。

「生き残り」ではなく「勝ち残り」をするチェーンストアは、現在のロワーポピュラー価格帯で、「NBを超える機能・品質の高さのPB」を多く開発して販売する店舗です。実質GDPの成長率が0％から1％台しかない日本では、2020年代からは勝ち残りをしないと、生き残りもできません。小売業では出店できなくなった時、製造業は設備投資ができなくなった時、卸売業ではDCの生産性を高度化する投資ができなくなった時が衰退の始まりです。生産性を高くするコストダウンを行わず、営業やプロモーションで業績を伸ばし続けることはできません。メーカーでは新商品の開発です。小売業では、比較商品価値の高いPB新商品の開発です。

今後の集客力はプロモーションやNBの割引特売から得られるのではなく、「比較商品価値の高さ」から得られます。食品における品質の主要4要素は「見かけ＋鮮度＋味＋非添加物」です。価格が安く、コンビニを上回るおいしさで勝るPB惣菜、お弁当なら行列ができます。理由は、低い価格帯での高品質商品の飽和は今もないからです。チェーンストアの売上げは、10年ころからPB開発の競争時代に変わっています。

そのPBでも、ロワーポピュラー価格でNBにない機能・品質の高さを作らねばならない。これが、これからの店舗の勝ち残りと、連続的な出店ができる条件になるでしょう。

バイヤーはマーチャンダイザーに

このためには仕入販売のバイヤーは、PB開発のマーチャンダイザーに変わらねばならない。これに気がついた食品スーパーも10年くらい前から作られ始めています。まだ少数ですが。

東京にできた小商圏型の新しいＳＭ（２０１８年から19年）では、生鮮ＰＢに比較優位のある価値開発が意識されています。同じ会社でも、都市立地の小商圏型ＳＭは仕入れ・開発・販売で店舗数が少ないため、まだ個店経営ですが、20年代には急速に増えていくでしょう。生鮮の価値の高いＰＢの市場では、今も需要を吸引する真空領域だからです。小世帯化した世帯では求めているのに、店舗ではファミリー需要に適合しにくいコンビニしかないからです。

2社の例外

業界需要が半額になった20年で、飛躍的に業績と店舗数を増やしたユニクロとニトリは、１９９５年ころからこれを知っていました。消費者にとって商品価値が高く「お値打ち」のある商品の「開発・品揃え・販売」を続けることによって業績を伸ばし、店舗数を増やし続けているチェーンです。

チェーンストアは、

①店舗数を増やすことによって1品目の販売量を増やし、
②その販売量を背景にＮＢより商品価値の高いＰＢの開発を行って、
③顧客の生活水準を上げる商品のＰＢ開発をビジョン（経営の目的）とする企業である

という現代の定義を知ってください。

ＮＢ商品の仕入れ・販売店にとどまるなら、消費者にとって標準化・専門化・単純化を行うチェーンストアの存在意義もない。一方でＰＢ開発を行うコンビニ、ニトリ、ユニクロを無用だという消費者はまれでしょう。経営者個人の好き嫌いを抜きにして、顧客から見て両社と同じ店舗ポジションになることを他の商品分野のチェーンストアも目指さねばならないでしょう。

店舗ポジションとは、顧客の頭にある店舗評価です。SMにも、顧客の評価が高い店舗が存在します。ある県ではタクシーの運転手さんが「わが県には○○さんがあります」と自慢します。1人ではない。驚きますが、全員です。「贈り物も、あそこの店からだと喜ばれます」という。品質が高く、味が高度で価格は安いのです。株式公開企業ではないので名前は伏せます。強いファンの多い店舗です。

まず経営者が顧客の生活の向上を実現すべきビジョンにして、バイヤーをマーチャンダイザーにし、価値の高いPBを開発することを目指すべきです。社長に従わねばならない社員や幹部だけでは、価値の高いPBを開発し続けることはできない。この本は、まず経営者から読んでいただくべく書いています。あなたの会社の生き残りではなく、成長と発展のために推奨します。

PBの方向

従来のチェーンストア論では、PBはNBより機能・品質を落としたトレードオフ型が主流でした。しかし品質が低かったトレードオフ型PBを顧客が必要としていた時代は、2000年ころに終わっています。

PBを開発したのに売れ筋のNBに比べて売行きが思わしくないのは、旧型のトレードオフ型ＰＢにとどまっているからです。事実を言えば、ある大手衣料チェーンでは、輸入仕入れのさまざまな種類があった商品をトレードオフ型のＰＢに変えて開発し、実績を落としています（２０１９年）。トレードオフ型商品戦略は、もう時流に適合していないからです。

一方、ＳＭのグロサリー（一般食品）の商品分野では、「ＮＢの同種商品よりおいしいＰＢ」を開発して業績を伸ばしています。図①-1（30ページ）を今一度眺め、じっくり考えてください。これを需要規模が全国25兆円の生鮮（精肉、魚、青果、惣菜）の領域で行うと、ＳＭやＧＭＳの売上げは爆発的になるでしょう。

食の分野では、ハイテク化した回転寿司を想定してください。旧来の寿司屋を角逐して普通の世帯がＰＢ寿司を食べる回数を増やしています。寿司の新たな需要を開発したからです。回転寿司でも15年ころから価格を安くしても、味と品質をトレードオフしたものを出すところの業績は低下しています。消費者が、「おいしくて、しかし安い寿司（価値の高い寿司）」を求めるように変わってきたからです。

高くておいしいのは当たり前です。当たり前の商品は、どこでも作れるので飽和しています。安くておいしいものを作るのが、商品ビジョンを持ったところです。

外食産業でも、回転寿司と同じ変化が起こっています。ホテルや旅館を含む外食産業の需要は25兆円（人口1人当たり年間20万円）と、食品スーパー（ＳＭ）の生鮮とほぼ同じ売上げです（17年：日本フードサービス協会）。ＳＭ、コンビニ、外食も同じ消費者ですから、同じ食の傾向に進みます。ホテルや旅館などで好まれる食の変化（ほぼ12年サイクルで大きく変化してきました）

も、SMは見ておかねばならない。わが国の高齢化は、リーズナブルな価格（reasonable：納得価格）でおいしいものを食べる需要を増やします。品種ごとに販売実証を重ねて、その価格を探るのがSMのマーケティングでしょう。70歳を超えて「ハンバーガーが最大の好物」というトランプ大統領の国とは、食文化と食への価値観が180度違います。

わが国でもNBディスカウントが業績を上げる時代は、10年代に終わっています。商品価値の高い小売PBと、製造小売型の業態が増えてきたからです。例えば国内メーカー製造の家具NBを25%割り引いて売っても、店舗業績は上がりません。

Q9 多店舗経営のチェーンストアで、本部が全部を決めるのではなく、店舗側が品揃えで主体性を発揮する個店経営に回帰する企業も出ています。これについては、どう思われますか。経営方針を間違えているのでしょうか。

理解を助けるため図①-2では、個店経営とチェーンストア経営を経営の項目ごとに対照しています。まずチェーンストアは、NB商品より価値の高いPBを開発・販売し、消費者の生活を向上させることを経営のビジョンとします。

店舗で買って使う側、食べる側にいる消費者にとって商品価値は「商品機能・品質÷価格」

図①-2：個店経営とチェーンストア経営の対照

経営項目	個店経営	チェーンストア経営
1.商品	NB商品の個店仕入れ	NBより商品価値の高いPBの開発（お値打ちの高い商品）
2.仕入法	個店からのばら発注	NBもセントラルバイイング→量をまとめたDC納品
3.物流	卸による個店配送	DCから店舗に補充
4.品揃え	個店品揃え	品揃えの80％共通化＋20％は商圏特性適合品を付加
5.経営管理	支店長型の店長による営業利益管理	ストアマネジャーによる売上げ、営業利益、人的生産性の管理
6.店舗の配置	遠隔地に飛び地出店	DCの配送エリアに多くの店舗をドミナント展開
7.管理法	店舗管理	部門別の損益管理

DC：商品部がセントラルバイイングしたもの、およびPBの在庫を店舗販売の約2週間分くらい保管し、ドミナント展開した店舗に配送する物流センター

で表すことができます（図①-1を参照）。

1990年代まで世界的な地位にあった家電業界でコストパフォーマンスといっているのが商品価値です。機能と品質が優れていて、故障も少ない商品で世界を席巻していました。日本語では「お値打ち商品」になるでしょう。価格は低いのに、NB以上の機能（例えばおいしい、涼しい、温かい、着心地がいい）を持ち、品質も高い商品。

今や家電、IT、デジタル機器の製造では、韓国・台湾・中国に先を越されています。この3カ国の小売業では、店舗の上流の物流・流通・DCの整備の段階にきています。日本と異なり、卸売網の発達がないからです。一方で日本の大手卸は商品のばら配送だけではなく、リテイルサポート型に進化しています。

ニトリやユニクロが海外工場で行っている企画・開発と物流がＰＢマーチャンダイジングです。

個店経営への傾斜は商品開発の弱さ

わが国の小売業では長年、ＮＢに対し「ＰＢのお値打ち感」が高くはなかった。これがＮＢを少量仕入れて、販売する個店経営を成立させてきたのです。

ＰＢ開発はチェーンストアを目指す企業に共通の課題でした。米国と欧州では店舗を連続的に増やし、店舗を増やすことで成長できる小売業は「ＰＢ開発のチェーンストア経営法」を採るところしかない。小売業は、主力商品でＰＢの価値競争をしているからです。

わが国ではチェーンストアがＰＢ開発において、①商品価値（＝機能・品質÷価格）で優れた商品を開発できていない業界と、②メーカーブランドが強い高級品の領域で、個店経営が成立しています。

またロビンソン・パットマン法がないわが国では、仕入価格の経済的な面では、①個店で少量を仕入れても、②卸が遠隔の個店にもばら配送してくれ、③仕入量による価格差は、最大でも５％程度しかないのです。

（注）ロビンソン・パットマン法は一言でいえば、生産と流通のコストダウンという金額の根拠がないと、メーカーは価格を割り引いてはならないという米国の流通法です。立法の目的は家業店の保護でしたが、実際の影響は逆でした。合理的に流通コストを下げるＤＣの装備とＰＢ開発型のチェーンス

トアを全米・全業種に広げたのです。日本の大規模小売店舗法（売場面積の規制）は、既存の大規模店の保護になりました。農業収入の50％以上にもなる補助金は、農家を衰退させています。規制と政府の補助金の多くは産業にとって、逆の効果を生みます。保護される産業に既得権が生まれるからです。この法は、米国の大恐慌（1929～33年）のあとに作られて、セントラルバイイングで量の仕入れをするチェーンストアの発達を促しました。当方、この法を日本で作り、流通を合理化する目的で経産省の研究会で発表しましたが、経済産業省はうやむやにしました。この本に、あえて書いておきます。

商品本部でセントラルバイイングするＤＣ（常備在庫を持つ物流センター）は、わが国の小売業には2000年までほとんどありませんでした。主力はＮＢの仕入販売だったので、物流はＴＣ（移送センター）の段階だったのです。

仕入商品は、ＮＢの卸売業が個店にばらで配送してくれます（卸のコストは出荷価格の6％～10％）。ＤＣで在庫を持つ必要はない。ＰＢも開発はしたが、ＮＢに対するお値打ちはさほどなかったからです（消費者からの視点）。

このため消費者に認知されていて品質に定評があるＮＢを、競合店より5％から10％下げて販売するほうがＰＢより売れたのです。こうしたことからも「個店経営だ」という方向が生じました。

仕入れと品揃えの権限を店舗段階におろすことが、現場のやる気（販売への意思）を喚起するからという理由ではない。

①商品部がNBをDCでセントラルバイイングしても、仕入価格の有利さが小さく、

②PBのNBに対する、消費者視点での商品価値（商品機能・品質÷価格）を高くすることができなかったことが、「個店仕入れでも同じではないか」とされてきた理由です。

商品仕入れと販売方法の違いでの区分は「業態」と言います。わが国のGMSとSMの総合品種の多店舗経営では、「消費者にとってNBより価値の高い商品を開発して販売する」という定義のチェーンストアの業態に至っていません。他方、製造・直売型（SPA）に変わった専門店では、チェーンストア業態が成立しています。

以上が、日本型GMSが多店舗を作っても、個店経営に後戻りする原因です。個店経営の源流は、70年代、前述のように店舗数が1桁台だった時の「繁盛店経営法」です。個店で仕入れ・販売を行わざるを得なかったので、「支店経営」とも言います。商法での支店では、現場の決定権は支店長が持ちます。

本部は店舗のPL（損益計算）のモニターと出店を行っていました。しかし商品の仕入れと品揃えは店舗でした。卸の価格差の小さい卸売業を前提に成立したのが、70年代の繁盛店経営であり、小売業の支店経営です。

米国では、PB開発とDCを持つチェーンストアが増えた結果、卸は売上げを失って消滅し、小売りのDC物流の請負業になっていったのです（80年代）。現在の米国では、医療用の医薬品以外で大手卸は消えています。

他方、日本では、全部の業種に卸売業があります。根本の理由は、小売チェーンのPB開発

が遅れてきたためです。コンビニの業界では、商品本部が商品と経営法を提供するリテイルサポート型になって、零細資本の店舗をフランチャイジーとする卸売業になったのです。日本では、目の届く範囲の狭い店舗がうまくいくことが多い。一方、超大型店の経営は米国と違い、苦手です。理由は、売場を30坪から60坪の大カテゴリーで分けて管理する部門経営が普及していないからでしょう。

破産したKマートと違い、類似業態のディスカウントストアのウォルマートが長期で継続して発展、成長したもっとも大きな原動力になったのは、6000坪の店舗を60坪くらいの部門（経営の1単位）にする部門経営を70年代から行っていたことでした。サム・ウォルトン本人が、「店舗の中の店舗：Stores within Store」として述べていることがこれです。

大型店でも1人の売場主任が管理できるのは60坪（多フェース・大量在庫のウォルマートでは1800品目）が限界であると経験したからです。80年代にイトーヨーカ堂と業務提携している時、セブン-イレブンを見たためでもあるでしょう。

個店経営とチェーンストア経営

個店経営の第一の特徴は、卸からの「ばら配送」によってNBを少量ずつ仕入れて販売することです。わが国固有の経営法と業態が今もなぜ成立するのでしょうか。100店以上の多店舗経営で、チェーンストアと自称していたGMSやSMの業態でも、個別仕入れの個店経営に傾斜するところが出るのはなぜでしょうか。

端的に言えば、NBよりもお値打ちの商品をPBとして開発するチェーンストアが、同業種の商圏内の競合店にないからです。NBの店頭価格差は±5%程度であり、大同小異だからです。一方でニトリとユニクロの業界では、多店舗の個店経営が成立しません。

2000年代にも、わが国特有となった個店経営への回帰が見られるのは、業界にNBよりお値打ちのあるPBを開発するチェーンストアがない、またはまれだからです。あらゆる現象は、その「前提」を問うことが肝心です。

店長が自店の品揃えに関与していることから、ユニクロは個店経営だという向きもありますが、これは違います。本部が開発し、DCから納品される商品のうち、売場面積と商圏人口の違いを考慮に入れ、店舗における品揃えを決定しています。米国を含むどの国のチェーンでも、売場面積が違うと、全店で同じ品揃えはできない。世界のチェーンストアに共通です。

コンビニも同じです。オーナーが店長であり、品揃えと発注を店舗側が決定しているから個店経営という誤解もあります。セブン-イレブンではDCに発注する6000品目のPB枠の中から、まず本部が推奨し、店舗が選択して品揃えを決定しています。店舗だけではオーナー型店長の個店経営にも見えますが、本部のPB開発との分業を図ったフランチャイズシステムの全体はチェーンストアのシステムです。

本部があらゆることを決定し、店舗はそれを実行するのがチェーンストアという理解も誤っています。ウォルマートでも、店舗が部門の20%くらいの商品を地域対応として決定しています。雇用も各店舗で行っています。個店経営は、店舗がメーカーや卸と取引をしている小売業の経営法ですから、コンビニやウォルマートとは違います。

個店経営が成立しない業界と今も成立する業界

ユニクロとニトリの業界を見ると、セントラルバイイングとＰＢ開発が少ない業界で個店経営がナローパスでも成立しているのか、具体的にわかるでしょう。両社は、店舗数が少なかった１９９０年代初期から、アジアと中国の工場でＰＢの企画・開発を実行してきました。初期の開発は「トレードオフ型」でした。トレードオフは、機能や品質を落として安く量産する開発法です。わが国では、80年まで有効だったＰＢ開発法です。

他の分野でも、２０００年ころからＰＢ開発は、既存商品の商品価値（機能・品質÷価格）を高め、消費者にとって価値を差異化したものでなければならなくなっています。価格は低いままＰＢの商品価値をＮＢより高めたのが、ユニクロとニトリでした。

ユニクロは百貨店で売っていた６０００円台のポロシャツに対して、１９００円の売価のものを開発しています（90年代の初期）。デザイン面ではシンプルモダンとし、素材と縫製の品質は世界水準に上げ、カラーの種類を絞って10万着台で量産したのです。

当時、売価が１９００円の商品を数十万枚量産すれば、中国の工場の出荷原価は数百円程度でした（雑誌ＶＯＩＣＥ誌での柳井正氏の発言より）。中国内16カ所の工場からの物流と代金決済は、８％のコストで商社に委託し、コンテナ港の近くにＤＣを作り、各店舗にそのＤＣから配送したのです。素材・品質は６０００円のものと同等か、それ以上でした。消費者にとって商品価値は3倍高く、飛ぶように売れたのです。売価が1900円のフリース（起毛繊維のジャンパー）は、850万枚に達しています（99年）。

中国での工場出荷原価＋物流コストは低く、売れ残りの割引と廃棄をしても、国内店舗の荒利益は50％残ったのです。GMSのPBよりも商品価値（機能・品質÷価格）が高い、お値打ち商品でした。チェーンストアが開発すべきPBの概念に沿った商品でした。

ユニクロでは、商品担当はバイヤー（NB仕入れ・商品構成係）ではありません。商品価値の高いPB開発を成果責任とするマーチャンダイザーの職能です。コンビニの本部商品部の社員もマーチャンダイザーです。ユニクロは装飾的なものを少なくして、完成度を高めるミニマリズムのファッションを追求しています。

店舗数が少ない時でもSPA型のPB開発はできる

価値の高いPB開発の条件は、店舗数の多さではありません。顧客貢献への強い意志です。ニトリは年商100億円（当時は15店程度）に満たないころから、東南アジアでPB開発をしていました。シンガポールに船積みの集荷センターを作って、商品の検品を行っていました。当時、革張りの応接セットは、小売売価で25万円くらいでした。同等に見えるソファを物流費込みで2万円から3万円で製造し、6万円から7万円で売ったのです。お値打ち感から売れました。似鳥社長は今も先頭を切って頻繁にアジア・中国に出掛け、商品仕様と売価の指示をしています。

そのころニトリの社長から「年商を5000億円にする」と聞いたことがあります。ニトリは、1995年ころからカラーとデザインのコーディネート（同じ部屋で使う異なる品種間の家具の調和）というNBにない付加価値を付けているのに価格は安く、経営学者のチャン・キムが言う「価値の差異化」が消費者にわかる商品を作ってきました。

初期の商品は確かにNBのトレードオフの品質でしたが、このころから同じ価格帯のNBより、商品機能と品質を高めて、価値を差異化した商品を作ったのです。これが2000年以降、10年も業績（売上げ、営業利益、人的生産性）が伸び続けた理由です。

1990年当時の年商は100億円程度、業界の需要額は3兆円でした。5000億円はその50倍で、毎年21％売上げを増やし続けても20年かかります。10倍の1000億円ならまだしも5000億円の年商はとても無理だろうと思いました。ところが実際は31期連続での増収・増益をし、大量出店を続けて19年には売上げ6081億円、営業利益は1008億円です。店舗は576店、海外に71店。全国にニトリの店舗が見られます。

同業といえるIKEAは、世界での年商が413億ユーロ（4・7兆円：19年）という専門店としては巨大年商になっています。19年の売上げ増加は8％です。店舗数は433店と少ないので、1店当たりの年商は1110億円です。ニトリの1店平均は13億円くらいですから、8・5倍です。

従業員は21万人。もし商品作業が標準化されておらず、仕事の生産性の基準もなければ、空中分解するでしょう。わが国の多店舗経営では、個店経営への退歩がなぜ許容されるのでしょうか。小売業のPBの商品価値が低く、店舗競合のレベルが低いという理由からです。

価値の高いPBの業界では個店経営は成立しない

ユニクロのカジュアルウエアの業界で、NBポピュラー価格帯の個店経営が成立するでしょうか。問屋経由でNBを個店が仕入れて販売する店舗が成立し、利益を出して店舗数を増やせるでしょうか。需要が縮小してきた百貨店と同じことしかできないでしょう。

家具インテリア業界でも同じです。国内の家具メーカーから個店配送つきの商品を仕入れて販売する店舗が、継続的に利益を出して店舗数を増やせるでしょうか。個店経営型の家具店は、書店と同じように20年で3分の1に減っています。量が必要になってきた家具のPB開発ができず、価格帯だけをニトリに合わせた大塚家具の失敗も、個店経営と同類のものです。品質の低い安物商品になるからです。

国内商品であれ海外商品であれ、個店が少量だけ卸から仕入れ、ばら配送を受ける個店経営は、NBより商品価値が高いPBを低い価格で開発するところがあると成立しません。

店舗に仕入れの権限をおろして、現場のやる気を喚起するといっても、仕入れた商品が店頭で十分に売れないと、仕事のやる気はすぐしぼんでしまいます。人は、成果が出ない仕事にやる気を失うからです。技術の錬磨もしなくなります。責任を持たせた仕事も成果(売上げと利益)がいつまでも出ないと、士気は低下していくのです。

他方、PB開発のマーチャンダイザーは、顧客の生活貢献という点から高い士気で仕事をしています。顧客のために行う仕事は、社員の士気も高めます。人間は社会的な意識を持つからです。

ユニクロとニトリの業界では、NBに対する商品価値の差異化ができないので、「成長する個店経営」が存続する余地は狭いでしょう。ニトリとユニクロにはない範囲外の大商圏、つまり百貨店風の高級品の領域なら、前年比の売上げを落としながら存在できるだけです。

百貨店の売上げは1990年の9兆円から5・9兆円に減っています（219店：2018年）。年々、需要が縮小してきたのが、百貨店のベタープライス帯の高級品領域だからです。

百貨店は支店経営です。販売商品の仕入れにはほとんど関与せず、デパ地下とファッションメーカー・卸の店舗を入れたテナント運営業という業態です。都心立地の多層階の集合型ショッピングセンターとしていいでしょう。商品を売る小売業より、売場を貸す不動産業です。

進化しなかったGMSのPB開発

日本型GMSのPBには問題がありました。初期の「トレードオフ」から進化できなかった点です。NBの機能・品質を落とし、原価を下げ、売価を下げたのがトレードオフの商品です。ダイエーのPBの多くがこれでした。他のGMSもダイエーに倣《なら》ったのです。

顧客は「NBに対する価格の安さ（約2分の1）」から最初は買っていました。しかし10年経つと、「安かろう、悪かろうだ」と見えてきたのです。

原因は、ダイエーより一段低い価格で、品質が上の商品をユニクロやニトリが作ったからです。比較上、ダイエーやGMSは価格が高く、品質は劣ると見られたのです。1990年代から既存店売上げが大きく減少し（1坪当たりでは半分の売上げに低下）、2004年には産業再生法が適用されました。わが国の小売業の売上上位5社のうち3社が破綻し、M&Aされています。みんなダイエーと同じ原因でした。

前述のように、チェーンストアの国の米国ではシアーズも破産しています。主因は、PB開発の進化が25年前の1995年の状態に止まっていたからです。一方で、80年代からはGAPを先頭に専門店チェーンのSPA群が台頭してきていました。

シアーズはKマートと合併して経費削減として店舗を閉じてきたのですが、売上げの低下から、いよいよ明日の支払いのお金がなくなったのです。アマゾンなどのネット販売に売上げを奪われたとメディアは報じていますが、本質はそこではない。開発・販売のSPA型チェーンストアに対して、特に衣料の商品価値が低くなったというPBの問題です。

ダイエーとシアーズの破産は、本部が方針を決定するチェーンストア経営法という問題からではない。日本型GMSとシアーズが同種の商品で競合店のPBより、価値の高いPB開発をできなかったことです。

わが国大手GMSの5社のうち2社は、小売部門が赤字すれすれを続けても生き残っています。株式のホールディングで利益の出るコンビニを含んで、グループの複合型の経営にしたからです。GMSだけなら、ダイエーのように消えていたでしょう。

PBマーチャンダイジングの商品価値の弱さという根本の事情は、理由として言及されることが少なかった。５社のＧＭＳのうち３社の破綻と２社の停滞は、ＰＢへの開発ビジョンを見失い、個店経営に後戻りするところも出てきたことが根にある理由になっています。

ＮＢ商品ばら配送の卸の存在

繰り返し言いますが、個店経営への回帰は、ばら配送の卸売業が機能的に世界一発達している日本固有の現象です。これは卸売業への非難ではありません。むしろ年々薄くなってきたマージンの中で生産性を上げて倉庫と物流のコストを下げ、米国の卸にはなかった品揃え（カテゴリーマネジメント）のサポート型機能を拡充し、ナショナルホールセラーになってきた日本型卸の努力と研鑽《けんさん》を讃《たた》えています。

メーカーも、小売りＰＢのＯＥＭ製造業（相手プラントでの生産）になることも少なく、商品価値を磨いて、多くは小売業の上に立っています。原因を言えば、わが国のメーカーと卸が小売業の顧客貢献より高いところに、商品開発の目標を置いてきたからです。小売業より早く、コスト適地の中国やアジアで生産を行ったメーカーも多い。わが国では、家電と化粧品のメーカーが逆に家業型の地域販売店をチェーンストアにしていました。この伝統があるのです。

大手小売業では量の仕入れを背景に、買う立場として強い小売業がリベートを強制する権力的な仕入れを禁じるロビンソン・パットマン法がない日本では、頭を下げてくる卸に対して、商圏権力型の要求をしていたところもあったからです。卸を消してきた米国チェーンストアのＰＢ開発と品揃え（商品構成）を小売業より深く研究してきたのが、わが国の大手卸です。Ｍ

&Aと合併を繰り返して商品の流通量を増やしています。

Q10

高齢化と人口減から消費需要は増えず、店舗は飽和したと言われている日本で、これから多店舗を目指すのは難しいのではないでしょうか。アマゾンのように、消費と耐久財の全領域の商品を売るインターネット販売も、年率15%くらいで増えていますから、店舗の売上げを増やしていくのも大変だという人が増えていますね。

問いには、3つのイシューが含まれています。高齢化と人口減を理由として、消費需要は増えず店舗は飽和したとされていることについての見解です。まず年金世代の65歳以上が増える高齢化です。消費での高齢化とは、1人当たりの需要額が増える食品以外で1人当たりの商品需要量を減らすことです。

図①-3は総務省が集計している世代別の家計消費です。世帯主が59歳以下の世帯では、世帯消費額は40歳未満世帯の月当たり26万1000円から、50代世帯の34万2000円にまで増えています。しかし夫婦2人になることが多い60歳以上の世帯では27万7000円、70歳以上では23万8000円に減ります。これが高齢化と世帯の消

図①-3：世帯の高齢化と消費財の需要額（月間平均支出：世帯主世代別：総務省）

2016年家計調査	2人以上の世帯	世帯主の世代：単位 千円／月					
世帯主の年齢層	平均	40歳未満	40〜49歳	50〜59歳	60〜69歳	65歳以上	70歳以上
世帯数分布	100.0%	12.1%	18.0%	16.8%	24.1%	42.7%	28.9%
世帯人数（人）	3.0	3.6	3.7	3.3	2.7	2.5	2.4
世帯の消費支出 千円／月	282	261	315	342	277	249	238
(家族1人当たり消費支出)	94	73	85	104	103	100	99
①食糧費	73	64	78	79	75	70	68
(家族1人当たり食糧支出)	24.3	17.8	21.1	23.9	27.8	28.0	28.3
②住居費	17	26	16	15	16	15	14
③光熱水道費	21	18	21	23	22	21	21
④家具家事用品費	10	10	10	11	11	10	9
⑤被服及び履物費	11	12	15	14	10	8	7
(家族1人当たり衣料支出)	3.7	3.3	4.1	4.2	3.7	3.2	2.9
⑥保険医療費	13	9	11	12	15	15	15
⑦交通通信費	38	45	47	54	36	28	25
⑧教育費	11	11	30	24	1	1	1
⑨教養娯楽費	28	28	33	31	28	26	25
⑩その他支出	59	40	54	79	63	56	54

費額の関係です。

世帯別の1人当たり消費額

次に、各世代の世帯の「1人当たりの消費額」を見てください。世帯主が40歳未満の世帯の1人当たり消費額は7万3000円、40歳代が8万5000円、50歳代が10万4000円、60歳代が10万3000円、70歳代は9万9000円です。60歳代世帯までの1人当たり消費は増え、70歳代世帯でわずかに減りますが、40歳代の世帯より多い。高齢化は1人当たりで見れば、消費額を減らすものではないのです。

商品の分野別に中身を見ると、食料費では、40歳代未満の世帯の1人当たり1万7800円から60歳代世帯では、逆に2万7800円に増えています。70歳代世帯であっても、食べ盛りの子供がいることが多い40歳代世帯の1人当たり食料消費額よりは多い。

1人当たりの摂取カロリーは男性の場合、50歳代以上では1日2000キロカロリーに向かって減っていきますが、食品のグラム単価（ユニットプライス）は上がっていくからです。典型的に若い世代に多い鶏肉（100g100円以下）から豚肉（40歳代から50歳代世帯：100g200円〜300円）、60代世帯以上が牛肉（400円〜500円）と、グラム単価の高いものに変わっていく傾向があります。

食品では、高齢化とともに食べる量は減っても、ユニットプライスは上がっていきます。衣料や住関連では、60歳を超えると1人当たり需要額が急に減るのに、食品では逆です。小売業は、世代ごとの消費内容の変化を知っておく必要があります。衣料と住関連の１人当たり消費は高齢化で減りますが、食糧では逆に増えるのです。

ただし東京圏以外で多発する年１％の人口減は、総消費を減らしていきます。年齢とともに増えていく食品でも、亡くなれば食べる人はいなくなるからです。人口が集中していた東京圏も２０２５年ころから、人口減に入ります。

人口減という要素

２０１０年から２０６０年の人口減の年平均は、全国では０・７％／年です。10年の複利計算で７％、25年で16％、50年で30％減ります。代わりに１人当たりの平均名目所得は増えるので、消費財の物価上昇率（１％から２％）を引いた実質消費（商品数量）での全国の総額は、横ばいに近いでしょう。人口の減少率が全国平均より高い32の県では、実質消費も減っていきます。高齢化と人口減の影響は、衣料と住関連商品に対して総需要の金額の減少として強く表れています。総需要額が40兆円の食糧では、おいしいものと、鮮度が高く添加物が少ない高品質への消費者の志向から減っていません。ローカルＳＭの売上減は、Ｄｇ・Ｓのグロサリー販売構成比の増加（食品販売が50％を超えるところも多い）、および全国平均では１年に２％の売場面積が増えているＳＭに対する商品の競合負けからです。

25年間、減少してきた世帯所得の問題

先進国で唯一、わが国の消費総額が1990年代半ばから伸びていないのは、高齢化と人口減の要素からというより、1人当たりの平均所得が増えなかったからです。時間当たりの賃金が低い非正規雇用が増加してきたことが原因です。

ボーナスを含む賃金が高い正規雇用は、95年の3800万人から2016年は3364万人へと11％減って、非正規が1013万人から2036万人と倍増し、労働構成比で37・5％に増えています（16年：厚労省）。小売業の中堅企業以上では、90年代にパートが80％に増えたことからもわかるでしょう。

図①-4に、世帯類型区分での平均所得を示します。①構成比が3軒に1軒に減ってきた児童のいる世帯（構成比23・3％）、②全世帯（100％）、③厚生年金が1カ月当たり21万円くらいで所得の約80％を占める高齢者世帯（構成比36％：15年）に分けています。世帯主が65歳以上の高齢世帯は、2040年には全世帯の40％に増えます（896万世帯）。東京都では、すでに1人暮らし世帯が47・3％と全国一多い。世帯の半分は1人暮らしという、普通ではない家族構成です。40年には、単独世帯が51％と過半数になります（都庁の予想）。半数の家には1人しか住まないという状況になっていきます。

時間当たり賃金が低い非正規雇用が増え、所得の低い単身世帯が増えたこともあって、全部の世帯を平均した名目所得は、94年の664万円から17年は551万円へと113万円（17％）も減っています。13年から微量のリバウンドをしていますが、増え方はわずかです。児童の

図①-4：わが国の世帯所得（厚労省）

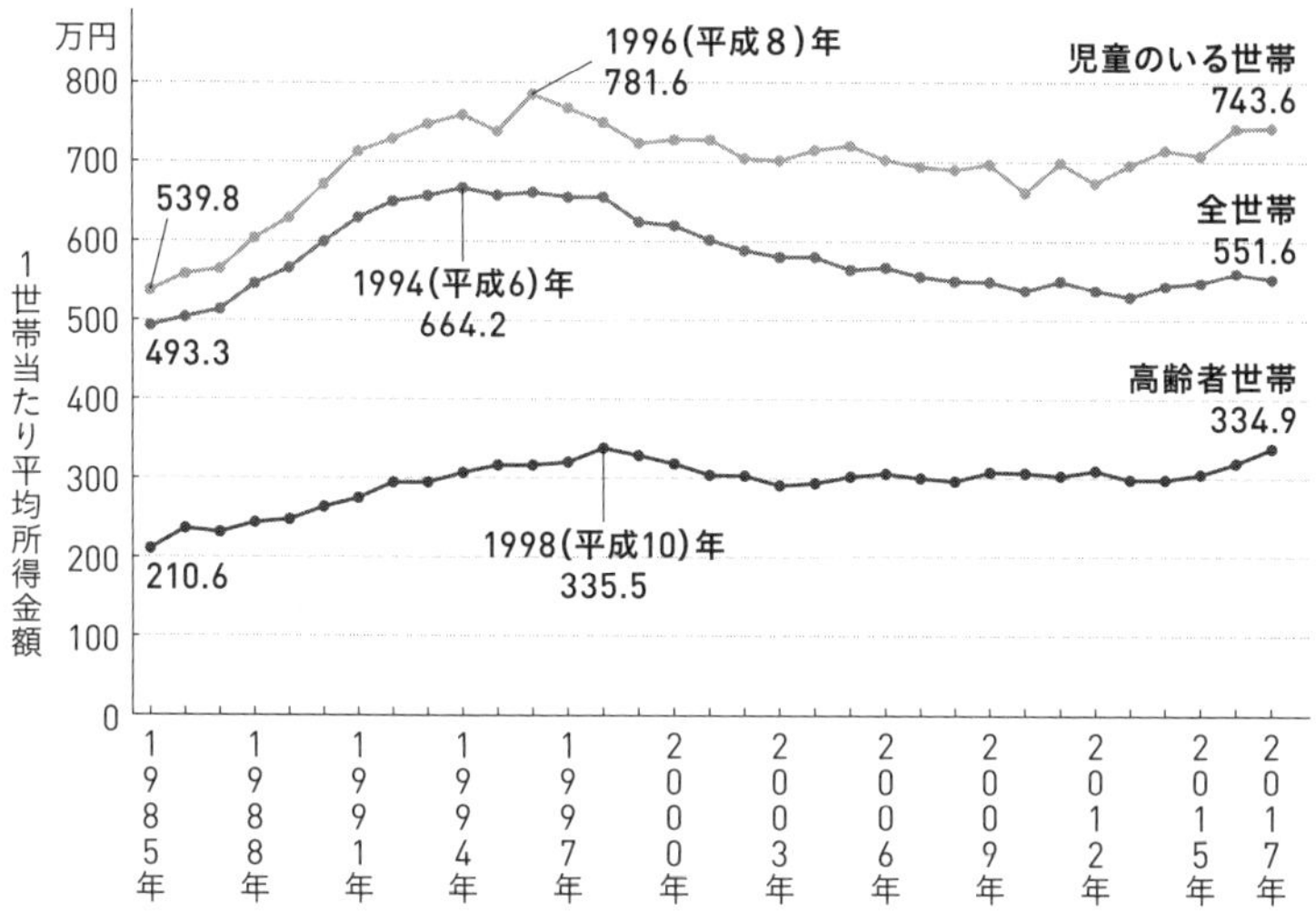

いる世帯の所得も、最高は96年の781万円でした。12年には650万円に減り、その後743万円（17年）に増えてはいるものの、21年も前の781万円には達していません。約20年、こうした名目所得の減り方をしたのは世界で日本だけです。

使える手取り収入が減ったことには、社会保険（年金保険・医療保険・介護保険）と所得税の国民負担率が、国民所得額に対して85年の33・9％から42・5％（18年）まで8・6ポイント上がったことも絡んでいます（財務省）。

実質手取り賃金（実質可処分所得）の減少

所得が増えない中で社会保険料（医療、年金、介護保険）は上がり、1988年まではゼロだった消費税も8％に上がって、2019年10月から10％になりました。世帯所得が減る中で、社会保険料との合計では18・6%の国民負担が増えてきたのです。これは1カ月に40万円使えていた世帯が、32・5万円しか使えなくなったことです。社会保険料と消費税は、世帯所得の減少以上に、消費を減らすものでした。

高齢化や人口減という要素からというより、商品購買に使える平均所得（可処分所得）の減少が消費を減らしてきた原因です。人口減であっても1人平均の使える所得が増えれば、消費は増えます。世帯の所得が増えていないことと、社会保障費と税の国民負担率の増加が総世帯の平均需要額を減らしてきたのです。

家族数の激変

2点目に、小売業がマーケティング（需要の予想）で深く認識しておかねばならないのは、わが国5300万世帯の家族構成が激しく変化していることです。

図①-5に、30年の変化を示します。徒歩圏にあるコンビニ（平均商圏人口2000人）と、中程度の距離にあるDg・S（平均商圏人口6000人）は、小家族化が近隣購買になることに合わせて店舗数を増やしたのです。100%が自動車購買のSCとHCは遠方ですから、高齢者が行く回数は少なくなります。百貨店はもっと少ない。平均商圏が8000人のSMは、6000人のDg・Sより遠い。

世帯人数の減少は、買う品目、数量、価格の変化になるので、生活への貢献を目的とする小売業にとって肝心なマーケティングデータです。80年までの変化は、3世代の大家族から夫婦

図①-5 30年間で激変してきた、世帯の人数（1986年〜2016年の変化：厚労省）

1980年代までの中心だった、子供が1人から2人いる核家族は29.5%に減り、高齢者が多い単身生活が26.9%に、夫婦2人が23.7%に増えた。ファミリー需要のSMより、個人の需要のコンビニとドラッグストアが増えてきた原因は、この小世帯化への変化である。

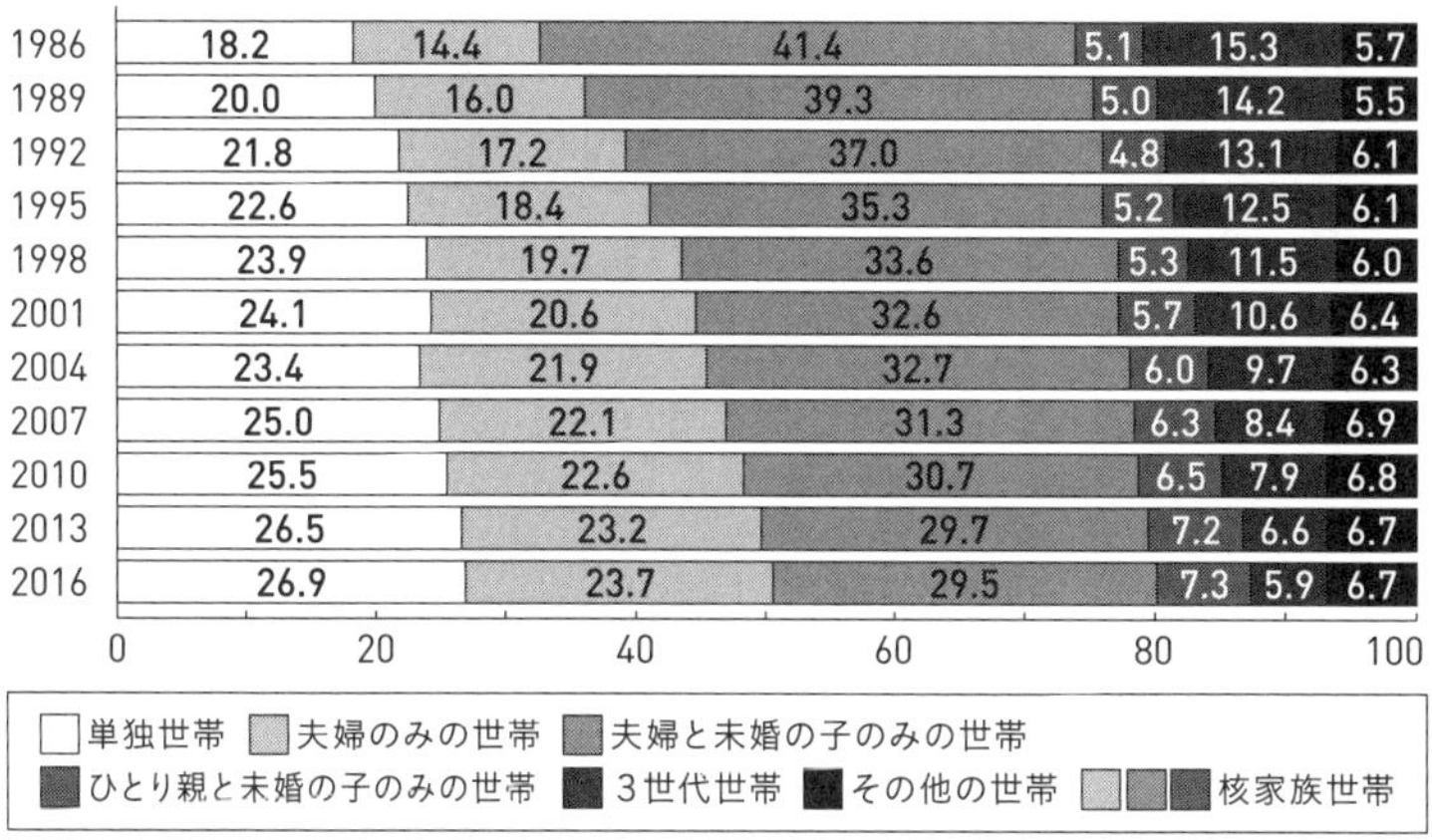

2人と子供がいる核家族への変化でした。家業店の零細店は減っていましたが、店舗の大型化で小売りの総売上げは増えていたのです。

資産バブルが崩壊した90年からの変化は、①小世帯である核家族の減少、②65歳以上の高齢の世帯主が増えている単身と夫婦2人の世帯の増加です。この両方で世帯構成比が50・6%と過半数になっています（2016年：厚労省）。単身と夫婦2人世帯の構成比は、2040年の60%に向かって増え続けます。平均所得が約330万円と低い小世帯への変化は、購買行動を変えていきます。

27・7%に増えた65歳以上の高齢者層世帯だけではなく、子供のいない世帯は86年の53・8%から16年は76・6%に増えています。街の10軒のうちおよそ8軒は、子供のいない夫婦2人または単身生活の世帯になっていて、わずか2軒が子供のいる核家族です。ファミリー需要のSMが増えず、単身と2人家族の買い物が多いコンビニとDg・Sが増えてきた原因がこれです。

小売業は、買う商品を変える顧客の生活形態の変化に敏感でなければなりません。既存店売上げの変化と減少は、①買い物量が減る小世帯の増加と、②所得の減少の結果だからです。

所得格差の拡大

あと1点、小売業が世帯所得について認識すべきマーケティングのデータ（所得分布データ）があります。図①-6の世帯所得の度数分布です。

平均所得の560万円が一番多いのではなく、平均所得未満が総世帯の61・5%を占めることです（10世帯のうち6世帯）。平均値では、中身の度数分布に注意する必要があります。

平均より所得の低い世帯の中身は、

①年収100万円から200万円未満が12・3%、②200万円から300万円が13・3%、③300万円から400万円未満が13・8%、④400万円から500万円未満が10・6%と、いずれも平均に属する500万円から600万円の世帯の構成比8・9%よりも多い。

これは1人世帯と高齢者の2人世帯での平均的な所得の低さを示しています（年金を入れた年収が300万円未満）。

所得で500万円以下の世帯が「街の10世帯のうち6世帯」の多数派です。顧客貢献がビジ

図①-6：世帯所得の度数分布
560万円の平均所得未満が世帯数の61.5%を占めるという現実

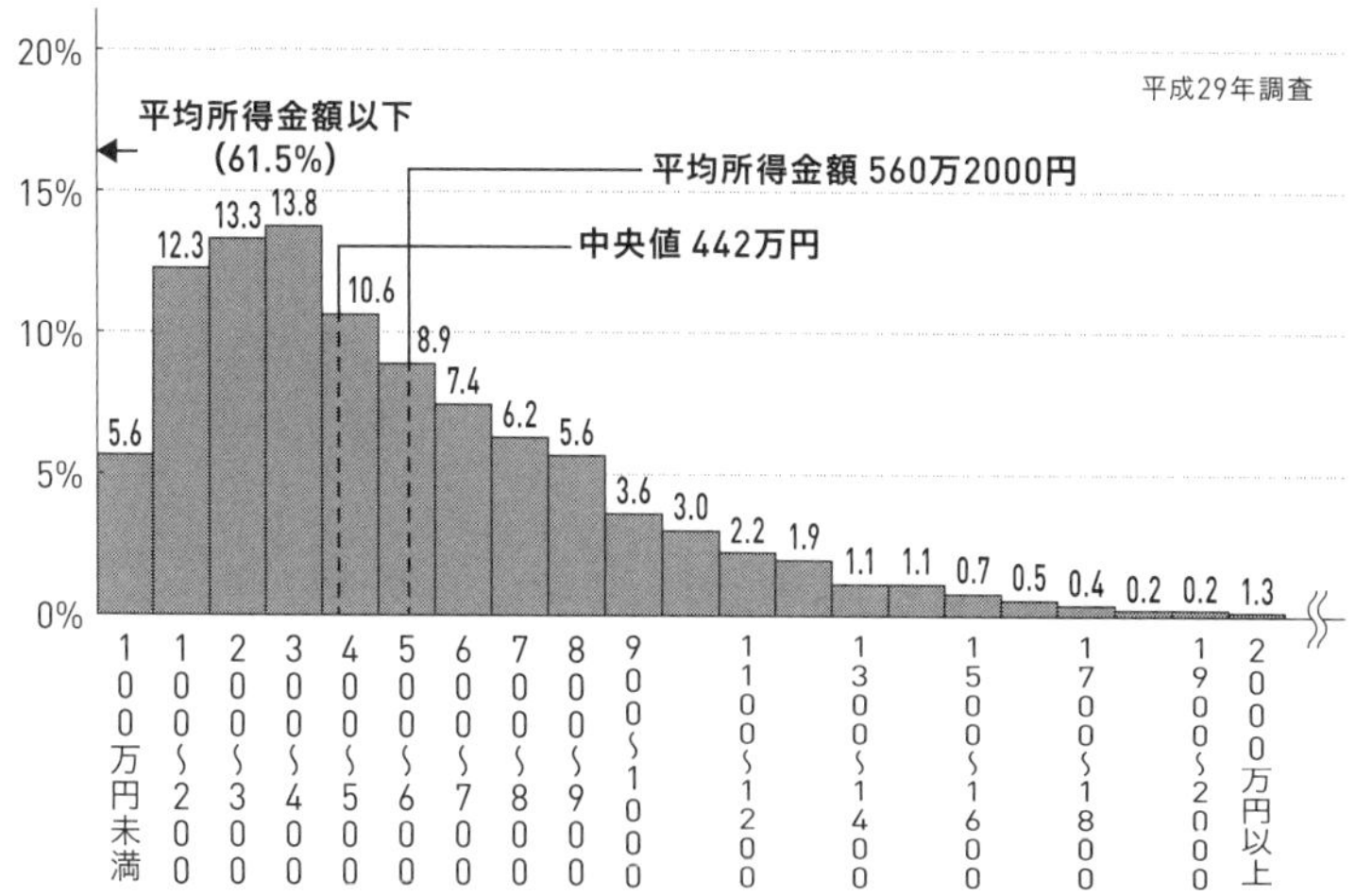

ョン（小売業の事業目的）なら、これからも一段低い、低価格のＰＢ商品開発が必要です。

　１９９５年まで中間層が厚かった日本では以上の事実があっても、貧困層の大きな増加とは政府が言ってきませんでした。現在、日本の総世帯の30％（１５００万世帯）は、米国風にいえば貧困層に属しています。

　２人世帯以上で、所得３００万円以下の貧困層の増加は米国に似た格差の問題です。65歳以上（人口は３５５８万人）の世帯では、１カ月21万円の厚生年金では足りず、毎月５万円の預金を崩して生活費に充てています。60歳以上の世帯の平均預金は、退職金を貯めた２０００万円くらいなので、政府が年金支給を増やせない今後20年、もつかどうかと国会で問題になっています。

　ところが、わが国では一般に、この20年

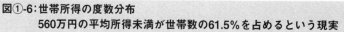

間の所得内容の変化は見ず過去の前提を引きずって「中間層のマーケット」とされてきました。

商品ラインの2分化

販売する商品ライン（25％の価格幅）と商品構成では、①預金は多くても所得が300万円以下と低い年金世帯と、②預金が少なく所得が600万円から700万円の2層マーケットに分離したことを認識しておくべきです。買物の金額と内容を決定するのは、世帯の所得だからです。

1995年まで世帯所得が増えていた時代に適合する、店舗側にとっての高付加価値（高い荒利益率の商品）ではなく、顧客にとって価値（商品の機能・品質÷価格）の高いPBを提供すべきだということは、顧客の所得分布からもわかるはずです。

ほとんどの主婦は、世帯分の買い物をします。どの店舗も品目別の売上げを記録しているはずです。店舗売上げの前年比だけではなく、価格帯と品目（アイテム）の買い物の行動を観察すべきです。タテマエのうそも言えるアンケートではなく、購買行動の偽りのない結果、つまり顧客の本音が品目の売上げです。わが国では世帯所得が増えていた80年代までとは、まるで違う購買行動になっているのです。これがGDP（＝企業所得＋世帯所得）が増えなかった過去25年の内容です。

店舗の飽和という問題

課題の2番目は、店舗の飽和という問題です。総消費額は、総世帯所得の低下の中で減ってきました。ところが500㎡以上の大型店の新規出店は続いていて、年間では1・5%から2%くらい売場面積は増えています。このため2000年から既存店の売上げが増えなくなって、むしろ減るところが増えてきたのです（既存店売上増加15%、横ばい35%、減少50%）。

商品で飽和しているのは、どこの店舗でも売っているメーカー開発のNB商品です。小売業による設備投資である売場面積の増加によって、NB商品の店舗陳列は毎年2%くらいずつ増えているからです。00年ころ、消費額に対して飽和してしまったのは、どの店舗にも並ぶNB商品の領域です。一方で、商品価値の高いPBは飽和していません。

具体的なイメージをつかんでいただく目的で、あえて幾度も事例にしますが、ユニクロやニトリは衣料と家具インテリアの総需要が減り続けた中で、既存店売上げを減らしていません。わが国の高齢化のピークになる40年に向かっても、トレードオフ型ではなく商品価値を高めた小売PBに対する顧客サイドからのニーズは増えていきます。

ECの増加という問題

3番目は、ネット販売の年率15%増加による、店舗販売の減少という問題です。経産省が、日本の消費者向けネット販売（EC：Electronic Commerce）の販売額を調査しています（図①-

図①-7　日本の消費者向けEC販売（BtoC:経産省:2018年調査）

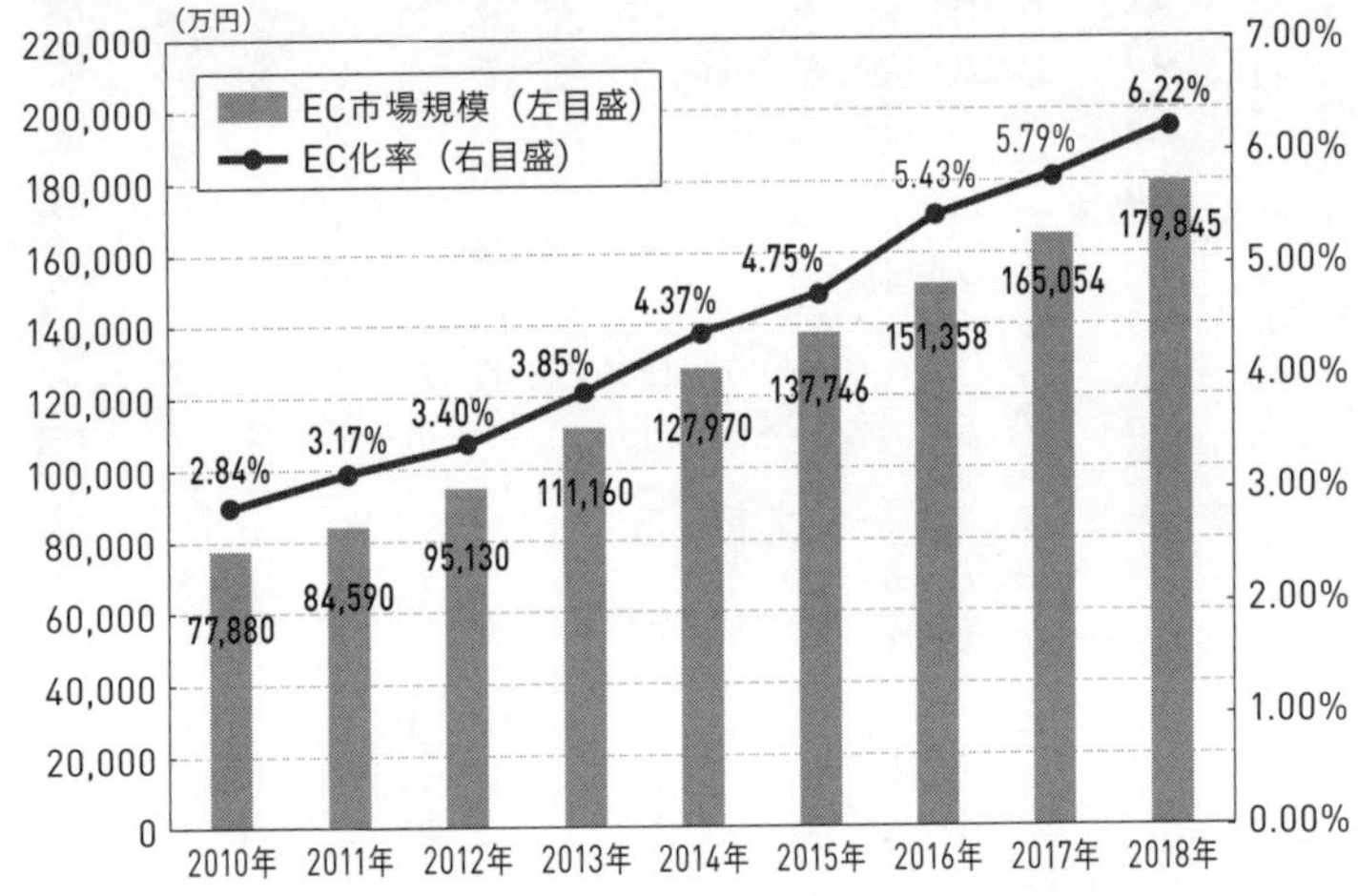

7を参照）。

２０１８年のＥＣは18兆円です。30兆円の自動車と燃料の販売を含むと、わが国の小売りの総額は約１３０兆円です。自動車関連を引いた店舗の小売り１００兆円に対して一見では18％、１３０兆円の小売総額に対しては14％を占めています。

10年からのＥＣの平均増加は1年に11％であり、前年比が減少した約１００万店の売上より、はるかに増加率が高い。

ＥＣの商品を見ると、

①ＮＢ商品販売の店舗と競合する物販系が９・３兆円。

②店舗とは競合しないホテルや旅行予約、チケット等のサービス分野が６・６兆円。

④ゲームやソフトのデジタル分野が２兆円です。

商品の物販では、店舗販売の１００兆円に対して９・３兆円ですから、消費者向けＥＣの構成比は10％程度と見ていいでしょう（18年）。

宅配便は年40億個に増えています（18年）。１人当たり、１年間で32個の宅配便です。３人家族ではほぼ１００個平均（１週に２個）です。宅配物流業に人手不足を起こすくらい増えています。３人家族で、１週間で１・８個です。宅配便はＥＣの利用がほとんどです。

なお宅配を含む、わが国の全物流コストは、ＧＤＰの５％を占める27兆円です。商品の売価（総付加価値）の５％が平均の物流費と見ていい。10万円の家電製品なら、部品の集荷から製造・販売などの売価に含まれる平均物流費が５０００円です。工業は、運搬〜加工〜運搬です。

海外を見ると、消費新興国の中国が、消費者のＥＣでは世界１位の１・１兆ドル（１１８兆円）で、日本のＥＣ18兆円の６・６倍です。人口は日本の10倍なので、１人当たりＥＣでは金額で０・66倍です。商品数量では１・５倍くらいでしょう。ネット販売の先進国、米国のＥＣは４５００億ドル（76・５兆円：日本の４・３倍）です。米国の人口は日本の約３倍ですから、１人当たりで日本の１・４倍と見ていい。

年平均11％増加している日本のＥＣの約３倍伸びているのが、①中国の前年比35％、②米国の前年比16％増、③英国17％増、④韓国21％増です（17年）。主要な国との比較では、日本のＥＣの伸びは高くはない。それでも横ばいないし減少の有店舗売上げに対して、ＥＣの伸び率は11ポイント高い。

これからの店舗売上げについて

質問は、「ECは増え続けるから、店舗の売上増加は難しくなるか」ということです。確かに言えます。しかしネット販売の商品は、どの店舗でも販売できるNBです。小売業のPBは、その店舗がネット販売を行わない限り、ECになることはない。ECの増加により店舗売上げが減るのは、NB商品の領域です。この意味からも、店舗型小売業は「強いPB」を開発する必要に迫られるでしょう。多くがNBの店舗販売なら、今後も店舗より増加率の高いECに押されて伸びないからです。

世帯の消費額でもっとも大きな35兆円の食品・飲料の領域では、ECはグロサリーのNBと飲料において増加していきます。しかし市場需要が25兆円の生鮮は、ECが難しい。鮮度の問題より大きいのは、段ボール1箱当たりの宅配料が400円かかることです。1回で平均2000円（SMの顧客単価）買うとすれば、宅配コストは20%です。

生鮮（精肉、鮮魚、青果、惣菜・弁当・おにぎり・ファストフード）で売価の20%のコストを負担すれば、採算が取れない。ただし米国と中国では会員制の取り組みがあります。店舗側の負担宅配費を1個200円（50%）に下げる仕組みを作らないと、生鮮のECは難しいからです。なお物流費に占める人件費は、48%です（2016年：宅配運送業）。2025年あたりから増えるAIの自動運転になっていくと、ドライバー人件費の割合は減っていきます。

SMは、売上げの60%を占める生鮮において、価値の高いPBを拡大する必要があります。

日本各地でNBよりおいしいパン類、物菜、お菓子などの製造直売が増えていて、業績を伸ばしています。食品ではおいしさが顧客の重んじる価値になっているからです。食パンなどの単品種の製造直売でも、行列のできる小型店は今後もECの影響は受けません。SMも従来路線ではなく、「専門店よりおいしい店」に転換すべき時代です。

店舗販売型のSMも、生鮮4部門でコンビニのように価値の高いPBを作り続けるなら、ECに売上げを奪われることはありません。これは衣食住と家電・電子製品の商品全域について、同じことが言えます。そうでなければNB商品の仕入れ・販売型の小売業は、増加率が高いECに、売上げを奪われ続けるでしょう。

ECと店舗の関係

しかし考えてみれば、奪われるという表現は不適当です。店舗は、お客を奪うことはできません。顧客が主体的に店舗と商品を選ぶからです。

ECで伸びているのは、

①消費者にとって、店舗の商品構成より圧倒的に幅広く選べる仮想売場を作り、

②NB商品も安く提供し、

③買い物時間でのショートタイムショッピングの利便性も提供していて、消費者が自分の選択で、ECにスイッチしているからです。買い物にかかる時間は意外に長い。SMなら、店舗に行って帰るまで約1時間はかかっています。

主婦パートの時給は、1時間が800円から1000円です。1回のSMでの買い物では、約1時間かかり、買うのは2500円が平均ですから、それに800円から1000円をプラスした時間の「買い物労働」を主婦はしています。ECでは、ここまで考える必要があります。ECの増加とは、こうした複合的な意味を持っています。共稼ぎ世帯が70％になり、時間は資源と考える主婦が増えたのです。来店5分：滞店5分：帰宅5分のコンビニでの買い物が増えた理由でもあります。安ければ1時間かけても車で行くという購買行動は減っています（20分が限度でしょう）。百貨店での購買が減ったのも、都心まで遠すぎ、車は混雑して、多層階の駐車場が不便で疲れるからです。百貨店に行くと、本当に疲れます。ネットならワンクリックです。翌日には確実に届きます。店舗を持たず、無コストで返品が可能で、品揃えの範囲はテールエンド商品まで広く、価格ドットコムでも価格比較ができる「仮想店業態のディスカウントストア」と認識しなければならない。

ECでも、店舗よりNBの価格が高いと売れません。何事でも売れないことには、続けることはできない。このため価格を低くしたECが増えるのです。ただしZOZOは、百貨店価格より安く売ったため、卸とメーカーの反発を招きました。ユニクロのようなPBでなければならなかったのです。

米国では会員制生鮮のECも本格的に始まった

米国では、ウォルマート（年商556兆円：2018年：既存店売上げ＋4・2％）が会費制で生鮮の宅配を開始しました。好評なので、19年には２００都市、１６００店に拡大する方向です。20年には、ほぼ全店になるでしょう。１年98ドル（または月９・99ドル）の会員に、配送費ゼロで何回でも生鮮食品を届けるＥＣです。１回の宅配費が米国では５ドルくらいが相場なので、１カ月２回以上で得になります。

スマホでのネット注文から約４時間で届くので、車で20分かけてウォルマートに行くより便利でしょう。ウォルマートは生鮮ＥＣのため、４万５０００人を新規に雇用しています。米国全体で１カ月の雇用数の増加は15万人から20万人ですから、ウォルマートの雇用増の威力は、米国経済にとっても大きい。

ＥＣの最大手アマゾン（18年米国でのクラウドを含む総年商は２３３８億ドル：ネット通販は１２２９億ドルで前年比＋13％）は、買収した高価格帯のＳＭ、ホールフーズの商品を即日に宅配するサービスを開始しています。ディスカウントストアのターゲットも年会費99ドルで、生鮮の即日宅配を開始しています。80％がＰＢ食品のトレダー・ジョーズも、おそらく既存店売上げをＥＣに食われると認識した時に開始するでしょう。経営戦略は、顧客の価値観の変化に合わせて時流適合しなければならないからです。現在は、顧客から頻繁にリクエストされるオンラインストアについては「実店舗こそブランド」として、ネットスーパーに乗り出さないとしています（18年時点）。

日本でも会費をとって、生鮮とグロサリーの短時間宅配をするＳＭが登場するでしょう。米国と違うのは、コンビニとＳＭが住まいの至近距離にあることです。それでも主婦の労働である買い物時間の節約からＥＣの方向は確定しています。おそらくＥＣは将来、生鮮でも総需要額の30％くらいに達します。世界が高齢化・小家族化に進んでいるからです。

ＥＣにより店舗シェアを失わないための方策は、ウォルマートやターゲットのように自分でＥＣを始めることです。年商58兆円あるウォルマートの売上増は、前年比で37％伸びたＥＣによって得られています（19年）。売上構成比では、ＥＣは４％です（18年：２・３兆円）。

アマゾンの日本事業の売上げは１・５兆円（18年）ですから、ウォルマートのＥＣはすでにその１・５倍と大きい。店舗で言えば、平均で75億円は売るスーパーセンター（６０００坪）の３１０店分です。

第2章

標準化・単純化・専門化の推進

チェーンストアは仕事の面では、
①特別な技術を持たない人が、
②分業の標準手順に従うことで生産性の高い仕事ができ、
③社員の賃金のレベルと同様に商品価値（機能・品質÷価格）を高め、
④結果として顧客の生活水準を向上させるという社会的な目的のために、
⑤店舗の商品作業を標準化・単純化・専門化し続ける事業であるべきものです。

この5項がチェーンストア事業に共通の目的とすべきことであり、顧客から見た店舗の存在意義になるものでしょう。社会的なビジョンを持つのがチェーンストアのあるべき姿です。

・標準化は、生産性の高い仕事の手順を本部が決めて基準とし、教育すること、
・単純化は、複雑な長い手順を誰でもできる小さな単位に分けて分業していくこと、
・専門化は、工程の分業により熟練した技術以上の生産性を上げることです。

以降では標準化・単純化・専門化を標準化という一語で代表させます。

わが国において小売業の標準化は、単に店頭品揃えの共通化と解釈されています。しかしチェーンストアの標準化の重点は、店舗内と物流で行っている商品作業を対象とするものです。品揃えの標準化は、生産性を高める目的である商品作業の標準化の結果だからです。結果を標準化しても品目の売上げが一定ではないため、品揃えは常に変化します。

品揃えとは、正確に言えば小カテゴリー分類の仕様と商品ライン（25％の価格幅）区分で作った商品構成（店頭の品揃えの枠）を満たすための開発アイテム（ＰＢ）、仕入れアイテム（ＮＢ）

の投入のことです。

ＰＢ開発のマーチャンダイジング（商品化活動）が本格的になると、「商品構成の決定→ＰＢの開発とＮＢでの品揃え発注」という工程になっていきます。一般に商品構成と品揃えは同じとされています。しかしＰＢ開発が主になると、開発すべきＰＢの仕様（商品ユニットという）で商品構成を作るため、商品構成が先になります。商品構成＝品揃えと考えるのは、商品仕様が仕入れの前から決まっているＮＢが主だからです。

・商品構成は商品の仕様と価格（商品ユニット）であり、品揃えはその商品ユニットに適合するアイテムであるＰＢ開発とＮＢの発注と陳列です。

・商品構成が商品ユニットとして、商品の仕様と価格であるため、適合するアイテムのＰＢ開発が行われるのです。全品がＰＢであるユニクロやニトリの場合、３カ月単位でのＰＢ開発とその品揃えの工程では「商品ユニットによる商品構成→ＰＢ開発の実行」です。１、２カ月後に開発する商品仕様で商品構成表を作るしか方法はないのです。

商品作業

６大商品作業は、①商品構成作りとＰＢ開発、②発注作業（売れた後の補充発注と品揃え発注）、③入荷商品の検収作業（検品・検数・検質）、④バックヤードからの運搬と棚陳列作業、⑤レジ販売作業、⑥在庫の売価変更とロス管理作業から構成されます。

商品部が行う商品構成表作りは、住宅建設の仕様を決める設計図にあたるもので、

・顧客サイドから見た需要カテゴリーと価格で、
・商圏の同業を上回る競争優位を作り、
・店舗の吸引顧客を多くすることを目的とするマーチャンダイジング（商品化活動）です。

品種に代わるカテゴリー分類

商品構成の維持、および営業利益に対する最適化への修正の活動を「カテゴリーマネジメント」といっています。カテゴリーとは、商品を使う、あるいは食べる顧客から見た商品分類です。例えば、顧客行動の分類からの、「買ってすぐ食べるファストフード」という中分類の主食カテゴリーには、品種では小カテゴリーになる米飯弁当、サンドイッチ、ホットドッグ、おにぎり、カレーやパスタなどが混じります。品目の種類はチェーンで異なります。このカテゴリーで売場の陳列棚の構成をします。

部門内の商品構成は、顧客サイドから見た小カテゴリー別、価格帯別の荒利益額と営業利益額を最適化するマネジメント活動の最初に来るものです。商品のマネジメント（＝マネジメントは経営）とは、利益管理として行う「アイテムの種類と在庫数の最適化活動」のことです。PB開発が主力になると、カテゴリーマネジメントはPB開発の活動と一体化していきます。

品種は製造分類のものですが、カテゴリーは、前述のように商品の需要（顧客ニーズ）からの分類です。例えば「おにぎり」といった時は伝統的な製造品種です。需要の形態である「ファストフードとしてのおにぎり」は、食べる側にとっての用途の分類になります。こうした用途からの分類がカテゴリーです。

おにぎり屋という業種店は「おにぎりという品種の枠内」で商品構成をしています。一方、コンビニやスーパーマーケット（SM）の業態店は「調理せず、すぐに食べるファストフードの用途としてのおにぎり」として商品構成します。このため両者の店頭での扱いに、天地の違いが出ます。ファストフードとしてのおにぎりは、PB開発の対象になるのです。コンビニのおにぎりはファストフードカテゴリーのサンドイッチ、ハンバーガー、ホットドッグ、カレーライス、パスタ、かつ丼、そば、うどん、寿司などの部門に並びます（コンビニの棚をイメージしてください）。おにぎり屋では多くの種類のおにぎりを並べますが、用途では分類しないので、ハンバーガーやホットドッグは作ることも、仕入れて売ることもしません。おにぎり屋の主人は、おにぎりとサンドイッチを別のものと考えているからです。しかし顧客の側からの分類では、買ってすぐに食べる用途として両者は同じです。ここが伝統的な品種分類の業種店と、使う顧客、食べる顧客にとっての品種横断的ものになる需要カテゴリーの違いです。この需要カテゴリーには定型がなく、店舗側の顧客ニーズを捉える商品戦略で変わります。

経営における戦略は、戦争の戦い方ではなく、目標に到達する方法の集合を指します。経営者は経営の戦略を決めて、方法を作る仕事です。社員はそれを実行します。軍事用語（概念）を使う理由は、古来、人類の活動では国と国の戦いが中心で、戦いの方法と武器作りにもっとも多くの国の資源（人、マネー、技術力、士気）が使われたからです。

品種メーカーが作る商品を需要カテゴリーで再分類すると、品種によっては巨大な需要が生まれます。ファストフードのカテゴリーとするおにぎりは、コンビニの全店（5万5000店）に主力商品として置くことができます。コンビニのおにぎりの需要は、イノベーターのセブン-イレブンで13億個（1300億円）、全体では40億個（4000億円）の巨大商品に拡大したのです。これはおにぎり屋では決して果たせなかった販売量です。

このようにしてチェーンストアは、業種店が持たなかったニーズの真空地帯を埋めるカテゴリーをPBとして作ってきたのです。用途カテゴリー（需要カテゴリーとしても同じ）の分類は、チェーンストアがそれぞれ行うものです。おにぎりのような最小カテゴリーでは、同じ商品ライン（価格で25％幅）のものしか並べないので、業種店（例えばデパ地下）の価格幅より狭くなります。

しかし価格の25％幅（商品ラインという）での品目の種類は多くして、価格と商品構成による顧客吸引競争の優位を作ります。価格が25％以上違うと、一般に需要の目的（用途）と購買頻度が変わるので、商品ラインとして用途カテゴリーを区分します。

用途カテゴリー分類の意味と、そのマネジメント（利益管理）は、大手のチェーンストアのバイヤーでも理解している人は少ない。

例えばフランスでもワインは、価格帯で購買頻度と用途が違います。ところがカルフールでは、低価格から高価格まで並べる業種店の大型版の商品構成をする部門が多い。カルフールの業績がはかばかしくない理由です。量販型ディスカウントストアであるカルフールへの顧客の来店目的と商品構成（需要カテゴリー分類）に不適合があるからです。これがフランスのカルフールがウォルマートのようには売上げを増やせず、経営層の内紛も絡んで世界での年商順位を落とし続けて、各国で店舗数が減った根底の理由です。

言葉の意味の定義には敏感なフランス人も古来、概念を整合的に組み上げるシステム的な思考が不得意に思えます。店舗にもその国の伝統文化が表れます。日本人は、ウォルマートのような大きな店舗より、コンビニのように小さい店舗の経営が得意です。２０００年代からはファストフードの多いコンビニは日本の発明ですが、世界に広がっています。

文化は経済がピークを迎えたあと、約10年で世界に広がるものかもしれません。

チェーンストア経営の進化

ここでは、進化をたどったチェーンストア経営の、１世紀の技術を歴史的に見ていきます。１９１０年の創業期から小売業にどんなイノベーションがあったのかを時系列で見ていくと、わかりやすいからです。製造業と同じように小売業にも技術はあります。商人と家業店の時代には、リテイルの技術があっても対象化されて意識されていなかっただけです。概念を主体から切り離す対象化は、主体である人間が外界を認識する方法です。

商品本部が行うマーチャンダイジング（商品化活動）とは、ＰＢの開発、およびＰＢとＮＢの商品構成活動です。ＤＣ（店舗への補充センター）を在庫を持つハブ（中継の物流倉庫）とする商品物流と発注法の決定（流通設計）も、流通面のマーチャンダイジングに属するでしょう。

「発注と店舗納品には、実際はいろいろな方法があるので自社の方法を選択して決定しなければならない」というと、現在の方法に疑問を抱いていない人には奇異に映るかもしれません。小売業では、店舗の外部になる上流の在庫と物流を知らない人が多いからです。その理由は、頼めばすぐに卸が個店の販売数に小分けして運んでくれるからです（ばら配送という）。たとえれば、簡単に手が動く（商品がすぐ届く）ので、手の動きのメカニズムをレオナルド・ダ・ヴィンチのようには科学的に解析しなかったのです。

在庫と物流機能を持つ製造業や卸が即日に個店の補充数に小分けして納品するために、店舗の前の工程でどんな商品作業を行っていて、在庫のリスクと商品作業にいくらのコストがかかっているかを知る人は少ない（卸なら、倉庫の在庫構成→メーカー発注→入荷検収→入庫→受注→ピック→積み付け→配送→店舗へ納品）。製造と卸の商品作業を知らなくて済んでいたのが家業店でした。卸がばらで店舗まで翌日には配送してくれたからです。

しかし小売業の死命を制してきたのは実は販売とプロモーションよりも、商品仕入れの方法と量でした。メーカーと小売業の仕入原価は、仕入れ方と量によって決まってきます。以降では、仕入れへの原理的な理解を助けるため、歴史的にどう展開されてきたかも見ていきます。

次に店舗内の商品作業の標準化において必要な高度化が、少数の例外を除くと約30年も停滞しているわが国の小売業の現状と、業績（Performance：売上げ、営業利益、生産性が3大業績）のKPI（鍵となる経営指標）が低いままの成果、そして共通に打つべき経営的な対策を見ます。

業績は、社員の仕事の結果です。業績を恒常的に上げていくには、販促、特売、ポイント割引ではなく、売上げ、利益、生産性という結果です。商品と価格の原因への対策を実行せねばならない。販促・特売・ハイ&ローの割引は一時的に売上げを上げますが、3カ月累計の売上げと、営業利益を上げるものではない。これらは競合店の販促、特売、ポイント割引で移動する顧客（約5%）をとどめる効果しかない。マネジメント（管理）の目的である長期的な店舗売上げと、営業利益を高めるものではありません。

販売促進は、どの店舗でも決算、改装、産地特売、ポイント数倍セールなどといろんな名目を付けてサイクル的、断続的に行っているからです。チェーンストアが目指すべきは、セブン-イレブンのような特売や顧客管理の一環であるポイント割引のない店舗です。商品価値の高い新商品PBの連続的な開発投入によって、顧客吸引力を高めていくことです。お客がたくさん来る店舗は、特売・割引・顧客管理はしません。

ただし今まで続けてきたチラシ特売をやめた時、主にバーゲンハンターの来店客の減少が起こりますが、コスト減によって3カ月累計で営業利益は向上することが多い。ちなみに3店舗で3カ月の実験を行ってみれば、わかります。チェーンストアで政策を変える時は、100%のケースで販売実験を行うべきです。PBの試作や販売の実験も、小売業が新しいことを行う前には、いつも実行すべき事業経営の方法です。

実験しないでぶっつけ本番で行うのは、賭けと同じ経営です。多店舗を持つチェーンストアで実験を行わないで政策を採用することはタブーです。自由に店舗を選ぶ顧客の囲い込みはできず、政策や戦略の効果や障害は実験して初めてわかるからです。余談ですが、国の金融に大変化をもたらす日銀の異次元緩和のようなことも部分的な実験を経て、実行すべきかやめるか決めるべきものです。安倍政権は日銀の信用を使って「賭け」をしました。

要は一時的な価格割引であるプロモーションによる1週や2週だけの売上増加に店舗が依存してきた理由は、商品構成の主流がどこでもNBであり、わずかな価格差しか顧客吸引の手段を持たなかったからです。

この副作用は、商品部の仕事の多くの時間を、特売企画と特売品の割引集荷と残品の事後処理が占めてしまい、PB開発に向かわなかったことです。商品部の仕事を単純化（＝専門化）することによって開発技術を高める方向ではなく、逆に作業種類を増やして複雑にして生産性を低めてきたのです。

技術の専門化とは、分業により作業種類を減らして、担当する技術の水準を上げることです。

近代産業での専門職（スペシャリスト）とは、狭い分野で高い技術を持つ人です。チェーンストアの組織は、細かい分業で成り立ちます。トヨタの工場の生産ラインに長年従事しても、イタリアのクラフトマン（高度な技術の職人）のように1人で車を作ることはできません。細分化された作業が普通の人にできるように単純化されているからです。塗装は塗装工程の専門技術を持つ従事者のみが行います。塗装だけでは車は作れません。

なぜチェーンストアでも、商品部の仕事が追求すべき本筋から外れてきたのか？

経営者とチェーンストアが、自社のPBのビジョンとカテゴリーを作ることをしなかったからです。仮にビジョンを作っても描いただけの餅、つまり画餅《がへい》、あるいは作文だったからです。ビジョンの実現に向かう実行とリーダーシップがなかった。ビジョンと、社員の仕事の方向を示して導くリーダーシップは一体のものです。業績という成果目標を押し付ける権力型のマネジメントになっていたからです。

成果と賃金

成果（パフォーマンス）は、経営者と社員が仕事をした結果としての経済的な果実です。関連していうと、成果主義は成果の評価に基づいて賃金を決定する方法ですが、チェーンストアは成果主義の賃金を採るものではありません。主義とは重んじるという意味の言葉です。

英米系の金融業でヘッジファンドの資金運用を行う高額な報酬のマネジャーに多いのが、成果主義の賃金です。会社は投資家から投資額の2％の運用手数料をもらい、利益が出た時は利益の20％を受けとっていますが、損失は補償しません。ポートフォリオ運用を行うヘッジファンドは、株式・債券投資という金融商品の領域での専門家権力で成り立ってきたからです。投資家は素人で知識と方法を持たなかった。このためヘッジファンドが成り立ったのです。時価総額100兆円なのに工場を持たないファブレスメーカーのアップルを先頭に、米国のトップ企業の多くは金融化しています。株主の要請を受けて（これがガバナンス）、株価を上げる自社株買いに奔走しているからです。2011年から18年のS&P500社の自社株買いは4兆ドル（430兆円）と、設備投資よりはるかに大きい。

歩合給（コミッション）ともいいます。米国の百貨店の販売員でも、低い基本給の上に自分の販売額5％の歩合給がのる賃金が多い。ただし米国の組織でもマネジャー以上は、担当部門の利益による成果主義の年俸制が多い。年俸制といっても、支払いは2週に一度に分割します。勤務医も、わが国にはない2週の週給です。

この意味から、わが国の正社員の主要国に比べて低くなった固定給は世界で特殊です。働く人口が増えていた１９８０年代までに適合するものとして作られたのが、若年層では低く、勤務年数とともに50歳までは徐々に高くなっていく固定給の制度です。

90年以降は、45歳以下の労働人口が減って、世界競争の中で年長者が高い賃金になる年功序列型賃金が不適合になっていったので、時間給が低いパートが作られてきたという背景があります。勤続年数に従って賃金が上がっていくわが国の年功序列の賃金体系は、若年層が45歳以上より多い時に適合する制度でした。年功で賃金が上がる場合、45歳以上の賃金の高い人が増えると、経営はコストアップするからです。年功賃金は、若い人の雇用が多い時に人件費を少なくする、日本が発明した方法でした。

時間給の違い

現場のラインのワーカーは「働いた時間×その人の時間給」で払われる時間給の賃金ですが、米国では日本風のパートとは呼びません。米国の時間給では、わが国では条件を付けて許容されている雇用形態による身分差（正社員とパート）は違法です。年齢給という仕組みもなく、継続勤務した年数、習熟度、業績成果の評価によって上がっていきます。年齢の差別になるとして、65歳などの定年制度もない。ただし会社（上級マネジャー）からは、成績が落ちてきたことを理由にした肩たたきはあります。成績が落ちなければ、不況対策のリストラでない限り、生涯勤務ができると考えていいでしょう。

ＮＹやパリの高級レストランでは、70代に見えるベテランウエーターが生き生きと働いています。小売業と外食業の平均賃金は、日本より１・5倍くらい高い。理由は人的な生産性（人時生産性＝労働時間当たりの荒利益）が2倍高いからです。

日本の賃金の低さ

日本の全産業で1日8時間働く正規雇用の平均年収は、２０１８年で４２９万円でしかない。米国の平均年収６４５万円の67％で、イタリアの４３１万円とほぼ等しい（17年12月：1ドル＝１１3円換算）。正社員の時間当たりの平均賃金も約25年間、特に小売業でパート構成比が増え続けたことが原因で下がってきたのです。世界と全産業での比較では、フルタイマーの名目賃金の平均は１９９０年からの30年で世界18位に下がっています。

働く人の生産性を上げて賃金を増やさないと、その所得を使う消費額と店舗での買い物も増えません。25年間、1年に1％未満しか上がっていない人的な生産性は、小売業だけでなく日本経済全体の根幹にある問題です。

チェーンストアのニトリの年収は20歳から24歳の一般社員が５２０万円、係長９２３万円、課長１２１2万円、部長１５４９万円と約2倍高い（２０１8年）。平均年収は８６０万円（ユニクロは７９2万円）。日本の平均賃金４２９万円の2倍ちょうどです。男性の平均は１０８０

万円、女性が840万円です（正社員）。最近4年で13％、年率平均で3・3％上がっています。ニトリ並みの年収（平均水準の2倍）を、日本の小売業は目指さねばならないでしょう。チェーンストアは生産性を高くして高賃金を払い、経済全体を成長させる産業であるべきものです。流通業は人的生産性を高めて、世間並み以上の賃金を払う産業にならねばならない。10年代までのような人材の吹きだまりと言われるようであってはならない。経営者に青雲の志を求めます。すべての決定の認可は社長が行っているからです。

① チェーンストアの発祥と展開

20世紀初頭からの米国のチェーンストア作りは、小売業の大規模化と産業化（industrialization）、および事業を行う目的が社会化していった運動でした。

経営の目標となるビジョン（実現を目指すこと）は、共通に顧客の「生活向上への貢献」でした。産業化つまりインダストリアルゼーションは、労働の産業化または工業化によって生産性を上げることです。

誤解を恐れず言えば、「販売マージンが目的だった商人のビジネスが産業化によって生産性の向上をした」ことで商業が自社の賃金の高さを含んで社会貢献を果たすことです。

19世紀末から20世紀前半は、米国では商品生産の工業化革命により生産性が上がってきた時代でした。工業化革命の内容は、フレデリック・テイラー（1856～1915年）を創始者として推進した工場の加工作業の手順標準化であり、ベルトコンベアシステムを生んだものです。商品を作る工場から見れば、商品流通の末端（Retailの意味）にある小売業は工業化革命に数十年遅れたのです。

小売業の近代化・産業化

小売業の産業化とは、仕入れた商品にマージンをつけて売る商人だった小売業が、
・顧客の生活水準の向上に貢献できるよう、
・商品作業を分業し、標準化することで生産性を高め、
・顧客側にはコストになる生産原価と1品当たりのマージン率（生産原価＋物流コスト＋小売マージン＝売価）を、
・顧客の生活水準を高める貢献のために下げていくことです。

商品作業の標準化は、分析をせず個人の経験で行われてきた作業の「平均化」ではなく、仕事の成果（結果）である生産性を高めるために行う、分業と合理化を通じた合目的化です。

①人の作業の工程と手順を分析し、
②小さな単位作業を作って作業名を付け、
③生産性が高まるように再構成することです。
標準化とは、標準作業を作る活動です。

この標準作業は、長期に固定的なものではない。年々、賃金以上に人的な生産性は向上すべ

きものです。過去の標準は最長でも3年に一度は見直して変える必要がありますが、こうした基本的なことが実行されているでしょうか。

基礎売上げが減ったことが原因で行われている特売や販売促進は、労働人時を多く使う曲芸であり、本来の仕事ではない。両者を行う必要がない商品力の高い店舗を作らねばならない。商品力とは、顧客にとって比較商品価値（商品の機能・品質÷価格）の高いPBの多さです。商品の機能・品質が高く、価格が低いPBです。PB大量投入のセブン-イレブンが特売、顧客管理、ポイント割引を無用としている理由がわかりますか？

商品作業の生産性上昇の手段は情報機器

現代では、仕事の生産性を上げる標準化の手段として、①Wi-Fiの通信、②JANコードに代わって個品の消費期限も一括管理できるRFID（ICタグ）、③代金精算の自動化レジ、④発注と在庫管理のエキスパートシステム、そして深層学習のAIを多用します。2000年ころの通信速度が遅かったWi-Fiは1機が100万円台だったことをご存じでしょうか。現在は、5GB帯の高速通信でも20分の1以下です。

情報機器とソフトは、これからも1年で3分の2になるくらいの速度で下がります。

店舗の商品作業は、いずれもITと通信がなじむ、①発注、②検収、②品出しと陳列、④レジ販売、⑤商品構成の修正、⑥ロス管理です。仕事の生産性を上げるために組織として6大作業を分業します。組織とは、成果を高めるために行う分業の体系です。

分業とは、

①個人が担う商品作業の工程を、生産性（人時当たり商品処理数）を上げるために細かく分けて専門化し、

②標準化された次の工程とつないでいくことです。

高い成果は、組織の作業手順を標準化することによって得られるものです。発注、検収、陳列、レジ販売、商品構成のＰＤＣＡ（計画→実行→チェック→対策）による修正の全工程を１人で行うと、労働人時当たりの商品処理数は零細店のように少なくなります。

これらの工程を標準化して、別の人が小さな工程を担う分業を可能にし、その成果として労働人時当たりの生産性（商品処理数量÷労働人時）を上げていくのがチェーンストアです。

チェーンストアは、20世紀の小売業の近代化、生産性の上昇、商品価値の向上を果たしてきました。

21世紀の現代化手段と工具は、ｉＰａｄのようなモバイル端末とＷｉ-Ｆｉ通信の大量利用による標準作業化になります。情報の集計、数式による加工、伝達、コミュニケーションの工具がスマホ風のモバイル端末です。アマゾンや中国のアリババは、通信のインターネットで電子的な仮想店の方法を使う「小売業の現代化」でしょう。

近代工業の標準化

約１００年前からの「工業の近代化」でいえば、蒸気での外燃エンジンよりはるかにエネル

ギー効率が高い石油の内燃エンジン（ディーゼル）による車の最初の発明は、ドイツのダイムラーでした。ドイツのクラフトマン（日本では宮大工、陶工、料理人など）は製造の多工程を担う技術の高い職工でした。

新大陸の米国フォード社は、たくさんの作業種類から構成されていた工程を分析・分解して、ベルトコンベアに並べ、工程の小さな単位を作って単純化し、特別な技術を持たない工員ができるように加工の手順を標準化したのです。

その結果は、アダム・スミスが『国富論』（英国の産業革命期の１７７６年）のピンの工程分業による製造で示した規格品の量産であり、米国では一般の労働者が買うことができる価格のＴ型フォード（１９０８〜27年：１５００万台を生産）の誕生でした。価格は５００ドルから８５０ドルでした。フォードの日給は他より高く1日5ドルだったので、1年の労働でＴ型フォードが買えたのです。ただし、高い日給が払われた当時の標準化された労働は、映画「モダン・タイムス」でチャップリンが揶揄《やゆ》したように非人間的で過酷なものだったとされます。Ｔ型フォードの価格は飛躍的な量産によって１９１６年には５００ドルでしたが、25年には２９０ドルにまで下がっています。

Ｔ型フォードは米国を、欧州を超える生産大国にした

Ｔ型フォードは、米国を世界に先駆けて馬車から自動車の社会に変える契機を作りました。

Ｔ型フォード登場のあとは、世界の自動車工業、および消費財・生産財の全部の生産がベルトコンベア方式に変わっていきます。加工機械、工具、治具を使う産業の近代化によって、分業職人の生産性が高くなり、安価な製造原価で商品の量産ができたからです。

ベルトコンベア方式での生産ラインの標準化を科学的に（工学的に）研究したのが、「科学的管理法」を作ったフレデリック・テイラーでした。

チェーンストアの商品作業の標準化の元は、工程の手順が標準化され、1人当たり生産台数を高度な技術を持つ多能工の職人製だったダイムラーよりも、飛躍的に高めたT型フォードの生産ラインでした。

人の加工・組み立てを単位作業分解して、タイムスタディ（単位作業の時間の計測）を行って果たされた標準化は、「普通の人の所得でも自動車を買うことができる」という社会の経済的な進歩に貢献する目的を持っていたことがわかるでしょう。

「学」の目的

科学と工学の目的は、社会を進歩させることであるべきです。

「学」の全体も社会の進歩を目的としています。哲学や文学ですら、です。

学問は、人から人に伝わっていく社会的なものでしょう。

人は社会を作って仕事をし、その中で生きるからです。仕事は、①買う人のために有益な商品を作ることと、②商品は加工しない販売の無形のサービス作業をすることです。

官僚以外のあらゆる仕事の目的は顧客です。ドラッカーが語ったように事業とは、顧客の創造です。米国の小売業も1900年代の初期までは、日本の戦後のように店員が販売の推奨を含む多種類の商品作業をしている家業店でした。

科学的管理法が作った近代工業は、個人の職人的な技術に依存していた宮大工さんのような生産（クラフトマンシップ）に対して、工学（engineering）的な分析を加えた標準作業で初めて可能になる量産によって価格を下げたのです。

工業化革命の前まで個人技術が高いクラフトマンが作った消費財は、貴族、資本家、官僚しか買うことができない高い価格でした。90％の国民は農業に従事し、自給自足の経済だったのです。住宅をムラの大工さんが作っても、食料や衣料を商店で買うことは少なかった。

こうした中で、国民の所得に対してより多く買えるように商品価格を下げていくこと、経済学的には「社会の実質所得を高めること」が近代工業とチェーンストアにとって共通の目標でした。実質所得とは、物価上昇率を引いた所得の商品購買力です。手取りの名目所得が5％上がっても物価が7％上がれば、実質所得は2％減って、その分、商品が買えなくなります。

工業の近代化の始まりから、約50年の歴史を下った70年代、まだ創業期だったウォルマートのサム・ウォルトンは「（当時の米国労働者の平均だった）2万ドルの所得で4万ドルの生活を」と掲げていました。消費財の販売を通じての社会貢献をビジョンとする近代化産業であるというチェーンストア事業の本質を見抜いていたからです。

（注）実質所得＝名目所得－物価上昇率：名目所得がいくら上がっても、物価がそれ以上に上がると、マネーの購買力は下がり国民は貧困になります。

近代工業化

小売りのPB（Private Brand：消費者に近いという利点を生かして小売業が企画して仕様を開発し、工場に生産委託した商品）でいえば、工業化＝近代化は顧客にとっての商品の価値、つまり〔商品の機能・品質÷価格〕を高める方法でした。

20世紀の生産が工業化、規格化、生産量の大規模化を果たすことにより、国民の所得に対して買うことができる商品が増え、生活水準は向上していったのです。経済的な面での生活水準の向上とは、世帯が買うことができる商品が増えることです。

人間の幸せを高めるものは、愛と経済でしょう。両者は、不可分であることも多いと思えますが、人によっては分離した行動にも見えます。顧客管理は顧客を囲い込むことを目的にした自己主張です。小売業は顧客管理や割引ポイントに逃げるのではなく、顧客愛を持つべき産業です。愛とは自己犠牲を伴う他者への貢献です。その店舗があることによって、より多くの顧客の生活水準を向上させることです。小売業の活動は倫理的であるべきです。

「経済」の意味

「経済」は学問になった最初（国富論のアダム・スミス）から、商品を使って果たされる国民の福祉（Welfare）を高める使命を持っていました。あらゆる消費財が商品化されることが、中世の職人による生産の近代化である産業化でした。工業ではベルトコンベア化が、商業ではチェーンストアが近代化の運動だったのです。

国民の生活水準の向上は、作業工程の標準化を図っていく工業化によって1人当たりの生産性が上がり、年々高くなっていく所得で買える商品の増加によって果たされたのです。

産業の近代化は、世帯が使う消費財・耐久財の量産と規格化でした。衣料でも職人生産の高価なオートクチュール（貴族向け：現在で言えば1着が数十万円）の代わりに、工場で量産する安価な既製服（大衆向け：1着数万円）の登場でした。1年分の所得でも庶民は、冬のコートが買えなかった。日本では、数百万円の着物に当たるものです。

商品生産における職人の高度な技術を分析・分解して、普通の人が短い期間の訓練でできるように単位化（単純化）し、標準化した分業を図ることが近代化だったのです。

靴も、中世から靴職人（クラフトマン）が1人でなめした革から作っていました。1人当たりの生産量は少なく一足の価格は高かった（現在の価格では10万円以上）。そのクラフトマンの工程を分業して標準化し、規格品を大量に作って安くする方式により、われわれは気軽にさまざまな種類の靴を履くことができます。今でも靴職人が全工程の加工を行っているオーダーメードの靴は高級品として風合いはよくても一足15万円以上、英国王室御用達のロブロンドンは45万円です。

標準化した工程の分業で量産をしないと、あらゆる商品が普通の所得の人は買うことのできない価格に上がります。スーツも30万円以上です。毛織物で卓越した英国製のいい生地を使えば、50万円以上でしょう。

わが国の農業は、農民が多く農地が狭かったため大農法への近代化が遅れ、今もさほど変わっていません。ところが食品工業、衣料、住関連、家電、ＩＴ機器は工程分業です。部品が多く複雑な商品ほど工程分業は多く、生産ラインは長くなります。

Ａ＆Ｐエコノミーストアの方法

小売業の近代化を果たしてきた米国のチェーンストアの発祥は、１９１６年に誕生した業種的なグロサリーストア（食料品店）だった「Ａ＆Ｐエコノミーストア」からでした。

価格が安かった、つまり商品価値が高かったＡ＆Ｐは顧客から熱い支持を受けます。大恐慌が始まった翌年の30年には、創業14年で全米1位の1万５７３７店に増えていたのです。当時の顧客の印象では、５万５０００店（２０１９年8月）に増えた日本のコンビニのようだったでしょう。わが国コンビニの2倍の速度での、Ａ＆Ｐの急激な増加は、顧客が伝統的な家業型の食料品店よりＡ＆Ｐを選択した結果です。顧客への強制は誰にもできないのです。

顧客が選択して買った結果である売上げが増えなければ、店舗は増やせません。自由な意思でその店舗を選ぶ顧客が多く来ないと、売上げは増えない。まだ店員が商品を手渡す方式だったＡ＆Ｐは、価格の安さと品揃えから圧倒的に支持されたのです。

「低価格・大量販売」がＡ＆Ｐエコノミーストアのビジョンでした。家業店のように卸売業から少量ずつ仕入れるのではなく、メーカーへの大量発注で仕入れた商品を保管するＤＣ（ディストリビューションセンター：原義は店舗への分配センター）を作り、本部はＤＣから店舗に配送したのです。コーヒー、パン、ビスケット、肉では1910年代からメーカーも統合してPBを作っていました。NBより価格は安く、品質は上だったという。

このA&Pはシアーズに売上げを抜かれる1965年までの半世紀、全米一（世界一）のチェーンストアでした。A&Pは1910年代からDCを作ったため、80年代からの日本のコンビニのように店舗が急速に増えることができたのです。DCは店舗への補充在庫を持つ集配センターです。

店舗への商品補充は、A&Pの本部がDCから行いました。取引先との仕入交渉と商品選択が難しく、店舗への納品にも時間がかかっていた仕入れが、同社のDCシステムでは素人が誰でもできるように単純化されたのです。

類似の方法は現代のセブン-イレブン

セブン-イレブンには、本部が開発して売価を統一した約6000品目のPB商品があります。NBより高い品質のPB（異論はあるでしょうが……）です。この中から、店主が2600品目を選んで、店頭の品揃えをして販売しています。本部社員（およそ7店を担当する営業マン的なOFC：Operation Field Counselor）はそのアドバイスをしています。

受注商品は本部のDCから店舗にばら納品する仕組みのため、短時間の訓練を受けた約2万人の素人の店主（フランチャイジー）が、①1人で行えば絶対に無理なコンビニの高度な商品構成（小カテゴリー構成とPB開発）、②明日の売上げを予想した上での補充仕入れ（発注）ができるようになったのです。コンビニの商品構成は高度なものです。

コンビニは本部のDCシステムにより、店舗での商品構成と発注作業の標準化を図りました。本部の常備在庫の6000品目から選んでいるので、個々の店舗の商品構成には違いがあります。本部の品目は、店舗陳列の約2倍の6000品目で標準化しています。

機能では、本部会社はリテイルサポートをする卸であり、①マーチャンダイザーによるPB開発、②約7店を担当するOFCによる店舗支援、③個店への頻回の商品補充、④会計管理を行っています。サポート経費として小売マージン（売価－メーカーからの仕入原価）の約50％を得ています。売価に対して約15％です。店舗設備の数千万円の資本は、店主が出すフランチャイズ方式のチェーンストアです。

2019年には、国内2万店のうち1000店（5％）のフランチャイジーをスクラップ＆ビルドする方針を発表しています。うまくいっているチェーンストアでも、10店に1店から2店の割合で古い立地や競合店に囲まれた店舗が赤字になることは常にあります。

10店のうち4店が赤字だと全体の利益が伸びず、6店が赤字なら営業利益がなくなります。7店から8店が赤字になると倒産です。スクラップ＆ビルドの新陳代謝を図らないと、事業全体が腐ったリンゴが隣のリンゴに移るように衰えていきます。一時的な損失を恐れて、スクラップ＆ビルドができない会社は衰微していきます。30年契約の店舗リースの解約ができず、不振店を続けたダイエーのようになっていくのです。

A＆Pが発明したDCからの店舗仕入れという方法は、セブン-イレブンも同じです。店舗の商品構成と仕入れを容易にし、急速に店舗数が増えたのです。コンビニも5万5000店になって、全体では既存店売上げが上がりにくい店舗飽和になっています。新しいPBの大量開発が必要な時期になっています。

1927年から始まったガソリンスタンド型コンビニの創案者だった米国セブン-イレブン（91年にはセブン-イレブン・ジャパンが子会社化）は、A＆PのDCシステムからリテイルサポート型の卸を学んでいたのかもしれません。ただし米国のセブンと日本のセブンは、主力の商品カテゴリーが違う業態です。

逆買収した日本セブン-イレブンは、米国セブン-イレブンをファストフード中心の業態に変えようとしましたが（91年～05年）、①顧客の来店目的が異なること、②日本と立地が違い、徒歩ではなく自動車での購買であること、③ハンバーガーチェーンに品質で負けていたことの複合的な要因で順次、米国型に戻しています。店舗業態と立地の適合は、顧客来店目的を決めるので不可分ですが、日本セブン-イレブンは米国店舗の日本とは違う購買行動の事情を無視していたのです。

DCによる店舗仕入れの単純化

本部のバイヤーがセントラルバイイングとPB発注をして、配送エリア店舗の約2週間分の商品を保管する自社DCを1970年代に作った時、店舗の仕入れは誰もができるように単純化されて標準化されました。

普通の人が運営している店舗では、とても難しい商品構成と店頭品揃えの商品作業が減り、売れた数の補充発注数を電話やテレックス（当時のFAX）で伝えるだけで良くなったからです。

しかしDCを作ったA&Pの繁栄は、30年代までの20年間でした。A&Pを超える食品の新しい業態が現れたからです。加えて、家業店を保護する目的でチェーンストアを規制したロビンソン・パットマン法が、大量販売を背景に非合理な圧力をかけて割り引いた仕入価格を禁じました（36年）。さらにA&Pを解体するための独占禁止法の訴訟も起こったのです。

政府の規制による店舗数の減少

1910年に創業したA&Pの店舗数のピークは、30年の1万5700店でした（売上げは10億65万ドル：現代の貨幣価値では500億ドル：5・3兆円）。戦後の45年には、これが4100店に減少しています。A&Pの発展（店舗数の増加）は、票を得るため家業店の保護を掲げた政治家が潰しました。ただし流通の規制法だったロビンソン・パットマン法は、「仕入れの合理的な割引価格」は合法としたので（米国の公正価格の精神）、初期の立法の目的とは逆に、チェーンストアに経済合理的な量の仕入れとしてDCからのセントラルバイイングと大量物流を促し、後にチェーンストアを発展させることにもなっていきました（40年〜）。

A&Pは、DCシステムの発明によって繁栄しました。しかし店舗数が増えすぎ、家業店を圧迫したため、家業店保護という政治的な規制を受けて店舗数が減りました。その1940年代（39年から45年の第二次世界大戦中）には、ウォルマートの前身が誕生しています（バラエティストアのフランチャイジー「ベンフランクリン」)。他の産業と同じように小売業も、興亡の歴史を持っています。

創業期のウォルマート

1945年(日本の敗戦の年)のウォルマートの創業期にアーカンソー州の27歳の青年だったサム・ウォルトンは、ニューヨークやシカゴまで自分でトラックを運転して工場に行き、安い衣料を探して買い付け、店舗まで持ち帰っていました。田舎には少なかった大手卸への依存ではなく、商品を安く買って店舗まで運ぶことをバイヤーの仕事としたのです。

この時、サム・ウォルトンがNBバイヤーとして使った費用は仕入額の1%でした。この後も、仕入額の1%を本部バイヤーのコスト基準としたのがウォルマートでした。

あなたの会社の本部コストはどれくらいでしょうか?

まだチェーンストアではなく、補充センターのDCもない時代のバイヤーの仕事がこれでした。わが国でも60年代までに店舗売上げを伸ばして急成長していた商店街のオーナー店主と同じでしょう。衣料は岐阜や大阪の現金問屋で買っていました。卸の営業が事務所に来るのを待って仕入れるのは、わが国では、卸が小売チェーンより早くDCを作ったあとの80年代からです。

以下は、サム・ウォルトンが27歳のころの記録です。

妻ヘレンの父から2万ドル(45年当時、現在の貨幣価値で4000万円)を借り、バラエティストア『ベンフランクリン』のフランチャイジーの店舗と営業権を買い取った。前のオーナーは赤字に苦しんでいた。アーカンソー州ニューポートだった。店舗の業態は150坪のバラエティストアである。商圏人口1万人レベルの小商圏フォーマットだった。

経営の方法は、現場の社員の声を聞くことと、ライバル店の価格、商品、陳列法から学んで自店で試すことだった。のちにサム・ウォルトンは、「自分の生涯を通じてやってきたことは、ライバル店や優秀な店舗を訪問して調べ、話を聞き、有効なことを原則にしてまねることだった」という。

フランチャイザー（本部会社）だったバトラー・ブラザーズは、20～25ポイント（%）のプレミアムを卸マージンとして取っていた。小売マージンの約50%だった。しかし契約上は、他の仕入先からも直接仕入れることもできた。サム・ウォルトンは全米の製造業者を自分で訪ね、商品を直接売ってくれるように頼んで歩いていた。価格がもっとも低い商品を現金で買って、夜に車を走らせ、朝には店舗に並べた。4年でベンフランクリンの中で、アーカンソー州一の繁盛店になった。

54年には、フランチャイズ型チェーン店の最初だったA&Pと提携した。カンザスシティーのショッピングセンターに、スーパーマーケットのA&Pと組んだバラエティストア3号店だった。初年度25万ドル、2年目35万ドルの売上げで、利益は売上対比10%の繁盛店になった。繁盛店とは、売上げ・利益での高収益店をいう。

成功するチェーンは、こうした初期の繁盛店経営の樹立から、次の段階は部門標準化へのプロセスを経ます。

店舗数と年商が急速に増えた70年代の中期以降の展開でウォルマートは、在庫管理という基幹業務の作業標準化において、DC型の物流センターと結ぶコンピュータ利用を図っています。

キング・カレンがチェーンストアのプロトタイプ

A&Pに話を戻します。A&Pの成長がピークだった1930年に、競合店だったクローガーの従業員マイケル・カレンによって、スーパーマーケット（SM）業態のプロトタイプ（あとの時代に進歩のもととされる原型）が開発されます。スーパーとは「既存の食品店（特にA&P）を、品揃えと価格の安さでスーパーマンのように超える」ことでした。

①家業店並みに小さかったA&Pのグロサリーストアを大型化し（商品部門の総合化と専門化の深さ）、

②生鮮を含む食の全領域の商品を世帯の購買単位にパッケージして陳列し、

③顧客がセルフセレクションで選べるように並べ、

④キャッシュ&キャリーで精算するという、現代に近いSMを作ったのです。

マイケル・カレンは、大型にした売場を商品部門に分けて商品、商品在庫、利益を管理する「部門別管理」とセルフセレクションの創始者です（本書では部門経営として、その方法を述べます）。

店舗を3倍以上に大型化したため（560㎡：170坪）、小さな家業店型のA&Pのように商品管理、在庫管理が店長1人ではできず、部門マネジャーを置いたのです。

エジソンが家電の原型を発明したように、マイケル・カレンは近代チェーンストアの原型を作っています。店名は「キング・カレン」とし、45店まで増えました。現在もカレン家の資本です。ニューヨーク州東部のロングアイランドと、ニューヨーク湾のスタテン島にあり、年商は約1000億円です。

都市部の大きな売場面積の百貨店（最大のNYメイシーズは約19万㎡、約5万坪：日本橋三越は3万坪）もデパートメントストアとして、キング・カレンにならって、「商品部門別の管理をする店舗」になりました。デパートメントとは、大カテゴリーの商品部門という意味です。

商品のカテゴリーとは何か

カテゴリーは、顧客の需要サイドからの商品分類です。

例えば、品種は同じワインでも8000円のものと3000円、1000円以下のものは、①飲む時の用途（TPO：時間、場所、機会）と、②世帯が買う回数が異なるので、買う顧客側からの需要カテゴリーでは、チェーンストアのSMでは異なる分類になります。SMでは、一般に価格の25％幅でひとつの商品ライン（需要カテゴリーの価格枠）を作るべきだからです。

顧客が買う時に比較するもの、そして顧客の購買頻度（月に何回買うかの平均）が圧倒的に違うため、同じワインの売場部門でも隣には並べることができない商品になります。

ただし、いまだにこうした需要カテゴリーの意味を理解してない小売業も見かけます。世界の小売業大手ではカルフールでしょう。一方、ウォルマートの商品は需要カテゴリー軸での分類です。

ウォルマートでは、販売データから発見した同じ価格の異なる品目をグループ化したものをファインライン（最小の陳列商品枠）としています（1990年代〜）。3〜5品目のファインラインを最小部品にして、モジュラー（陳列棚＝陳列単位にした部品）のプラノグラム（棚割り）を組み上げ、モジュラーの配置で商品部門を作り、およそ100の商品部門で6000坪のスーパーセンターを作っています。これが本部で行っているウォルマート流の商品構成の標準化です。

ストア（店舗）の元の意味は倉庫です。英語のストアの意味から、会員制を名乗る倉庫直売業態が生まれる元でもあります（コストコ・ホールセラーやサムズ。会員制ではないホームデポ。ドイツではボックスストア）。

しかし業態型の店舗は倉庫とは違い、

①顧客への販売を目的にした商品を、

②部門別（部門の営業利益と生産性の管理の単位であるデパートメント別）に、

③需要カテゴリーの分類を軸に、

④商品構成（価格とカテゴリーを分類の基準にするproduct mix、またはassortment）して並べた売場であり、顧客に販売するものでした。

（注）この短い定義には、「およそ2000年からのカテゴリーマネジメント」までに至る小売業の商品構成の技術の、約80年の展開を封じ込めています。

日本型の百貨店は、商品カテゴリーの部門として有力なテナントを誘致し、SC型（多層階のショッピングセンター）の店舗を作っています。商品ではなく、インショップのテナントを管理するのが日本型の百貨店です。

業態とは、収益を出すための小売業ビジネスのフォーマット（形式）です。ビジネスとは、事業が利益を上げる方法のことであり、そのフォーマットが事業の形式であり枠組みです。

また管理（英語でmanagement）とは、

①基準（数値的なStandard）、または目標を作って成果（結果の売上げや利益）との差を計測し、

②差が発生した原因を（暫定的であっても）決定して、

③対策を立案して実行するという、一連の経営行動であるべきものです。

現代のマネジメントは、軍隊組織のような上官の部下に対する強制的な命令によるものではない。軍隊では上官の命令に対する反論は軍規違反として許されず、部下が実行しなければならない絶対的な義務でした。なお日本の銀行・金融機関は、軍隊的な上からの強制権力でマネジメントしてきている組織です。軍隊組織は、「行うべきことがはっきりしている時」に効率的です。しかし、その商品戦略でPBの選択肢が多くなっている現代では、「顧客ニーズの変化を無視したもの」になりがちです。権限による経営ではなく、TQCを取り入れた現場経営になっていかないとうまくいかないでしょう（これは大きなテーマなので後述します）。

商品部門のPDCAは下からの管理

PDCA（計画立案→実行→結果の差異の計測→対策）、またはドラッカーが源流のMBO（成果目標による管理）としてもいいのが、現代経営の「下からの管理」の導入です。

日本語の管理のイメージにある、結果数値を観察して上級管理者が部下の仕事の結果である金額の数値を評価するモニター（監視）ではありません。評価には本来、成果数値の公正な基準（スタンダード）があるべきですが、多くが「よくやった」または「努力が足りない」という印象で行われています。

英国で作られた近代スポーツの審判は、評価において共通の基準（スタンダード）を持っています。ルールという共通基準があるから、審判が公正に裁くゲームになります。日本の上級管理者はどうでしょうか。部下の仕事の評価基準はどこにあるのかということです。その基準が、仕事を評価される社員に公開されていないと、上司によって異なる裁量的な評価になり、不公平になります。生徒の好き嫌いで通信簿をつける教師と同じになるのです。正当に努力する学生は報われないでしょう。監督が正当な技術を知らないで、チームメンバーを採用して監督（モニター）するスポーツのようになります。これでは勝てないでしょう。評価基準は個々のマネジャーではなく、会社が作るべきものです。

監督そのものの、上からの評価を、「成果＝チームが勝つこと、順位を上げること」に置くべきです。これは目標とする成果による管理です（MBO：成果目標による管理といいます）。教師の評価も予備校のように、生徒の平均的な成績を上げることとすべきです。小売業では、ウォルマートが「店舗の中の店舗」として利益管理を実行したＭＢＯの制度に変えると、権限による組織の体系が成果責任による組織の体系に変わっていきます。

人事権を背景にした権力による統制型経営

日本の銀行は、上からの権力で命令する軍隊的な組織文化を残しています。このため「かんぽ生命」のように顧客に不利益を与える不当な営業も出るのです（２０１９年）。「するが銀行」による賃貸住宅への不正融資も同じ体質からきています。電力会社も、ひとつの階級の違いが天国と地獄である軍隊風の組織です。官僚組織と政党も、同じです。

もっとも大きな国家事業であり、上からの権力で国民に命令する戦争にも、ルールと基準がありません。特攻隊というイスラム風の自爆攻撃の命令すらあったのです。国家という組織（政府）は、体制の維持のために政治犯（反逆罪）を作るという犯罪すら犯します（現代では中国がこの事例）。

一方、チェーンストアは上からの権力によって、目標を押し付ける統制的な管理をする組織であるべきではなく、成果責任の体系の組織でなければならない。責任の体系の組織が後で述べる部門経営の基盤になるからです。

近代化したチェーンストアの経営要素

戦前の1930年代のマイケル・カレンに戻ると、
①店舗はたくさんのカテゴリー（商品区分）を陳列するために大型にし、
②経営管理では部門別の管理を実行して、
③部門ごとに品揃えし（カテゴリーの構成をし）、
④商品は顧客が購買する小さな単位にパッケージして価格札をつけ、
⑤顧客はセルフセレクションで商品を選択して、
⑥レジに商品を運んで代金を支払うというのがスーパーマーケット（SM：生鮮＋グロサリーの食品を主力に販売する業態）のフォーマット（業態）でした。

日本では、今も相当な田舎には残る零細な家業店（米国風に言えばパパママストア）しかなかった90年前のことでした。

船員だった当方の父も船員を中断していた数年、玄関先を食品&駄菓子店にしましたが、見事に潰れました。技術を持たない素人でした。零細な卸屋さんが毎日、食品を届け、市場に野菜を仕入れに出掛けていた父母の姿がぼんやりした記憶として残っています。小売業への関心は当時からのものです。キング・カレン誕生後、大型のほぼ全部のチェーンは、このSMの経営フォーマットを踏襲しています。

理由は、部門別管理とセルフセレクション形式でないと、SMとの競争のため店舗の経営がうまくいかなくなったからです。金利よりはるかに高くないと投資の利益（ＲＯＩ＝利益÷投資）が出ません。店舗を増やす新規出店ができないことが、経営がうまくいかないことです。

現代の中国に残る国有企業の、公正な会計による利益という概念がない社会主義とは違い、われわれが選挙でその体制を選択している資本主義での小売業は、出店をし続けないと成長が止まります。既存店の売上げが増えないと、店舗設備から来る費用と賃金のコストが上昇して利益率が下がっていきます。

経営的な観点でのコストダウン（経営資源と経費の合目的化と合理化）とは、利益を出す店舗数の増加につながるものです。コスト率が上がったことをカバーするためとして、1個の荒利益額が大きな高い価格帯の商品を扱うようになると、売場の利益額は経営目的とは逆に下がって自滅に向かいます。

あらゆる産業で、少数の顧客だけが買う高級品の製造・販売の利益率は実は高くない。例えば寿司屋でも、価格が高く、しかしおいしい高級なトロ、ウニ、アワビの利益は少ない。すぐに売れないと、食べる時の最適な鮮度が高級品ほど早く落ちてしまいます。これでは他より高度な味を期待し、アルコールを入れれば1人2万円か3万円以上を払う味を知る顧客にしか出せないため、廃棄損が増えるからです。食べた1品や2品の味が落ちたと感じると、お客はリピートしなくなります。高級店同士にも熾烈《しれつ》な競争があるからです。

なお食品の味の良さとは、生物学的には人体に害がなく、有益の証でもあります。何であっても食べ過ぎは駄目ですが……人類は飢餓の歴史が長かったので、食べ過ぎに傾斜する傾向を持っています。

なお現代日本のグルメへの時流は、科学的には高齢化社会の「舌の劣化＋食の経験の積み重ね」から来たと考えています。耳は年齢が進むと、1万ヘルツ以上の超高音が聴こえなくなります。舌も性能が劣化しているはずだからです。空腹は最高の調味料ですが、基礎代謝が2000キロカロリーに減ってお腹があまりすかない状態では、うまいものしか食べにくくなるからでしょう。高齢者も1日の断食をすれば、まずく感じていた食べ物のおいしさは増すでしょう。

SMの中で店舗数を特に増やし続け、

①1アイテム（＝品目）の販売可能数を増やして、

②メーカー側が開発・生産して、在庫リスクも負っているNBの仕入れ・販売だけではなく、

③仕様を指定して工場に生産を委託（OEM）し、

④生産数は小売業が指示して買い取るPBを作っていったところを「チェーンストア」というようになっていったのです。

以上のプロセスをたどった「SMによる小売業の近代化」(Modernization) は、1910年に始まり、30年からのキング・カレンによってチェーンストアの原型が作られ、1940年代にウォルマートが誕生し、その後80年で米国（36兆円）と海外（13兆円）、サムズ・クラブ（6.3兆円）を含んで、年商56兆円という国家予算の規模の世界最大のチェーンになっています。米国ウォルマートの既存店売上げは今も4・2％増であり、EC販売（40％増）の店舗からの

出荷が寄与しています。2位がコストコの14兆円ですから、その4倍です。

ウォルマートの年商がここまで巨大になることができた理由は、「現場の部門経営で小さく管理」したからです（部門経営は後述）。Kマート的な、上からの統制では現場の商品管理・在庫管理、営業利益に管理が行き届かず、4兆円くらいで破綻していたでしょう。

45年にウォルマートが創業した傍らでシアーズが、戦後の米国家庭に急速に普及していた自動車で行くショッピングセンター（複合の商業施設）を作りました。しかし80年代からは、スーパーセンターのウォルマート（年商56・2兆円：18年）が中核である時代になって、複線的に2000年代からのECにも進んでいます。

②徹底した標準化・単純化・専門化に取り組む

チェーンストアの多店舗を経営（目標とする利益が出るように管理することが経営）する時、マネジメントの課題になったことが、まず遠隔の店舗に多数いる、普通の技術しか持たない店員の商品を取り扱う作業を「単純化して標準化」していくことでした。

わが国では、標準化が「店舗の品揃えの共通化」としてだけ受け取られていますが、本来は「商品を取り扱う単位作業に分けた単純化と、手順の標準化」です。品揃えの共通化は、商品作業の標準化の結果です。店舗では商品構成・発注・店内の商品処理、工場や倉庫でいえば、マテハン（原材料の保管、運搬、加工、生産、出荷）です。

教育は仕事の技術を伝え、訓練するコーチング

米国では、ゴルフでも名プレーヤーの一連の動作を分解し、単位動作に分けて単純化し、専業のコーチが教えています。プロゴルファーの青木功のように卓越した技術を、自己経験で作りあげてきた名人がコーチすることではない。動作技術を細分化したパター専門のコーチすら存在します。米国のゴルフ技術が3年もたつと飛躍的に進歩し、米国のプロがいつも強い理由がこれです。単純化・標準化の100年の伝統は、ここにも生きています。

標準化は、名人的な職人が持つ技術を科学的な作業分解を経た手順の再構成であり、現代スポーツがこれです。人類のあらゆる分野は相互に連携し、同時に発展してきました。

近代工業の方法を作ったフレデリック・テイラーの標準化の推進は、命令ではなく、標準化(Standard)に向かうコーチングでした(『科学的管理法』:邦訳2009年:ダイヤモンド社)。コーチングとは教育です。

全体に向かっては業務本部が、現場(正社員のトレーニーとパート)に対してはストアマネジャーと店次長が責任を持ちます。以上からまだ概念的でしょうが、チェーンストアのマネジメントがどんなものかわかるでしょう。チェーンストアの人材育成は、教育と配転で行います。教育を通じて人の管理をします。スポーツのように基本となる原則を守り続けないと、いずれ業績(売上げ、営業利益、生産性)の低下に見舞われます。

店舗の商品作業の標準化・単純化・専門化

店舗の商品作業の大項目を順に挙げると、
①部門の商品構成作業（競争優位になるように、カテゴリー構成したアソートメント）、
②発注作業（商品の補充数の決定と発注）、
③入荷商品の検収作業（入荷した商品の検品、検質、検数：サプライチェーンでは省略ができる）、
④入荷商品の陳列作業（バックヤードから商品を陳列棚に運び所定の場所に陳列）、
⑤ＰＯＳレジでの商品販売の記録と代金授受という販売作業、
⑥ロスの管理作業（売価の割引販売と廃棄を減らすこと）。

これらの６大作業をたくさんの店員・社員が自己流で行うと、「事業が目標とする利益を上げるための管理（management）」ができなくなっていきます。

マネジメントと共通の内容を持つべき管理とは、数値のモニター（監視）だけではなく、①作業の基準（Standard）を作って、②その基準と実行の差を縮めることです。作業のマネジメントができないと、店舗は目標とする利益が出せなくなります。

わが国の多店舗経営に見られる、店舗現場の作業方法を現場社員、店長、店次長、主任等の経験に任せることを「包括委任」と言います。役職者を作って包括委任することが、わが国の小売業では多かった。しかし担当への包括委任では、常に目標利益を上げる、あるいは近づいていく経営は行えません。成り行きでの利益でしかなくなってしまい、店舗環境の競争の激化

と人的生産性の停滞から、店舗を増やす過程で赤字店が増えていきます。営業利益の赤字店が50％になると経営困難になり、70％を超えると長くもっても3年で倒産です。これは断言できることです。赤字店は30％が上限です。10％なら理想的です。出店後に競合での環境変化があるので0％になることはない。

荒利益率ではなく荒利益額が重要

商品への値入率（仕入原価への値入額÷売価）を上げる努力が行われるのは、売上げの増加がないことが原因です。

顧客が減ること、つまり売上げの増加のなさは「商品力」が原因です。商品力とは、NBより比較価値の高い商品の多さです。NBはどの店舗でも売ることができる商品ですから、売価の低さ（15％以上）でしか商品力になりません。

ところが売上げが必要な目標、または損益の下限ラインに達しないと、「お値打ち商品のPB開発」はすぐにはできないので、仕入れたNBの値入率の上昇に逃げる傾向があります。商品価値の高いPB開発が軌道に乗るには、最短でも3年から5年かかります。

価格付けの値入率（値入額÷〈仕入原価＋値入額〉）を上げれば、仕入価格に対して売価は高くなります。商品利益率、言い換えれば荒利益率の上昇と肯定的な表現になりそうですが、荒利益率は「値入率－ロス率」であり、値入率を上げて売価を上げることです。結果は、他店比較での比較価格は上がって、同じNBの商品価値が下がり、売れなくなっていく。仕入価格の合理化のない値入率の上昇は、売上げと利益を下げるマイナスの努力をしたことになるのです。

実は、小売業で必要な商品収益は荒利益率〈値入額－値引き・ロス額〉÷売上げ）ではない。大切なものは、単位面積当たりの荒利益額です。荒利益額とは、陳列スペース当たりの「商品売上額×荒利益率」です。値入率を下げて（＝売価を下げて）、値引き・ロス率は同じで、荒利益率が下がっても、売上数が増え、陳列スペース当たりの荒利益額が上昇したほうがいい。スペースあたり荒利益額の上昇は、顧客の購買数が増えたことを示すからです。なお値入率とは「値入額÷売価」です。

ウォルマートでは、サム・ウォルトンが健在だった1990年までは生産性を上げて、売上げに対する店舗経費は下げて、商品の値入率は下げる方向の商品のマネジメントでした。売れ数を増やして、棚スペース1フィート当たりの荒利益額（平均単価×売れ数×荒利益率）を高めることを値入れの原則にしていたのです。値入率を上げて荒利益率が上がっても、平均の売れ数が減って「棚スペース当たりの荒利益額」が減れば、経営の目的である売場の営業利益は減少していくからです。

値入率は一律でなく、アイテムごとにミックスし、プライスラインが高いものほど、低く値入れをすることが他店との価格競争力を高めます。こうした値入戦略も、後述する部門経営から得られるのです。

部門経営

商品のロス管理とは、「値入額－ロス額（値引き＋廃棄）」のロス率を減らすための、現場のPDCA（作業計画→実行→結果管理→対策）です。

特にSMの生鮮5部門（精肉、鮮魚、青果、惣菜、日配）では、ロス管理（廃棄を含む鮮度管理＝消費期限の管理）が売場の収益率を向上させます。生鮮では、「消費期限の接近による割引（数%）＋廃棄（売上げの5％〜15％になることもある）」がロスだからです。消費期限とは食べる人によって害があるかもしれない期限、賞味期限とは作った時の味が落ちる期限です。SMやコンビニの生鮮では、消費期限の管理をしています（鮮度管理という）。

6個陳列したうち1個が消費期限切れになれば、廃棄のロスは売上げに対して「1（廃棄損）÷5（売上げ）＝20％」もなります。その部門は営業利益の大きな赤字になります。

コンビニの惣菜・弁当では、5％（20個に1個）の廃棄ロスが売場の黒字がなくなる採算ラインでしょう。しかし20個発注したうち、平均で1個以内しか売り残さないことは、とても難しい。

この廃棄ロスを減らすため、コンビニでは物流コストを余分にかけ、1品目別には少量陳列（数個〜7個）になる高頻度の棚補充をしています。衣料や住関連商品では、発注数の過剰（売れ残り）から生じる売価の割引がロスです。

現場の部門経営ではTQCの方法で標準を修正する

標準作業の手順と方法は、会社側（業務本部または店舗運営部）が作らねばならない。商品作業での生産性の高い共通の方法・手順、言い換えれば、作業の規範（モデル）となる標準作業があって初めて、目標利益に近づける経営（マネジメント＝原義は人の作業の管理でした）が可能になります。標準化は平均化ではなく、もっとも生産性の高い方法を規範として、その規範に近づいていく全員参加の運動です。この規範化のレベルは向上を続けなければならない。10年や5年前のマニュアルを現在も行っているようでは駄目です。

管理（management）という管理者（役職者：manager）の行動は、

・売場の経営的な目標、または基準（Standard）、または成果目標と、
・実行の結果数値あるいは状態との差異を計測し、
・修正の原因対策を打つことです。

達成基準または目標がないと、基準のある公正な管理はできません（PDCAの機能は、まず目標達成の努力です）。標準と成果目標を作らず、それが原因でPDCAの管理が実行できないと、「なにがなんでも一生懸命にやれ、目標を達成しろ」という軍隊風の上からの統制、強制だけになるのです。これはパワーハラスメントです。ノルマの達成を部下に押しつけ、達成ができないと何らかのペナルティを与えるブラック企業の文化です。部下いじめといってもいい。旧ソ連の計画経済のように業績が下がっていく方法です。努力は自発的でなければ、実効が出

ないものです。

フレデリック・テイラーの標準作業

店舗の商品作業において作業規範と作業基準になる標準作り（Standardization）の時に利用されたのが、フレデリック・テイラーが発明した「科学的管理法」でした。ガントチャートのガントらの協力で作られたものです。

科学的とは、①一連の作業をひとつの単位になる要素に分けて、②作業名をつけ（作業分析）、③平均的な作業者が作業にかかっている時間を計測して（タイムスタディ）、④商品取り扱いの生産性（商品処理数÷労働人時）がもっとも上がるように組み直すことです（業務本部が行う標準手順作りがこれ）。「生産性を上げる」とは、同じ作業をより短い時間で実行できるようにしていくことです。ですから年々、改善しなければならないことがわかるでしょう。

テイラーは、

①当時は経験から体得する職人的だった、工場内の運搬と加工の作業を細かい単位に分けて分析し、

②もっとも優れた作業者が単位作業にかかった時間を、ストップウォッチで計るタイムスタディをして作業成果を分析し、

③品質合格の加工数が多く、もっとも生産性（加工個数÷労働人時）が高くなる手順として再構成したのです。

この作業分析の結果として作られたのが、本部がまとめる標準手順です。作成した標準手順をコーチして作業者に学習させ、手順と動作を訓練したのです。標準手順は高いところにあったのです。

テイラーが行った工場の加工手順の分析とタイムスタディによって、科学的な研究の成果として作られたのが、工場の生産量を飛躍的に増やし、商品価格を安くしたベルトコンベアの生産ラインでした。科学的な分析とは、まず細かい要素に分けることです。

（現代の生産もベルトコンベアのラインです。ただし人間による運搬・加工から、自動化機械のＦＭＳ〈フレキシブル生産システム〉になり、すでにＡＩの導入も増えています）。

ベルトコンベアという発明

ベルトコンベアでは、前工程の加工が標準手順に従っていて標準的な精度（標準偏差で測った結果）のものでないと、加工の不良品になり、後工程に受け継ぐことができません。単位工程の加工の精度は誤差を一定の範囲に収めるために、統計学の計算方法である「決めた標準偏差」の枠内に収まるように管理されたのです。部品は寸法誤差があると組み立てることができず、無理すれば故障の多いものになります。日本製の3分の1くらい安い中国の電機製品全般は、ハンダ付けと配線に問題が見えます。工具の精度の低さと農民工の技術上の問題です。

現場のＴＱＣによって標準偏差の精度を米国より高くしたのが、1970年代からの日本の工業でした。品質が高く故障のない機械（代表はトヨタの自動車やソニーのＡＶ家電）を作り、中国が安価な価格帯で世界一の生産大国になる90年代まで世界を席巻していたのです。

工場で始まった標準加工手順の導入が米国の小売業でも約20年遅れたのは、商品作業の標準化がなくても、そのままで売ることができたからです。工場が作った商品である完成品のNBには品質管理が要らなかったからです。

ただし農業、畜産、漁業が生産する生鮮では、世帯（家族数は平均4人でした。現在は2・5人が平均）が購入する1回単位への小さなパッケージ化（白いプラスチックトレー）が必要です。「生鮮の1回購買単位へのパッケージ化」の進展によってSMチェーンが作られました。

まず生鮮と惣菜のパッケージ化がSMのPB作りでした。小売業も生鮮では、「パッケージ作り」という加工をしたのです。これがセントラルキッチンであり、店舗への配送機能を備えたプロセスセンターの始まりです。

メーカーが開発し、卸が在庫しているNBでは、アイテムの品質は同じです。違うのは店頭売価だけでした。その多くは希望小売価格としてメーカーが決めたものだったので、商品作りに関与しなかった家業店は、大部分を希望小売価格と同じか、近い店頭売価で並べました。ときどき特売割引、または長期在庫や残った商品の割引販売しかしていなかったのです（日本では店舗売価が同じ一物一価と言われて、これが90年ころまで続きました）。

帳合い仕入れとバイイングは違う

わが国の仕入れの多くは、卸からの「NB帳合い仕入れ（取引口座を持って、長期に多品目を仕入れること）」です。卸は個店の発注数（＝陳列棚の補充数）である単品ばらで、オリコンに入れて配送・納品しています。

小売りのPBが少ない日本では、店舗の商品構成を卸が支援するリテイルサポートは今日も、売れ行きの少ない商品の返品付きで行われています（フルサービスという）。

これに対しバイヤーのバイイングとは、この帳合い仕入れではなく、商品価値の高い商品のDCを起点とする返品ゼロの買い取り仕入れです。わが国でこれを完全に実行するチェーンは、現在に至るまで少ない（SPAのユニクロやニトリでは、委託生産のPBについて買い取り仕入れを実行しています）。

ウォルマートではDCがなかった1940年代から、店主のサム・ウォルトンがトラックを運転して遠くの工場から衣料品の買い付けをしていました。そのトラックで、本人の賃金と物流コストの100倍にあたる金額の商品を店舗まで持ち帰っていました。

これがバイイングの原型です。現代でも十分に通用することです。

今、有利な商品の買い付けに出掛けるバイヤーがいますか。ほとんどが本部事務所で机に座って卸依存の「商談」という購買でしょう。理由は本部バイヤーの標準手順を作らなかったからです。PB開発に近いことが海外までバイヤーが出掛ける買い付け行動でしょう。価格が低く品質の高い企業との打ち合わせは、その工場にバイヤーが出掛ければ可能になります。断られることもありますが、日参すれば工場長も動きます。生鮮では、もっとも品質が高い産地の農協、漁協、市場です。バイヤーなら1カ月20日のうち15日は全国の産地に出向くことです。

前述のように、「利は元にあり」です。

どこでも簡単にできる流通の慣習になったことを実行しても、利益を上げるビジネスにはならない。他ができない困難なことだから、商品の競合に勝つビジネスになるのです。ビジネスとは、利益を上げる仕事です。既存店売上げの減少原因の多くを環境のせいにしている100万店の小売業は、ここから考え直すべきです。

90年以降、既存店売上げの減少傾向の真の原因は、競争力のある商品が店頭に多く並んでいないことです。販売促進、特売、ポイント割引の問題ではない。顧客にとって商品価値の高い商品は需要を創造します。まずバイヤーが商品価値を高める、あるべき標準手順を作ってください。数店舗の小売業でも行えるはずです。


標準化は平均化ではない。モデルとなる規範化である

大切なことを言えば本部によって標準化された作業手順は、技術熟練のない普通の人でも、高い生産性（加工の合格品の量）を上げることができる定型手順だったことです。

仕事（Work：作業方法）における標準（Standard）は、わが国ではいまだに誤解されている「平均や中位（モデレート）」にすることではありません。日本語に訳すと誤解を生む標準より、本当は、基準または規範（模範）という日本語への置き換えが適当です。工員は、本部が模範または規範とした手順を学習し、コーチが作業手順が合格になるまで訓練するものです。

標準作業を現場が自主的に修正したTQC（デミング）

トヨタを世界一にした現場のTQC（Total Quality Control：現場の品質管理）の運動である提案（海外ではカイゼンという）は標準手順、加工機械、工具、部品、手の動作に対する現場による修正です。

現場から出す標準の修正提案（英語でもテイアン）は、本部が審査して合格すれば、即時に生産ラインを止めて全体で導入されています。米国の標準偏差より不良品や故障が二桁少ないのは、現場の主体的なTQCのためです（1970年代から受注生産システムとして大野耐一氏が導入しています）。

TQCは、現場参加で品質が上がり、加工数が増えて生産性が上がるように標準を修正し続けることです。トヨタでは40年、年間数千のカイゼン提案が合格して採用され続けてきました。カイゼンのテイアンは現場社員の義務です。新入社員も、「荒唐無稽《こうとうむけい》であってもいいからテイアンを出せ」と言われます。改善の提案を出すことは仕事の義務です。採用、不採用にかかわらず、1件の提案で数百円もらえるという。

小売業は、商品の商品部門のロス管理と営業利益管理で緊急にTQCを導入するべきです。本部が3年前に作り、規範としていた標準手順にも、同業・異業種の競合店の増加と、その中身の高度化によって欠陥が生じてくるからです。

スポーツの動作におけるように「これが完全」とするレベルは年々進歩し、記録は伸びていきます。機械ではなく不変に見える人体の能力でも100m走やマラソンの世界記録は、走法の分析的な研究によって伸びてきたのです。この延長で言えば、コンピュータは人間の情報力、知力、計算力の拡大です。今後の改善提案にはＩｏＴとＡＩも混じります。本書自体もチェーンストアの改善提案、つまりＴＱＣでしょう。ＩｏＴはInternet of things、全品のインターネット管理のことです。

（余談）深層学習のＡＩは認識力、判断力の拡大です。ＡＩの将棋と囲碁が２０１５年に世界の名人を超えた時、プロの世界は崩壊すると思っていましたが、事実はそうではなかった。

プロ棋士（特に豊島将之氏）がＡＩのソフトで練習し、過去の定石を超えて技術力を伸ばしたからです。今後の５年で運転・製造・審査・検査・画像診断・商品・経営管理など、あらゆる分野で大量に使用されるＡＩは、人間から仕事を奪うのではなく、その助力によって１人当たり生産性を高めるものでしょう。

ＴＱＣと標準化の水準の向上

現場のＴＱＣ活動は、①標準化の徹底、②過去の標準化を修正と高度化するために行うものです。ストアマネジャーがリーダー（方針と改善の目標を示す役割）になって、社員・パートが参加して実行します。現場からの標準化運動がＴＱＣです。

ここでトヨタ式のＴＱＣで使われている問題解決シートのフォーマットを小売業用に修正して示しておきます（図②-1）。議論をまとめる標準のツールがないと、ＴＱＣの方法もわからないからです。議論とは「正しいことを求め、3人から7人くらいのチームで考えを戦わせる

図②-1　問題解決シートの基本フォーマット

1.テーマ：リーダー＆W/G

＊店＊＊部門の営業利益黒字化

2.まず、問題／課題の明確化(What)

あるべき姿（改善目標）と現状を比べ、解決すべき課題（目標との差）を、名詞と動詞と数字で定義する。

3.次は、実地把握(調査をし事実を確定)

現場を調査し、現状のデータ、現在時の方法、問題点をまとめる。

4.原因解析と真因の決定(Why)

問題が生じる原因を挙げる。
①、②、③、④、⑤……

そのうち真因は何か？

5.改革／改善の目標設定(What)

あるべき姿を、名詞、動詞、数値で描く。
改革／改善の目標を示す。

6.対策の立案(How&Do)

1.問題を解決する真因対策を作る。
2.対策の実行過程は、ガントチャートを描く。

7.対策実行の評価と定着計画(Check)

1.対策実行の、評価方法を示す。
2.その後の定着計画を示す。

こと」です。

この問題解決シートは、本部や物流、店舗の部門全部で使うことができるものです。ガントチャートにおける作業分解の書き方に若干の指導が必要ですが、実行すれば飛躍的な効果を挙げます。

(注) ガントチャート：作業工程を細かく分けて作業名をつけ、実行の手順、労働人時、作業量を示す表。エクセルで、簡単に作ることができます。ガントチャートも、テイラーの標準化と並ぶ発明です。のちのパソコン用の、より汎用的なスプレッド・シート（EXCEL）の原型です。

小売業の標準化とは、

①店舗が担当する商品作業（商品構成、発注、検収、陳列、レジ販売）

をもっとも生産性（労働人時当たりの商品の処理数量）が上昇するように、

②個人に委任されていた手順を本部が標準化し、現場に学習させてコーチングし、実行を指示するものです。これがマニュアルの発祥です。

誤解され、非難されたテイラー

テイラーは、労働者の標準手順での加工量に基準を押し付けてノルマにしたという誤解を受け、労働組合や学者から根拠のない非難を浴びました。テイラーイズムは、上（権力）からのノルマの強制とされたからです。実際は1人時での加工量の基準（これがノルマといわれる）は、TQCの部門経営法で述べるように本部からの提案であり、訓練のコーチングは行っても権力で下に押しつけたものではなかったのです。

バイアス（偏向）のない評価をすれば、テイラー（1910年代～）は近代産業でのエジソンに匹敵する発明者でした。

デミングの現場からの経営だったTQC

その後のデミング（1940年代～）は、標準化の高度化と修正（トヨタ式カイゼンで結実）に現場の全員を参加させ、過去の標準作業に対して成果がより上がる合理的提案を行えるように変更しました。両者の時間差だった30年は、経営の科学であるべきマネジメントでも大きなイノベーションがいくつも起こる期間です。

世界一のトヨタを作ったのが、本部が作った標準の改善を現場が続けるTQCです。小売業でも実行すべきものです。

ドラッカーも、デミングのようにマネジメントの方法を上位者の強制権力によらない現場主導のMBO（目標による管理）としてまとめました。ウォルマートの部門経営、京セラの「アメーバ経営」のもとになったものがMBO（Management By Objects：目標による経営）です。MBOはTQCと同じ方法のマネジメント版です。わが国の個店経営はMBOとして実行されるべきものです。

①商品の部門別（大分類カテゴリー別）の業績結果（売上げ、営業利益、生産性）の管理と、

②商品作業（商品構成、発注、検収、陳列、レジ販売）の標準化のレベルを上げて作られたのが「キング・カレンの店舗」であり、

③戦前・戦後は、住関連商品と衣料のPB開発に重点を置いていたGMSのシアーズで展開され、近代チェーンストアの原型になっていったのです。

米国のGMS（シアーズ、JCペニー）は食品部門を持ちません。米国では戦前から食品SMのチェーンが強かったからです。シアーズをまねた日本型のGMS（イトーヨーカ堂、イオン、ダイエー、ユニー）で食品売上げが50%から60%あるのは、家業店が170万店に増え、GDPが2桁成長の60年代に作られたからです。GMSは商店街型の専門店からラインロビングして作られた業態です。円高の90年代になると、中国工場へ生産委託を中心に開発輸入するSPA（開発輸入型の専門店チェーン）がGMSから衣料、住関連、生活用品をラインロビングしま

した。

ＧＭＳから派生した家電量販店は、大型の売場で商品と販売の多さを背景にしたＮＢ家電の売価ディスカウント型の量販です。家電量販店が生まれたのは、家電を売っていたＧＭＳのマーチャンダイジングが弱かったからです。家庭用家電の品種とアイテムが80年代から急激に増えていたのです。

ＴＱＣの導入で分かれたチェーンストアの興亡

退役軍人だったウッド将軍が１９２０年代に店長にマネジメント教育（店舗部門における利益管理の訓練）を施し、最初にカタログ販売を始めました。次は増えていた自動車購買に適合したリージョナルショッピングセンター（都市近郊の大型ＳＣ）を作ったことからシアーズ（ドラッカーの『マネジメント』）は、成長が始まりました。同社は70年代から80年に急速に出店したトレードオフ型ＰＢ（ブルーレイ）のＫマートに抜かれるまでの約60年、世界一の年商でした。

店長はストアマネジャーです。マネジャーとは、社員より権限を持つという意味（権限型組織）ではなく、店舗の利益（仕事の実行の成果）を管理する職能です。職能とは担当する業務の機能です。店長は店舗の全体の利益管理が職能です。

歌手、タレント、コンサルタントのマネジャーや、高校・大学のスポーツクラブのマネジャーが行うことからも、これがわかるでしょう。マネージャーの多くが仕事の割り当て、スケジュール管理、ロジスティクス（旅程、宿泊、食事等の手配の意味）をしています。小売業の組織では、標準作業の訓練を現場担当に行うコーチング（言葉による教育＋実地訓練）がこれに加わります。

ストアマネジャー（店長）が責任を負うのは、店舗の業績（売上げ、営業利益、人的生産性）です。ストアマネジャーと次長は、店舗にある13部門から30部門の商品の大カテゴリー分類と売場で分けた部門経営（部門マネジャーが担当）を統括する職務責任を負います。

部門経営の典型は、業務提携していたセブン-イレブン（日本のセブン-イレブンは1973年が創業）の経営をまねて作られた、ウォルマートの部門経営（Stores wiThin Store）です。Storeは、商品展示場の意味です。サム・ウォルトンは日本に来て、店舗のパートもセブン-イレブン本部に商品を発注していることに驚いたのです。当時の米国では、考えられないことだったからです。これを店舗のコストダウンと人的生産性を上げる要素になる部門経営法として洗練させ、取り入れています。商品発注では、「魔法の杖」と呼んだ「セブン-イレブン風のGOT（グラフ表示の発注数決定端末）」を開発して与えました。店舗経営でもっとも肝心なものは、品揃え品目の最適量の発注だからです。

1週間や2週間サイクルの発注ロジックは、発注数＝（発注サイクル日数＋1日）×日販平均数（または指数平滑）＋2×日販数の標準偏差×√（発注サイクル日数＋1日）です。現代では、深層学習のAIに多変量解析を行わせ、日販数を予測してもいい。なおAIでも、指数平滑法とあまり変わらないものになります。この数式が20年の発注経験の高度化を図った標準化であり、「魔法の杖」を使えば、売場の新入社員も1週間の訓練で最適発注ができるようになります。

商品作業の標準化は、これに類する方法で行います。要は、経験的な作業をコンピュータと数式に置き換えるのです。コンピュータ化は新しい作業標準化の方法です。

ところがわが国では、売上げを増やす商品価値の高い商品ビジョンと開発がなかったため、特売とハイ&ローの割引を販売促進として頻発しています。これが魔法の杖で2万品目にわたって行う最適量の発注を攪乱《かくらん》していきます。店舗コストをまかなうために荒利益率を高める目的での、わが国のPB開発は誤りです。価格を下げるとともに、値入率も高めて商品価値（機能・品質＋店頭売価）は上げて、売場単位での荒利益額を上げるPBでなければならない。

ウォルマートも部門経営のMBO

デミングが提唱したTQC（現場による標準化の修正提案）の方法を入れたMBO（目標による管理）が、ウォルマートが創始した「部門経営」です（1970年代末〜）。その中核は最適量の発注ができる魔法の杖（CAO：コンピュータ支援の発注端末）でした。

ウォルマートが営業利益を伸ばし、事業の量的な拡大（店舗数の増加）を約60年続けることができた、もっとも大きな理由は70年代末からTQCの方法を導入した部門経営からでした。現場に業績管理と標準の修正をエンパワーメントする部門経営の導入は、70年代後期からウォルマート発展の原動力になりました。京セラではTQCの方法による部門経営が1人採算（最小で1人を損益の単位とした）の「アメーバ経営法」として展開されています。トヨタではカイゼンの現場運動です。

明治時代の国鉄（国営鉄道会社）が始原である部課長制という「成果責任の組織」では、現場の部門のマネジャー（売場の主任）は自分が行ったことの成果管理（店舗では利益管理）を行います。チェーンストア内の個店経営としていうなら、ウォルマートの約60坪単位の「店舗の中の店舗で実行されている部門経営（1店舗100人：全店では50万人）」が現場にエンパワーメントしたチェーンストアの中の個店経営にあたります。なおわが国の近代企業は国鉄の組織をまねた部課長制でした。

権限委譲の本当の意味

ＴＱＣや部門経営、そしてアメーバ経営では本当の権限の委譲ではないので、上級の管理職が持っていた権限を現場におろすという意味のエンパワーメントは不適な用語です。

ＴＱＣはそれまでの標準の修正を成果責任を負う「テイアン」として行い、部門経営では部門の利益管理を担当が行うからです。ただし普通にある権限の体系の組織に対して、リーダーシップ型になる成果責任の体系の組織は、経営のタイプとしてまだ十分には理解されていません。このため本書でも、権限型組織の用語だったエンパワーメントを使っています。

権限とはオーソリティ、組織の上位の人が下位の人に命令し、本人の意向や考えに沿わないことも強制する権利です。株式会社では、株主が幹部の人事権を核にしてこの強制権限を持ちます。

民主社会では、形式上だけであっても主権（国家内でのもっとも強い権限：Sovereignty）は国民にあるとされるので（憲法での国民主権）、選挙で選ばれた議会が作った法による強制しかできない。しかし株主主権である企業は民主主義ではないため、上位の階級に現場への強制権限を持たせる組織が多かったのです（権限の体系の部課長制）。株主によるガバナンス（支配）の強化は、金融化した経済の中で株価を上げる目的のものであり、商品生産の現代企業としては堕落です。株価が下がった時、そのツケが現れます。

長期間、大きな成長を続ける企業には、トヨタのＴＱＣ（トヨタ式カイゼン）やウォルマートの部門経営、京セラのアメーバ経営のように現場にエンパワーメントした強みになる経営法を持っています。商品は経営者ではなく、現場が作るからです。経営者は方向を示す仕事をします。

トヨタでは、近い未来のＣＡＳＥ（Ｗｉ－Ｆｉと GPSに連結、自動運転、カーシェア、電気自動車）に向かって大量のＡＩ技術者の中途採用に乗り出しています。トップを走り続けるには、10年サイクルくらいで組織と技術の大きなイノベーションが必要だからです。ＡＩ化と電気自動車は、ダイムラーの内燃エンジン（１９２０年代～）以来の自動車の大きな革新です。実は現在は、ＩｏＴ（Internet of Things）とＡＩにより大きな産業革命に向かう時代です。

ＩｏＴは、原材料を含むすべての商品が1個ずつインターネットにつながるという管理の革命です。店舗型の小売業ではＲＦＩＤ（ＩＣタグ）がその役割を果たします。深層学習型のＡＩが行うのは人間が行ってきたモノの認識と判断の自動化です。後述しますが、これからの小売業は商品作業の生産性を上げるために、ＲＦＩＤとＡＩを使うことになっていきます。これは必然です。そうでなければ、「電気自動車＋AI自動運転」を作らない自動車メーカーのように競争から脱落します。商品のコード化によるPOS管理の究極的な進化が、RFIDとAIで果たされます。

あるディスカウント型小売業ではまだ実験的ですが、AIを使って売上げを上げる最適商品陳列を探っています。AIの利用方法は、「アマゾン・ゴー」のような無人店だけではありません。米国のコンビニは1店1億円の売上げです。ところが無人コンビニの業態であるアマゾン・ゴーの売上げが1・5億円になったので21年までに一挙に3000店に増やします。実験は成功して終わったのです。都心では、ファストフードを中心にした11坪くらいの超小型店も成功することが実証されています。

ファストフードをもっとも売る日本のコンビニも、18年から商品に1個ずつ付けるRFIDの実証実験を行い、セルフレジを手始めに商品管理・在庫管理がAI化していくことを決定しています。ユニクロでは、すでに全店をRFID管理とセルフレジに変えつつあります。「レジ待ち」が3分の1の時間になって顧客から好評です。

中国、韓国と欧州の電子マネーに遅れていたわが国では、消費税のポイント付与から顧客の代金支払いの多く（60％以上）が電子マネーとクレジットカードになる方向です。RFIDは店舗だけではなく、卸や小売りのDC流通もコストダウンします。商品在庫の認識が一括化、自動化するからです。「一瞬で全品棚卸し」というとわかるでしょうか。産業革命以来、最大といえる技術革新の方向は決まっているのです。

Kマートの自滅とウォルマートの登場

1500坪が標準だったKマートの約4倍に店舗を大型化した1990年にウォルマートのNBディスカウント業態（スーパーセンター：6000坪）がKマートを追い抜き、世界一の年商を達成しています（90年：1位のウォルマートの年商315億ドル、売上対比の利益率は6・4%、2位がシアーズで315億ドル、3位がKマート291億ドル）。

KマートではPBの品質の悪さ（安かろう、悪かろう）のせいで顧客が離れて、不良在庫から資金不足に陥り、12年後の2002年に会社更生法の適用になっています。

原因は、KマートのトレードオフPBが顧客にとって商品価値（機能・品質÷価格）が低かったからです。さらに本部から店舗への強制が強い企業文化であり、TQCとは無縁な会社でした。店舗は完全に本部に従属するものでした。チェーンストアへの誤解には、米国ではKマート、日本では90年代からのダイエーが大きな役割を果たしています。

70年代には勢いがあったKマートも90年代には、多くの顧客がそこで買うのを恥だと感じる店になっていました。米国の知人から、「失業者とみられるからKマートには行けません」と聞いたことがあります。実際に行くと、倉庫と店舗にはPBの過剰在庫が山と積まれ、売れていなかった。日本の小売経営者のチェーンストアに対する反感には、Kマートの失墜のイメージも関係しているでしょう。

シアーズとKマートの合併と再びの破綻

２００５年に資本家が株を安く買って生まれたKマート・ホールディングス（ファンド的な持ち株会社）がシアーズ・ホールディングになって、米国流の会社更生法で両者が併合・合併されました。破産したKマートの株価は会社更生法適用のあと、資本家からの出資を受けて上がり、逆にシアーズを買収したのです。米国の会社更生法は日本の民事再生法に近いもので、特別融資を受けて再生を図るものだからです。何回も倒産するメイシーズのような事例もあります。日本では、経済産業省が再生を主導したダイエーの例があります。

資本家が新しくなっただけで経営法は同じままの上からの権力型のシアーズ&Kマートは、その後も既存店売上げの低下（顧客の離反）から経費の削減を続け、大量閉店していました。閉店と経費の削減は一層の顧客の離反を招き、前年比売上げを奈落に向かって減らす悪循環に陥りました。このため社債の償還ができず、再び資金不足になったのが18年10月です。

この2度目の破産の主因は、１９９０年から約30年もウォルマートに対抗する商品価値の高いＰＢを開発できなかったからです。シアーズもKマートと同じように、店舗現場のＴＱＣ活動はなかったのです。

シアーズとKマートにはＴＱＣが欠落していた

図②-1に示した問題解決シートを１９９０年からシアーズが活用できていれば、破局を迎えることはなかったかもしれません。シアーズの幹部と会議を持ったことがあります。マネジャー階級の知的なレベルは高く、上級マネジャーにはインテリジェントな女性が多かった。年商が世界一だった80年代初期までは、就職人気が高い有名企業だったからです。

2000年代に現場と役員の発言を封じる、権力的な資本家&経営者（利益目標〈ノルマ〉を押し付ける資本家エディ・ランパート氏）になっていて、役員や部下からの提案は受け入れられない企業文化に変わっていました。トップが周囲の役員の意見も封じる独裁者（ファウンダー・創業者と自称）になってしまったのは、90年代のダイエーも同じでした。本部だけが命令できるというテイラーイズムの誤った解釈が業績の低下を一層加速させていたのです。

シアーズとダイエーでは、商品のビジョンが消えていた末期に何を目的に経営していたのか。すでに顧客の生活貢献のビジョンはなくなっていました。「ダイエーには（衣食住の品種は）何でもそろっているが、欲しいものがない」と言ったのは、ファウンダー（創業者）と自称して絶対的な権力を持つ中内功氏本人でした。「欲しいものがない」のは、「衆議独裁だ」として全部の権限を掌握していた中内氏の責任でした。

MBO型の成果責任の組織が理解されていなかったため、こうした言葉になったのでしょう。責任と権限は原理的に一体のものです。本来は成果責任を負うことができる範囲で権限を持ちえます。末期はますます権力型になったダイエーの破産は、中内氏の経営責任だったのです。

山一證券の破産の時「社員は悪くありませんから」と、人望があった野澤正平社長が号泣しました。ダイエーもそう言わねばならなかった。権力を持つCEOは、社員の成功の成果を得るより、先に失敗の責任を取るべきです。その理由は、権力型組織では社員に社長が指示し、方向を示したことだからです。攻撃を命じた司令官は、敗戦の責任も負います。
これが権限と責任の原理的な関係です。

日米の代表だった2社の商品ビジョンの喪失

1990年代からのダイエーとシアーズでは、NBと他社のPBより比較価値の高いPB開発（マーチャンダイジング）を続けるというチェーンストアのビジョンが長期間、消えていました。80年代までのダイエーは、「どんどん安く売る」というビジョンでした。メディアは、アマゾンなどのネット販売（年率20～30％増）の攻勢によりシアーズの売上げが減って倒産したとしていますが、それは結果としての現象です。

主因は、NBと衣料のSPA（開発輸入の直売型業態）に対抗できる商品価値の高いPBの開発が、シアーズでは30年の長きにわたり消えていたことです。ユニクロやニトリのように、シアーズのPBにそれがあれば、ネット販売に顧客が離反することも売上げが減ることもなかった。事業の核となる経営法は、それくらい大切です。時流適合できない経営法の劣位が会社を破産させます。

③ 個体発生は系統発生を繰り返す：ヘッケル

生物学者のヘッケルは、受精卵が1人の人体になる過程で不要な鰓《えら》ができて消える現象を見て、哺乳類《ほにゅうるい》は海の魚類を経て進化した「系統発生を繰り返している」という仮説を提唱しています。

50年遅れ

わが国小売業の多店舗化は、米国に50年遅れた1960年代に日本型GMS（総合スーパー）とSMとして始まりました。米国の60年代、70年代のチェーンストアの見学に出かけ、家業店から出発し、大型の店舗を作っていったのです。しかしそれは店頭品揃えの充実、共通化という外形のまねでしかなかったのです。チェーンストア経営の外形からは見えない本質である、①商品作業の標準化の推進、②80年代からは現場のTQCであるウォルマートの部門経営を学ぶことは少なかった。

Kマートの店舗を見学して解説を受け、マネジメントとは権限を付与された上位職が部下やチームに命じることを前提にしていたからです。わが国からウォルマートが高く評価されたのは、Kマートとシアーズが業績を落とした90年代の後期からでした。Kマートが破産に向かっていた時からだったのです。

サム・ウォルトンが「店舗の中の店舗」と言った「魔法の杖」で現場が発注する部門経営を知らなかったからでしょう。Kマートが健在だった80年代までは、部門経営が何であるか理解されず、わが国流通業からのウォルマートの評価は低かった。逆にわが国の小売業は、本部権限型のKマートをチェーンストアとしてあるべき姿だとしていました。

標準化の意味の取り違えがあった

米国の店舗見学で多くが外観だけを見て「標準化は店舗の品揃えを共通化すること」とだけ受け取っていました。本部バイヤーが店舗への新規導入商品の発注をすることだけは、DCのないセントラルバイイングとして部分的にまねました。

百貨店と商店街型家業店が80年代までは主流だったため、店舗への中間流通としては米国よりはるかに優秀で品揃え面でのリテイルサポート型の卸が発達していました。発注したNBとPBを受注に備えて一時保管し、店舗に配送するDC作りを行うことはなかった（ディストリビューションセンター：店舗への商品配送&補充センター）。これはダイエーだけではなく、他のGMSにも共通していました。

日本型GMSが、わが国固有の窓口問屋（卸が代表してDC機能を果たすこと）に呼び掛けて在庫を持たないTC（トランスファーセンター：移送センター）を作っただけでした。店舗が発注した商品を、卸が店舗別のオリコン（折り畳み式のプラスチックの籠）に入れて納品し、入荷したオリコンを店舗別に配送するのがTCです。顧客のための流通コストダウンを目的にしたものではなく、仕入額の数%のリベート（店舗配送料）を取るために作られたものです。セントラルバイイングをしてコストダウンし、2週分くらいの買い取った常備在庫を持って、店舗からの補充発注を受けて配送し、多段階流通をコストダウンしていくDCとは根本が違います。

フルサービスのばら配送・返品付きでも仕入価格をほとんど上げない卸の存在

窓口問屋制のTCは、小売業が物流の効率化のために特定の卸売業に依頼して、複数メーカーの商品を個店に一括配送する方式です。イトーヨーカ堂が始め、1980年代後期からは百貨店もこれを作っています。日本型卸は、店舗からの受注商品を棚に補充する量の単品ばらで、しかも頻回の配送で個店のバックヤードまで届けてくれます。

チェーンストアのバイヤーは、月次損益のPL（損益計算書）、BS（資産と負債・資本の貸借対照表）と販売データから出てくる商品の在庫リスク（割引販売とデッドストック）を何よりも恐れる本性を持ちます。彼らは、1年に1度だけ賃金が上がっていく長期雇用のサラリーマンです。このため卸とメーカーの取引信用を失う、PBの隠れた返品すらしていました。現在もあるでしょう。他方、米国のマーチャンダイザーは会社に雇用されていても、仕事は独立事業主風であり、個人で成果責任を負っています。

インターネットのリテイルリンクを使ってメーカーからの提案で商品を仕入れることが多いウォルマートの商品部は、本部に400人くらいのチーフがいるカテゴリーバイヤーからなります。その400人がそれぞれ15本くらいの陳列ゴンドラ（モジュラー＝標準プラノグラム）の商品構成を担当しています（デマンドチェーンのリテイルリンク）。

商品発注はDC起点でのセントラルバイイング法ですが、店舗定番に指定したNBが同社専用になっているものが多く、これがウォルマートのＰＢです。16万品目で58兆円を売り、１品目の平均が３・６億円の売上げです。平均単価を５００円とすると１品目で年間72万個と超大量のＤＣ仕入れになるため、ＮＢもＰＢ化します。家庭用品で世界最大手のＰ＆Ｇは、ウォルマートへの出荷が全売上げの45％にもなっていて、「ウォルマートからの脱出」を公言していたくらいでした。

国内２万１０００店のセブン‐イレブンでも、１０００品目の日配以外はＮＢを仕様変更してＰＢ化した商品です。個店で電池が１個売れても、全店では２万１０００個、１カ月では60万個というメーカーの生産ロットをはるかに超える量になるからです。ただしそれは最初からではない。

店舗に利益が出るように運営をサポートし、最初は少なかった店舗数が毎年、大きく増えてきた結果です。70年代の最初は、卸がばら納品に一切応じてくれなかった。チューインガムも24個が最低ロットでした。ようやくばら納品に応じてくれる問屋を探して取引し、その問屋とともに成長してきたのです。

新しいビジネスモデルは他が行っていないことを行うので、業界の慣習に反して実行するのには困難が付きまといます。95年に１００万種の本の販売から始めたアマゾンも、当時は「本の実物がなく、目次の立ち読みもできないものが売れるわけがない」と言われ、宅配の拠点になるＤＣへの投資がかさんで大きな赤字でした。誰でも簡単にできることなら、革新的な成長モデルにはならない。どこでも行えるからです。商品購買のコンビニエンス（利便性）という商品価値を高める顧客ニーズに合致したビジネスは、急成長します。本書で推奨するPBの商品価値を高めるには最初は困難が伴い、「できない」とあきらめるところも多いでしょう。だからこそビジネスの機会は大きい。小売業の利益の元は、売場面積と商品種類の差異しかない販売方法ではなく、仕入れ方法にあります。

製造業でも部品や部材の仕入れ・調達方法が鍵です。トヨタは部品在庫を持たない「JUST ON TIME」の仕入れ方法です。これはとても困難なものでした。鬼軍曹のような大野耐一氏が指揮して作ったビジネスモデルです。当初は、ばら納品される部品の仕入単価が上がると社内の反対も多かったのです。しかしその在庫レスの原則を貫き、完成車も販売店からの受注を受けたあと、異なる仕様で組み立てています。在庫は無駄なコストであり、利益を減らして車の価格を上げると考えているからです。世界の車の生産方法を変えたのが、「現場からのカイゼン」のトヨタです。

PB開発も、工場への生産委託という買取仕入れです。アップルは製造業ではなく、ビジネスモデルでいえばPBの企画・開発・販売の小売業です。アップルはユニクロやニトリと同じように工場を持っていません。スマートフォン、タブレット、PCも提携工場での生産です。ファブレスメーカー（工場を持たないメーカー）のビジネスモデルです。工場を持つソニーとは違います。

大きく成長する産業の仕入れ・生産・販売のビジネスモデルは、同時に技術革新を行ってきたことがわかるでしょう。今後も同じです。

わが国でSPA企業群のDC作りに20年遅れた大手小売り

一方で、小売業のDC作りは、1980年代後期の円高（プラザ合意後、ドルに対して円が2倍）から始まったアジア・中国での開発・輸入からであり、衣料と家具インテリアのSPAから開始されていました。

（注）SPA（Specialty store retailer of Private label Apparel）は、製造直売型の専門店チェーンを指します。米国が高金利でドル高だった80年代、GAPから始まり、世界に広がった生産費の低い新興国の工場での開発輸入、店舗販売の業態です。わが国の代表的なSPAはユニクロと住関連のニトリです。94年の人民元安（1元＝10円台）から業績を急速に伸ばしています。米国メーカーのアップルも中国で生産するSPAです。

わが国大手の小売業がDCを作ったのは、国内のSPA（開発輸入型専門店）に20年も遅れた2000年代からです。しかしそのDCの目的（DCのビジョン）は「顧客貢献」とは書かれず、自社の荒利益率を上げることでした（プレゼンテーション資料より）。この時「間違えている」と感じたのです。

日本のGMSと創業の時期が近いウォルマートがDCを作ったのは、70年代です。わが国の大手小売りに30年先行しています。

21世紀であっても、わが国のチェーンストアは原点に回帰し「個体発生は種の系統発生を繰り返す」という仮説（検証された範囲では真実であること）のように進まねばならない。米国チェーンの系統発生の過程だった「商品作業の標準化→（TQCの）部門経営→集荷・配送のDC作り→商品価値の高いPB開発」です。これを行わないと、20年代からの発展はないと断言できるのです。その方法は新しく開発する必要はない。先頭を走ってきた米国のチェーンストアのように10年、20年はかからない。それでも実現するまで5年はかかるでしょう。

標準化の停滞と進歩のなさ

わが国の既存店が2％程度ではあっても売上げが減少するのは、特売・販促企画・プロモーションの問題ではない。「商品作業の標準化→部門経営→DC作り→PB開発」を、チェーンストアの系統発生にのっとって行ってこなかったこと。そのための標準化の停滞と後退、生産性上昇のなさのツケが既存店売上げの減少として1991年から表れているのです。「商品作業の標準化→部門経営→DC作り→PB開発」は、トップが取り組むべき緊急の経営課題でしょう。10年は待てない時期になっています。

これからの商品作業の標準化は、経営のツール（道具、工具、手段）である情報機器とAIを使うものです。OS（基本ソフト）がアンドロイドやWindowsの多機能スマホの進歩には、2010年代の情報機器の進化が、手の平に載る筐体《きょうたい》に集約されています。90年代の数億円だったスーパーコンピュータより、機能は豊富・優秀で性能も高いことを知るべきです。

携帯電話に集約される21世紀のＩＴ機器

携帯電話は超小型化し、子供すら携帯でき、Ｗｉ－Ｆｉ付きになって、１年14億台も生産されているからすごいものです（２０１９年）。情報化・ＡＩ化は、世界人口（70億人）の２分の１に普及した携帯端末がツールになるので、今後高速で進行します。

50歳以上の管理者の多くが、携帯端末の威力への認識が薄いと思えます。アマゾンもアリババも、設置型のＰＣよりスマホとｉＰａｄのモバイル端末によって作られたのです。ＡＩのアプリを組み込めば、携帯のＡＩになります。すでに世界50カ国くらいの外国語の同時音声通訳も、遠隔のクラウドでできます。ＡＩは人間の作業能力を飛躍的に拡張します。

新しい技術が登場した時期には、既存の会社から「たいしたことがない」と切り捨てられることが多い。１９９０年代からのインターネットは２０００年ころまで、「たいしたことない通信技術だ」と見ている経営者が圧倒的多数でした（おそらく99％以上）。アマゾンが大きくなった05年くらいから、その真価が認識されたのです。

わが国の「楽天」の創業は97年、00年が株式公開でした。01年に参加店の総年商は１兆円に達していました。18年には、テナント店舗から管理費＋物流費として得る荒利益に当たる売上収益が１・１兆円です。中国のアリババの売上収益は６兆円です。営業利益は８５５０億円（売上収益比14・３％）。アリババの売上収益（手数料）は１年に50％くらい伸び続けています。世界中でＥＣ型チェーンストアは急成長しています。

④ これからの消費財需要の傾向と小売業経営

・ECではない有店舗小売りでは、競合店売場面積の1年に2%の増加、
・平均の所得が増えないと消費需要額の停滞が続き、
・既存店売上げが年率平均で3%下がると、

高齢化&人口減が一層激しくなる2029年には、今の売上げの73%に下がり経営は赤字化します。赤字に陥落すれば改革の資金余力を失い、ほとんどの場合、経営の意思力も失っていきます。

わが国の現在の傾向は、多くの既存店で90年代のダイエー、2000年代のシアーズ没落の歴史を再現しています。米国の小売業の歴史と展開は、海を隔てている島国でも無縁ではありません。古代には中国の大陸文化が、明治からは欧州の文化が、戦後は米国の文化と価値観が移入されてきたからです。

わが国では、チェーンストアとして先行していたGMS（ダイエー、イトーヨーカ堂、イオン、マイカル、西友、ユニーなど）の1坪当たりの売上げは1990年からの15年で60%に減少しました。総売上げが60%に減っていないのは、90年代にショッピングセンターへの核店舗としての出店があったからです。既存店売上げが60%に減っても経営が持続できたのは、小売業が大量に雇用してきたパートの時間賃金が新入社員の2分の1と低かったからです。正社員1人の

商品作業を方法・手順はそのままでパートに置き換えたので、人件費が2分の1にコストダウンしたような会計の結果が出たからです。

これは生産性の上昇ではなかった。低賃金への置き換えでした。

Kマートやシアーズなどの米国の時間給は、「同一労働・同一賃金」だったため、既存店売上げの低下をパート雇用の増加で補うことができなかった。売上げの低下は、経費削減と店舗閉鎖になるしかなく破産したのです。わが国も大手小売業では、すでにパート労働の構成比が平均で75％を超えています。90％のところも多い。パートの時間給は、政府が最低賃金を上げることもあって、年3％は上げねばならない方向です。このため今後の営業利益の低下から2年目、3年目の赤字になり、赤字は店舗の閉店を迫ります。こうした予測から90年代のダイエー、00年代のシアーズ没落の歴史を再現するというわけです。対策は商品価値の高いPBを多く作って、店舗の売上げを上げ、同時に商品作業の情報化（デジタルプロセス化）によって人的な生産性を2倍、3倍に上げることです。

90年代からのショッピングセンター（SC）も全国で3220カ所（総売場面積1612万坪：総売上げ32・6兆円：2018年）になり、前年比売上げのマイナスも増え、飽和しています。

（注）3220カ所（18年末）に増えたショッピングセンターの平均商圏人口は4万人です。総テナント数は16万店ですから、稼働小売店の16％に増えています。年間売上げは、ひとつのSCが104億円（19年4月：テナント数50）で、合計では約35兆円です。100兆円の店舗小売りの35％を占めています。これと比較しても、ウォルマート1社の売上げ58兆円は巨大です。

地方の人口減少地帯にあるSC（平均商圏4万人）は、顧客数と売上げが減り始めています。SCは百貨店（必要商圏50万人）より商圏シェアが高いので、商圏の人口変化の影響を直接受けます。

商圏の人口減は学校や職業での社会移動と誕生より、寿命を迎える人口が多い時です。明治から100年で3倍の1億2800万人に増えた人口は、2010年から減り始めていて、40年には1億人になると予想されています（厚労省：人口問題研究所）。その後も日本人は6000万人に向かって減り続けます（江戸時代の2倍：2100年）。近代化・工業化・生産性の上昇によって増えた日本の人口は、先進国ではもっとも早く、「現代化」の中で減るのです。大国ではロシアも人口減です。中国も一人っ子政策のツケが来て、2018年から緩やかな人口減の時期に入っています。韓国の高齢化の速度は日本より早く、出生率の急激な低下があって20年から総人口が急激に減ります（1人の女性が生む合計特殊出生率は0・98と日本の1・44人より低い）。人口減は小売りの売上げのみならず、社会の文化と経済の変化にもっとも大きく確実な影響を及ぼします。

総額で5％の売上げを上げたのはインバウンド消費だが……

都市部立地で30万から50万人以上の大商圏の百貨店は、1990年の売上げ10兆円が6兆円に減っています。2019年まではSC（ショッピングセンター）、百貨店、ドラッグストアは、5兆円に増えたインバウンド消費（3000万人の来日観光客）で売上げを増やしてきました。

２０２０年にはコロナ禍で消え、21年以降も増加しなくなるでしょう。コロナの要因を抜きにしても２０２１年以降は、インバウンドの年率30％増というかつての状況が続くことはない。実際、２０１２年からの安倍前政権の中で、２０１９年まで都市部の既存店売上げが地方ほど減らなかったのは、５兆円に膨らんだインバウンド消費があったからです。この５兆円は大都市部店舗の売上げ（約50兆円）の10％に相当します。

上がっていた人民元に対する円安が、インバウンド消費を増やしたのです。２０１２年は、１元が12円でした。３年後の２０１５年には１元が19円に上がり、７円（58％）という大きな「元高・円安」でした。物価はほぼ同じだったので、高くなった人民元を使う中国人にとって日本の商品代・ホテル代・旅費は、58％下がりました（ただし20年12月は３円元安になって１元が約16円）。だから観光客と不動産購入を増やしたのです。注意しなければならないのは、都市部と観光に依存する地域の店舗の売上げの増加のほとんどが日本人ではなく、中華圏（中国、香港、台湾）を筆頭とするインバウンド消費によってもたらされていたことです。欧米の観光客の買い物は少ないのです。

20年１月からのコロナのパンテミックによって海外渡航が95％減になり、すっかり消えました。21年に延期された東京オリンピックの開催も怪しい。ムリして開催されても予定の観光客１００万人よりはるかに少ないでしょう。２０２０年代の大都市部の小売業は、店舗売上げを７年で10％増やしてきたこの消費に依存することはできないのです。

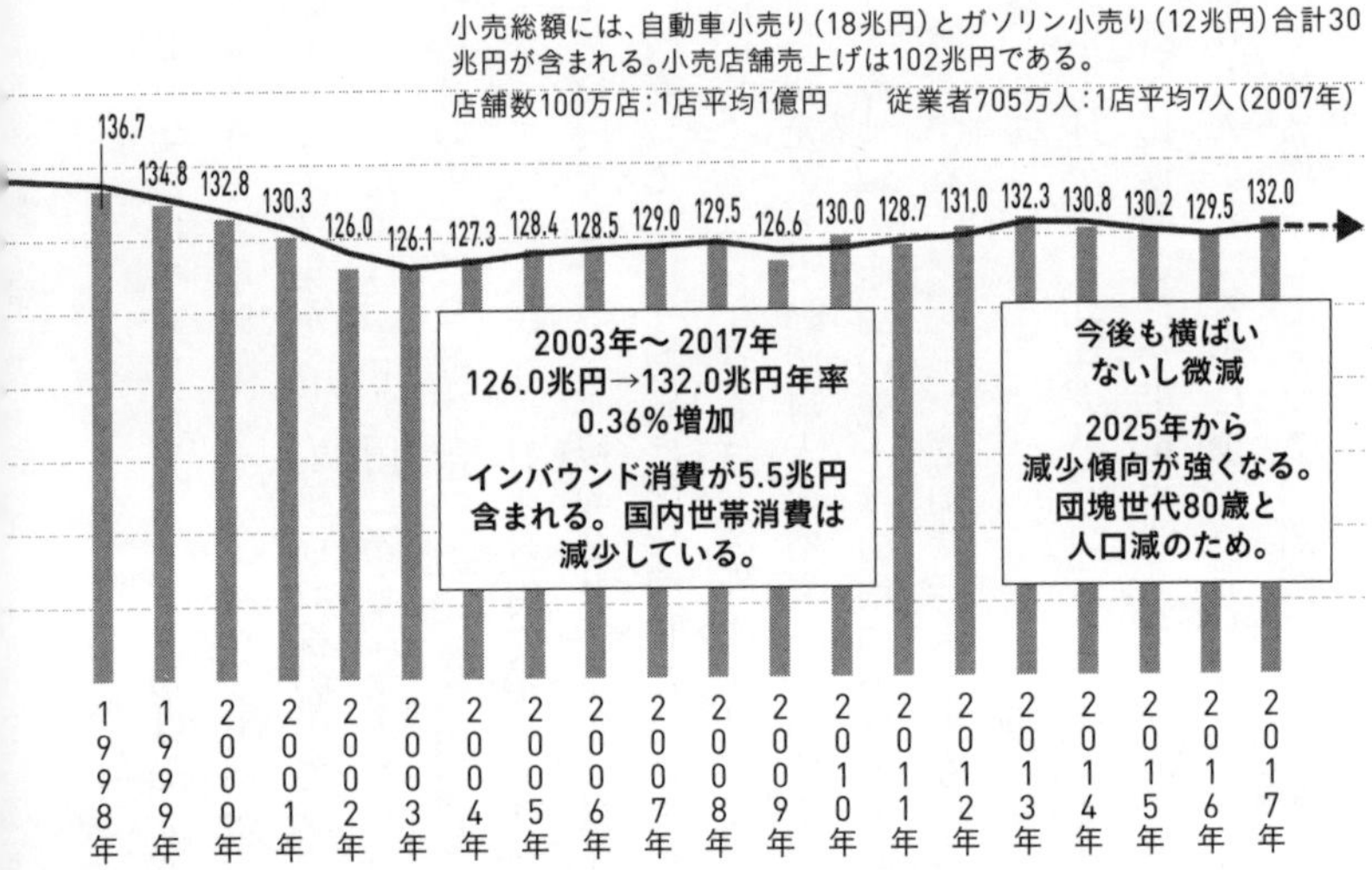

小売総額には、自動車小売り（18兆円）とガソリン小売り（12兆円）合計30兆円が含まれる。小売店舗売上げは102兆円である。
店舗数100万店：1店平均1億円　従業者705万人：1店平均7人（2007年）

2003年～2017年

今後も横ばいないし微減
2025年から減少傾向が強くなる。団塊世代80歳と人口減のため。

わが国の小売りの総売上げを振り返る

図②-2に、1980年から2017年まで38年間のECを含む小売りの総売上げを示します。ECは18年で9・2兆円です。80年から91年は87・9兆円から141・5兆円（わが国では史上最高がこの91年）にまで増えています。当時は物価インフレもおよそ2%あり、総売上げは年率4・9%で増えていました。80年代までのチェーンストアでは平均年率7%の既存店売上げの増加により、10年で2倍になる成長型店舗もあったのです。

ソ連の崩壊（東欧の独立）による東西冷戦の終結とともに、わが国の資産（土地と株価）のバブルが崩壊した91年から02年の小売売上げは、ピークの141・9兆円

図②-2　38年間の小売売上げ

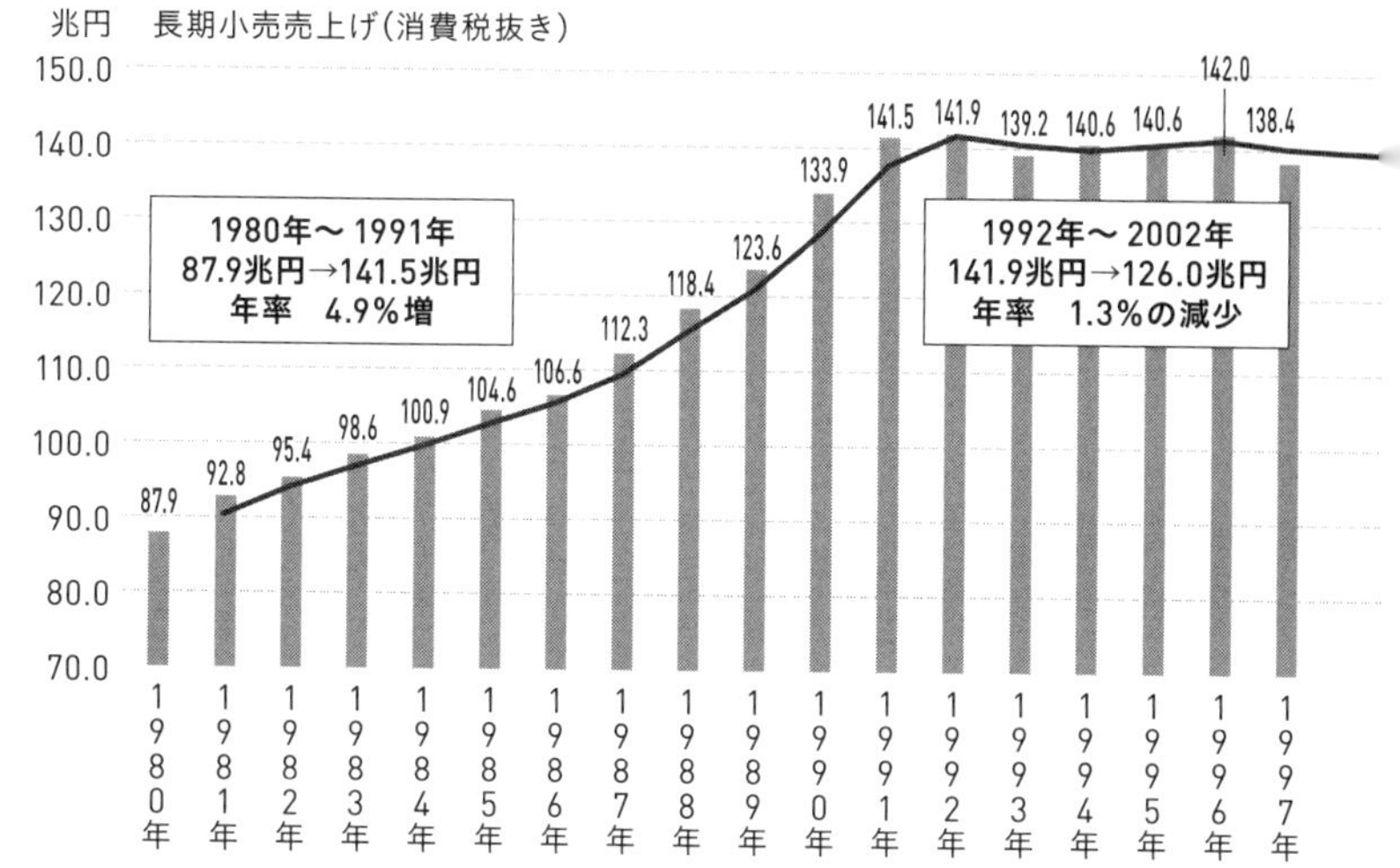

・（経産省：商業動態よりデータから作成）：2016年の消費税は17.2兆円

（92年）から126・0兆円へと年率1・3％で減少し続けました（約30兆円の自動車と燃料を含む）。98年は資産バブル崩壊の結果である金融危機でした。この時から日銀は、銀行の救済のためにゼロ金利策を敷き、国債を買ってマネーの量（マネタリーベースという）を増やしたのです。

小泉内閣の03年から3年間の民主党政権を経て、安倍内閣の17年の小売売上げは14年間で126・0兆円から132・0兆円まで6兆円増加（83％がインバウンド分です）というより、横ばいです。国内の世帯消費は増えなくなっています。

年率で0・36％増という微量の増加ですが、これは、

①12年からの6年で5兆円に増えたインバウンド消費と、

②売上げに含まれる消費税が3％上がっ

たこと（14年～：3兆円分）が見かけ上で増やした総売上げでした。

政府の小売統計には、個人消費を減らしたくない政府の意図で消費税分（8%）が含まれているものもあります。14年からの政府統計の実質は8%分が水増しされていたのです。19年10月からは10%分です。メーカー売上げ、卸売上げ、小売売上げ合計で10%を占めることになる、所得税より大きな納税になります。

所得が決める消費額（消費財の買い物の総額）

1995年からの生産年齢（15歳から64歳の現役世代）の減少、2000年から団塊世代（1000万人）の高齢化を経て、2010年から人口減に向かったわが国世帯の買い物は、増えていない。世帯の買い物は、金額では減少を続けています。

問題は、今後の小売売上げです。世帯所得が増えない限り、わが国の小売総売上げが増加することはありません。

今後、賃金が5%上がり、世帯の総所得は増えるでしょうか？　わが国では働く世代がいる世帯、構成比が35%を超えた退職後の年金世帯（家族は2人または1人）に分割し、世帯所得を見なければならない。

（注）20年以降は人口は減っても、働く世代の1人当たりの平均賃金は2%程度の上昇傾向になるでしょう。ただしすでに4010万人（14年：厚労省）を超えている年金受給者は増えて、1人当たりの、物価上昇を引いた実質所得は年率で減少を続けます。このため、わが国世帯の総所得の増加はわずかな

ものになります。

「同一労働・同一賃金」を主旨とする法の施行の影響から（大企業は20年から、中小企業は22年から）、パートや非正規雇用の賃金上昇（約３％：19年10月６日）もあって、働く現役世代（多くが65歳まで）の世帯で２％上昇程度の可能性はあります。

しかし世帯所得が現役の60歳の時のおよそ３分の１に減る厚生年金の受給世帯（年金の平均21～22万円／月：国民年金だけなら６・５万円／月）が、それ以上に増えるので、総世帯の所得の増加はないでしょう。今後ずっと、総世帯所得の増加という要素による小売業の売上増加は見込めません。

総消費額の５％に増えた外国人観光客の消費：主は中国系と韓国

中国（８３８万人：２０１８年）、韓国（同７５３万人）、台湾（同４７５万人）、香港（同２５０万人）が中心になった外需のインバウンド消費も、２０２０年代には増える原因（円安と中国の経済成長の高さ）が少なくなります。12年から18年までのように小売総額の増加には貢献せず、５兆円（18年）となっているインバウンド消費は、逆に店舗売上げのマイナスの要因になっていくでしょう。事実、２０２０年はコロナの影響でゼロになっています。

18年からのトランプ関税に、働く世代の生産年齢（15歳から65歳未満）の人口減という要素が加わって中国の経済成長が減速しているからです。大統領が歴史問題をいう韓国からの訪日の減少は、瞬間風速で月当たり20万人で前年同月比マイナス58%でした（19年9月）。

一方、日本でも物販のネット販売（ＥＣ：約10兆円）は年率11%増くらいで続き、店舗での売上げの減少要素になっていきます。

20年以降、平均的な店舗小売りの増加は、商品価値の高いＰＢでない限りは望めないと認識しておかねばならない。既存店の売上げでは、郊外から居住人口が集まる傾向がある大都市部の15%（15万店）の店舗で増加しますが、35%（35万店）で横ばい、人口が減る地方店舗の50%（50万店）では前年比でのマイナスを続けるでしょう。

32年間、人的生産性は年率1%以内しか上がっていない

わが国の１人当たりの所得が上がらなくなったのは、人的な生産性（労働時間当たりの付加価値生産）が１%〜３%マイナスの四半期（３カ月）もあり、上がる期も１%から４%のプラスにすぎないので、１年の伸びでわずか１%以内しかなくなっているからです（１９９０年以降の30年間）。

小売業を含む全産業の人的な生産性は、１９８５年には１人時当たり４１８０円でしたが、２０１７年は４８７０円です（公益法人日本生産性本部）。32年間で17%しか上昇していません。平均年率の伸長では０・５%弱と極めて低い。（注）人時生産性＝生産された商品の付加価値÷労働人時数。

この停滞のせいで、世界のトップレベルだったわが国の小売業を含む全産業の人的な生産性は世界21位に下がっています。１位のアイルランドとルクセンブルグの45%、米国の66%（小

売業では50％）、イタリアの79％でしかない。経済が発展した先進35カ国（ＯＥＣＤ）の平均より12％低い。韓国に対しては１１７％です（16年：ＯＥＣＤ）。17％の差しかなく追い抜かれる勢いです。

本章のテーマである小売業の生産性指数は、頂点の13年から18年に大手の小売業でも約６％低下しています。一体どうなってしまったのか、というほどの生産性の低下です。

５ 標準化は動的であり、進歩と高度化を続けなければならない

生産性が上がらないと賃金は上げることができない

継続して出店する成長企業なら、人的な生産性は年率５％上昇しなければならない。５％伸長が基準です。そうなると、賃金の平均上昇率も４％にはなります。世帯の所得である賃金が増えないと、公的年金保険・医療保険・介護保険と税金（この４つで賃金の30％）を引いた手取り賃金で買い物（消費）もできません。

店舗を増やし続ける成長企業であるべきチェーンストアの人的生産性の上昇目標は、１年５％を下限基準としなければならない。そのためには標準化の水準を業務本部が高度にし、現場も経営に主体的になるＴＱＣ（店舗では部門経営になります）を導入しなければならない。

標準化は固定的なものではありません。進歩しなければならない。ところが20年や10年も前に決めたマニュアルの改訂・修正をしているところは実は少ない。標準化のレベルを上げることが経営の根幹という認識が薄かったからです。

標準作業は進歩しなければならない

売場と物流倉庫における標準化した定型作業は年々、高度にしなければならない。人的生産性の上昇は小売りのコスト率（仕入価格に対する値入額）を下げて、商品を買う顧客の生活水準を上げます。

ウォルマートが1970年代に掲げたように、「2万ドルの所得で4万ドルの生活」といった、社会への貢献ビジョンを掲げるべきなのがチェーンストアです。繰り返し言いますが、産業（インダストリー）の目的は、自己利益より社会貢献であるべきです。社会貢献ができるようになると、購買客が増えて求めずとも利益は増えていきます。

チェーンストアの標準作業の発祥は、普通の人に生産性の高い作業手順を教え、その実行によって生産性を高め、他では得られない高い報酬を払うという社会的なものでした。低い賃金を上げることも、近代産業の標準化の目的でした。

フォード社は、一定規格のT型フォード（1908年～27年）をベルトコンベアの量産ラインで作って車の価格を下げた時、社員の賃金を「T型フォードが買える報酬」に上げています（『藁のハンドル』：ヘンリー・フォード）。日本でこれを実行できているのは、SPA業態（海外での企画生産と店頭直売のビジネス）のユニクロとニトリなどです。

米国における工業の標準作業の発祥は車の価格を下げるとともに、社員に他では得られない高い報酬を払うことも目的としていました。

第二次世界大戦前、フォードの生産ラインが全産業に火をつけた米国製造業は、健康な黄金時代にありました。標準作業の製造業と小売業によって米国のGDPは、英国を超えて世界一に浮上したのです。

初心である社会貢献（＝顧客貢献）の精神を再興すること

2000年以降に成人になったミレニアム世代を含む若い世代の社員には、「社会貢献」に仕事の意味を見いだし、やる気を出す人が増えています。たびたび襲う異常気象と自然災害時の、利益が目的ではなく自主的な災害ボランティアを見てもわかるはずです。国連で16歳のグレタ・トゥンベリさんによる自己利益を重視し、自然環境を悪化させてきた現代産業の死角をついた感銘を与える演説がありましたが、これは世界に共通の現象です。企業の社会的な責任とされるCSR（Corporate Social Responsibility）は、義務です。

株主の強欲の風潮：金融経済化

自己利益に強欲になっている米国、欧州、そして日本の経営層と株主（資本家）が作ってきた巨大な所得格差への反動もあるでしょう。米国では2011年から18年に4兆ドル（420

兆円）もの自社株買いが実行され、米国の株価（S&P500インデックス）を時価総額で1200兆円も上げています。その株価上昇分は、株主と経営者の巨大資産になっています。19年も、昨年以上の9000億ドル（95兆円）の自社株買いが行われました。

19年のS&P500社の時価総額3000兆円のうち1200兆円（40%）は、自社株買いが誘因になった株価上昇です（WSJ紙）。低金利の社債発行による「自社株買い」のバブルです。これが不動産価格も上げ、米国での高級品の売上げも増やしています。米国で小売りが好調と伝えられる真相は、金融的なバブル所得による売上増です。米国では、世帯の約50%が年金の自主運用の401k（確定拠出年金）で株や投資信託を持っています。

総世帯の80%にあたる一般世帯が働いて得る賃金は、2%から3%の物価上昇を引いた実質賃金で、すでに2000年から減り続けています。自動車などは金利が低い超優遇ローンによる消費です。株価の上昇によって所得が増えたような錯覚を与えています。

日本では、株価を上げるために企業の留保利益（利益から設備投資をせず、社員の賃金上昇を抑えてきたことによる利益）が00年の200兆円から18年は450兆円に増えているのです（日経新聞：19年9月）。98年の金融危機のあと、企業の社会貢献という経営ビジョンが呪文になってしまったからです。あと10年も経てば、社会貢献を忘れていた企業に急な業績低下が訪れる感じがしています。日産のカルロス・ゴーンと西川廣人社長の失脚も、オプション株を使った自己利益に強欲になったことからでした。

（注）日本の上場企業でも外国人株主に要求されたという名目で、19年の株価を上げる目的の自社株買いは10兆円を超えます（アイ・エヌ情報センター）。オプション株は一定価格で株を買う権利です。オプション株の権利を得たあと自社の株価が上がると、差額が先物買いと同じ利益になります。オプション株の権利をもらったあとの自社株買いは、インサイダー取引の観点から言えば違法行為です。自社株買いは株主配当の一種として、法的にも見逃されています。

原子力発電所の発注をめぐる関電経営者（20名）への工事業者からのバックリベートも、社会貢献を見失った経営者の強欲化の一例です。国の礎は電力です。

これは約20年、人的生産性を上げてこなかった日本の大企業の「マネー経営化」に共通することでしょう。アップルを代表にして、すっかり金融化した米国企業が眠っていた経営者の強欲を掻《か》きたてたのでしょう。IT事業から金融化した経営をしたホリエモンの例もありました。

事業の顧客貢献、社会貢献

小売業が持つべき社会に開かれた使命、つまり経営目的は顧客への貢献以外にない。自由に購買を決定する消費者は顧客貢献を高める意気となり、PBの商品価値として実行する店舗を選択します。

これは当たり前のことでしょう。これが見えないとすれば、無意識に企業の側に立って「顧客は管理できる」と見ています。従属する社員ではない顧客の管理と囲い込みはできないのです。

CRM（Customer Relationship Management）は防衛策だった

インセンティブを付けた顧客管理や割引のポイントは、商品価値での売上げが十分ではないために行われてきたものです。今やほとんど店舗が割引ポイントを付けていますが、行列ができるくらい比較商品価値が高い商品を開発して売る店（製造型小売り）は、顧客の囲い込みやポイントの発行をしません。お客が来すぎて困るからです。

1店舗目を始めた時、どこも1人の既存客もいなかったはずです。脚がすくむ思いで店頭に立ち、買物に来てくれたお客には心から礼を言った。社員も先がわからない会社に低い賃金で集まってくれた。他店との比較商品価値を高くしないと、再訪してくれなかった。顧客管理は意味がなかった。わが国の既存店は、こうした最初の店舗の仕事と精神を思い起こすべきでしょう。ニトリはこれを忘れなかったのです。このためPB開発による会社業績の向上とともに賃金を上げ続け、平均的な小売業の2倍にしたのです。

顧客が増えてきた原点にこそ、事業の価値があります。なぜ顧客が増えてきたのか。その中核は例外なく、「比較価値の高い商品」です。商品価値が横並びになったことを原因にして、割引ポイントを付けるCRMが普及したのです。今やほとんどの店舗がポイントを付けているので、集客効果はなくなっています。しかしやめれば顧客が減る。仕方なく続けられているのです。CRMは客数にかかわらず、固定費が決まっているホテルや運輸には効果があります。しかし売上げが増えれば商品原価も増える小売業では、皆が行った時の効果は単にコストに終わるのです。

原点

店舗を大型化し出店もでき、目標には達しなくても一定の売上げがあることが20年、30年と続くと、その売上げが当たり前になります。顧客が次々に生まれる他店の新商品と比較して「新たな商品価値優位」を求めて来店していることを経営者も忘れます。前年の売上げが上がらないことを店頭の商品価値の比較劣位と考えず、他に原因を転嫁するのです。

数百年続く京都の老舗旅館に泊まると、商品価値の高い料理とともに例外なく、お客が見えなくなるまで、しかし見送られるお客の負担にならないようにさりげなく頭を垂れます。商品とサービスを提供する、この精神の構えです。数百年続き、これからも簡単に予約が取れないくらいの繁栄を続ける歴史はダテではない。日本一の旅館を自称する北陸の加賀屋もこの系列です。何より商品価値（料理と無形のサービスの品質÷価格）が他の旅館より高い。宿泊費が高いのではない。料理と宿泊のサービスの価値に対して価格は安い。このためお客が途絶えない。

商品と無形のサービスの価値で、標準化のレベルを高める高度化の進歩をやめてはいない。こうしたところでも油断すれば、数カ月後には客足が落ちます。旅館では、料理と、パートが多いサービス労働の方法と手順を徹底して標準化、高度化しなければならない。リピートを促すには、年々、標準化のレベルを上げなければならない。競合があるからです。提供する比較商品価値が高ければ、顧客管理やプロモーションは無用であり、予約が取れないくらい客が来ます。

20世紀のプロダクトの3Pのひとつと言われたプロモーションは、メーカーがコストを下げるために量産したものを不良在庫にしないように、販促費を店舗に出すことから行われたことが始まりです。需要が殺到し不足する商品では古来、プロモーションの必要はない。

2010年ころからの旅館業界は加賀屋や、顧客が求めていることの反省から宿泊、調理、サービスを高品質にした星野リゾートが引っぱっているのか、そうした旅館も増えています。両社の調理と人的サービスにおける「標準」のレベルは高い。主体性を発揮させるという経営者の言い訳による、担当者任せ（包括委任）ではない。標準化の高い到達基準を持つ「女将《おかみ》」が毎日、朝礼で従業員に言い聞かせ、所作、言葉、服装を訓練しています。その女将は他の評判の高い旅館を見学し（これが比較経営）、提供すべき料理とサービスの高い標準化の基準を更新しているのです。

商品領域の狭い専門店は別にして、総合的に品種を扱う百貨店、GMS、HC、Dg・S、SMは90年代から進歩していません。加賀屋に比肩できる、PBの商品価値の高度化で高みに登ったリーダー企業がまれなためでしょう。でも存在はしています。しかし年商が大きくなると、小さなところから学ぶことは少ない。

SMでは、空き家も増えている秋保温泉に小さな「佐一商店（店名はさいち）」があります。店舗設備は古くても細部に神経が行き届いた見事なおいしい惣菜です。価格は安い。お客は行列を作って買う。「さいち」以外にも全国を歩くと、毎日行列ができている食の製造直売店は多数、発見できるでしょう。商品ビジョンを持って目標に近づくように実行していることが顧客にはわかるのです。多くの小売業が比較経営の対象を間違えているのです。

量販型小売りの過去の事情

大型化と品種総合化とは、トップの専門店に対しても競争優位のある専門部門を一部門ずつ増やしていくことです。最初から、大型店と総合部門はできない。

ところが、まず店舗の面積を大型化し、安易な他店比較から総合部門にしてしまった。「SMだ」という言い訳から、専門店の選択とラインロビングに最初から誤りがあったのです。専門店といっても、当時は商店街の家業店しかなかった。１９８０年代までは、商店街がわが国の消費財の70％以上を販売していた時代です。大都市の中心部以外に専門店といえるものはなかった。

80年代までの消費者はそれまでポピュラープライスがなかったので、ポピュラー価格帯がディスカウントに見える価格に驚いてくれました（物価の低い海外への旅行も当時は少なかった）。

当時のわが国では、ポピュラープライスの商品のほとんどが安物であり、価格は低いが商品価値も低かった。品種総合店型のチェーンストア志向企業は、商店街での顧客の不満から、利益が出るくらいお客が来たので自己満足してしまいます。

その後はＴＱＣの部門経営もなく、商品構成と標準作業の大きな進歩がない。顧客の自由意思による、店舗と商品選択の結果が現在の売上げです。90年代からＧＭＳの住と衣の部門の売上げが急減したのは、大型総合店の価格の真空地帯にユニクロやニトリなどのＳＰＡ（専門店製造直売の業態）が一段低いロワーポピュラーの価格帯で高品質なPBを開発して席巻してきたからでした。

一方、50%から60%を占めていた食の部門でGMSの売上げがあまり減少しなかったのは、食品部門の60%から70%の売上げを占める生鮮部門のほとんどが卸売市場と仲卸を経由し、流通コストを20%程度付加した国産であったことでした。市場は生鮮食材の卸売業です。

食の輸入には、零細な農家、畜産、漁業の保護のため高い関税がかかっているので国内価格の低下がなかった。輸入品は青山の紀伊国屋や、品川駅のDEAN&DELUCAのような高額・高級でした。

既存の肉屋、魚屋、惣菜屋のテナントを入れたコンセッショナリーチェーンが多かったSMでは、価値の高い生鮮PBの開発が弱かったのです。

個店経営の回帰も見えるが……

2000年からの売上げの低下を、実際は行っていなかったチェーン経営法がうまくいかないからだと結論付け、店舗の担当の自主性を生かし、現場活性化するためとして個店経営に回帰する方針を出しているGMSを散見します。

認識すべきは、わが国の大型店の多店舗経営は、

・比較商品価値の高いPBの開発における進歩、

・部門の商品構成の進歩を図る経営、

・商品作業の標準化レベルの高度化においてシアーズと同じ時期の30年前から進歩をやめていて、現代のチェーンストア経営に至ることができていなかったことです。

店舗にＮＢでしかできない商品仕入れ・品揃えの権限をおろすことを個店経営に回帰するとして、何を仕事のビジョン（実現目標）にし、何を実行していくのでしょう。

顧客貢献へのビジョンのない事業では、お客が増えません。本質であるＰＢ価値の低さの問題から、業績の階段を一層下り続けなければいいのですが……。

⑥ 小売業の経営で大切な１坪当たりの売上げ

図②-3に、１９９５年から２０１４年までの小売業の売場面積と1坪（３・３㎡）当たりの売上げを示します。12年に売場面積が減っているように見えますが、これは経済産業省が従来の商業統計から産業センサスに統計方法を変更したためです。実際の総売場面積は、年率２％くらいで増え続けています。政府統計には表れず不稼働（シャッター商店）になっていった小売業も多いため稼働している店舗で見れば、このグラフの面積に近いかもしれません（07年までの全数調査としていた商業統計でも不稼働店舗は含まれていました）。

店舗の設備生産性（売上げ÷設備資本）を表す1坪当たりの売上げは、91年の４１７万円を頂点に下がり続けています。13年後の04年は政府統計から計算すると２８８万円で、69％に減少しています。14年は３２１万円に上がったように見えますが、売場面積の調査方法が変わって

図②-3 小売業の売場面積と、1坪当たりの売上げの推移(消費税込み)

世界のどこにもない事例が日本
各年度の経産省の、商業統計から抽出して筆者作成
2012年の売場面面積の減少は、政府の集計方法の変更のため

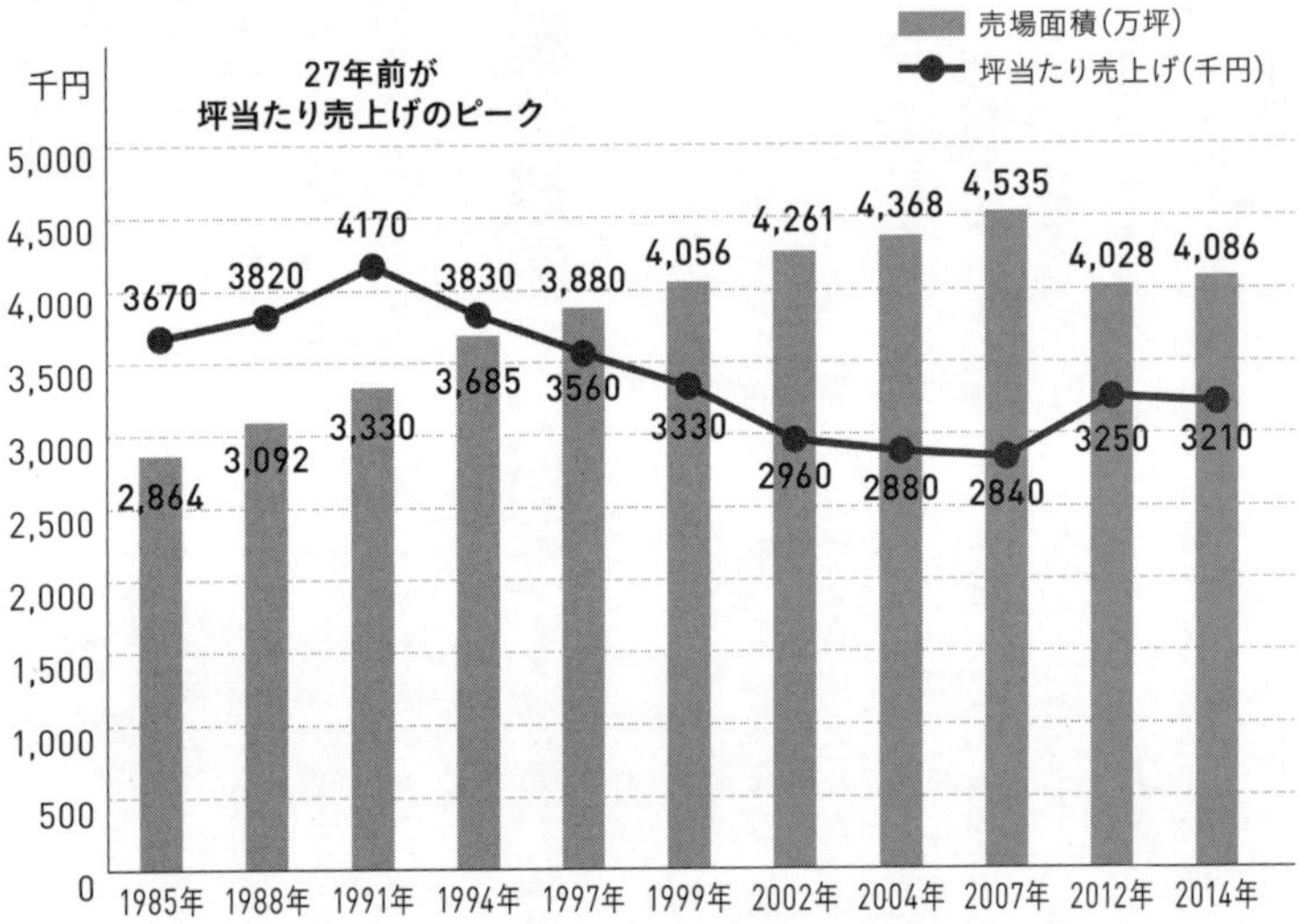

小売業の売場面積は、2007年まで増加した。
1985年286万坪→2007年453万坪
年率平均　1.6%純増（29年間で1.58倍）家業型零細店が減少し、1000㎡（333坪）以上の大型店が増加してきた。

小売りの総売上げは1992年の141.9兆円をピークにして、2002年には126兆円の減少その後、126兆円～132兆円を変動

このため、店舗設備の生産性を示す坪当たり売上げは下がった。
1991年417万円→2004年288万円
既存店売上げの減少と同じ意味1坪当たり売上げは70%に減っている
（注）消費税分を入れると66%になる

いるので実態では増えていないと推測しています。

設備当たりの売上げが平均で30％減っています。増えたところも10％くらいはあり、横バイが20％、減少店が70％でしょう。70％の店舗で現在の坪当たり売上げは、40％から50％減っているでしょう。小売業の経営的な売上げは、坪当たり売上げで評価しなければならない。

これだけ大きな売上げの減少があったのに、現在も小売業の経営が続いてきた理由は何か。

利益を上げている小売業は36・5％

実は国税庁の調査によると、267万社の法人のうち97・6万社（36・5％）が所得の黒字、168・9万社（66・5％）が赤字の申告をしています（国税庁：2017年3月）。小売業のうち70％近くが税務上は赤字と見ていいでしょう。赤字は資金不足です。資金不足の企業の経営が続いてきたひとつの理由に政府系銀行から中小の赤字企業に対して、円滑化法（資金繰り支援）により返済を猶予して低利の貸し付けが続けられてきたことが挙げられます。「資金支援すれば黒字になる可能性がある」と考えたのです。

2019年10月に消費税を2％上げる際も、資本金が5000万円未満の中小企業の店舗でクレジットカード、各種の電子マネーを含むキャッシュレスで買い物をすると、消費税増税以上の5％の還元がされました（大手小売業では2％還元）。また食品では今回、消費税の2％増税はありませんが、中小企業の店舗でのポイント還元率は5％でした。これは売上げの面で、経済産業省が企画した中小企業向けの財政支援になるものです。

（注）この背景には、財務省と経済産業省の対立があったとされています。政府の中央にある内閣府は経済産業省の系列です。内閣官房が安倍首相をバックにして財務省を押し切ったのです。

このようにわが国では銀行融資と産業政策においても、米国にない各種の「中小企業対策」があります（政治の本音は自民党への支持率のためです）。これも単位面積当たりの売上げが50％に激減したのに、中小の店舗が存続してきた理由を構成します。

資産バブル（不動産と株のバブル価格）が崩壊した1991年から、中堅から大資本の小売業の坪当たりの売上げが30％から50％減っても経営を続けることができた理由は、90年代から増えたパートの増加雇用によります。

坪当たり売上げの減少はパート雇用の増加でカバーされた

実は小売業でも1980年代まではパートの雇用は少なく、多くが正社員でした。わが国の非正規雇用は米欧のような「同一作業・同一賃金」ではありません。内閣府がまとめた非正規雇用と正規雇用の賃金格差は、ボーナスを入れた年収ベースで1・8倍です（2016年）。

小売業に多い主婦パートの時給は、今も各県の最低賃金に近い。最低賃金が3％引き上げられた19年から東京都がもっとも高く1013円、九州と沖縄、東北がもっとも低い790円です。全国の加重平均は901円です。

同じ作業の正社員（新入社員クラス）のボーナスを入れた賃金は300万円くらいですから、

時給換算で1500円、5年後で2000円でしょう。非正規雇用と正規雇用では、事実上の同一作業であっても約2倍の賃金格差です。

パート賃金の低さが人時生産性の上昇対策を阻んできた

パートの1時間当たり賃金を正社員に比べたら相対的に低い。このわが国固有の事情が90年代から坪当たり売上げが下がった大手資本の店舗の経営を助けてきたのです。

大手資本の小売業では、時間賃金が2分の1や3分の1のパートの労働時間構成費が75％以上に増えています。パートの平均労働時間を4時間とすると、人員数の構成比で正社員1名に対してパートが9人になります。

小売業の商品作業の標準化レベルの上昇が遅れたのは、パートの時間賃金が同じ作業であっても、新入社員の2分の1、30代正社員の3分の1だったからです。

パート雇用を総労働時間の80％にすれば、商品作業の生産性の上昇を図らず旧来の作業手順であっても、「労働時間の人時ではなく、人件費で見た会計的な人的な生産性」は上がったように見えていたからです。売上げが減っても、売上げに対する人件費率の上昇はさほどなかったのです。

売上げが減っても赤字にはならなかった

このことが大手資本小売業の坪当たり売上げが減っても赤字にならず、経営が成立・維持されてきた理由でした。小売業の経営が成立するには、売上対比で3・5％（利益分配率で15％）以上、続けて利益が上がることです。この利益があれば、間歇《かんけつ》的ではない継続的な出店ができます。

利益と賃金の上昇に必要な標準作業のレベルを5％ずつ上げなかった理由は、同一労働・同一賃金ではないパートの雇用を増やすことができたからでした。

欧州と米国で店舗が利益を出すには、社員の生産性を上げる作業改革、つまり標準作業の高度化を続けねばならない。生産性を上げないと、時間当たり賃金（米国では3％前後：2018年）の上昇をカバーする原資がないからです。

米国のコア物価（生鮮を除く）の上昇率は2・2％、賃金の上昇は2・9％でした（2018年：米国労働省）。収穫量で価格変動が起こる生鮮を除くコア物価の上昇率以上に賃金が増加したことは、人的な生産性の上昇を示します（全業種平均）。

わが国の賃金が停滞・減少して25年

わが国の正社員1人の時間当たり賃金指数（現金給与総額）は1995年を100とすると20年後の2015年は101でしかない。パートの賃金は、95年を100とすると15年は90に下がっています（図②-4）。

まとめていえば、労働者の1時間当たりの賞与を含んだ賃金は95年から15年の20年間、まったく伸びがない。2034万人（17年：労働者の37・3％）にまで増えてきた非正規雇用に至っ

図②-4　正社員とパートの賃金指数（1995～2015年：経産省）

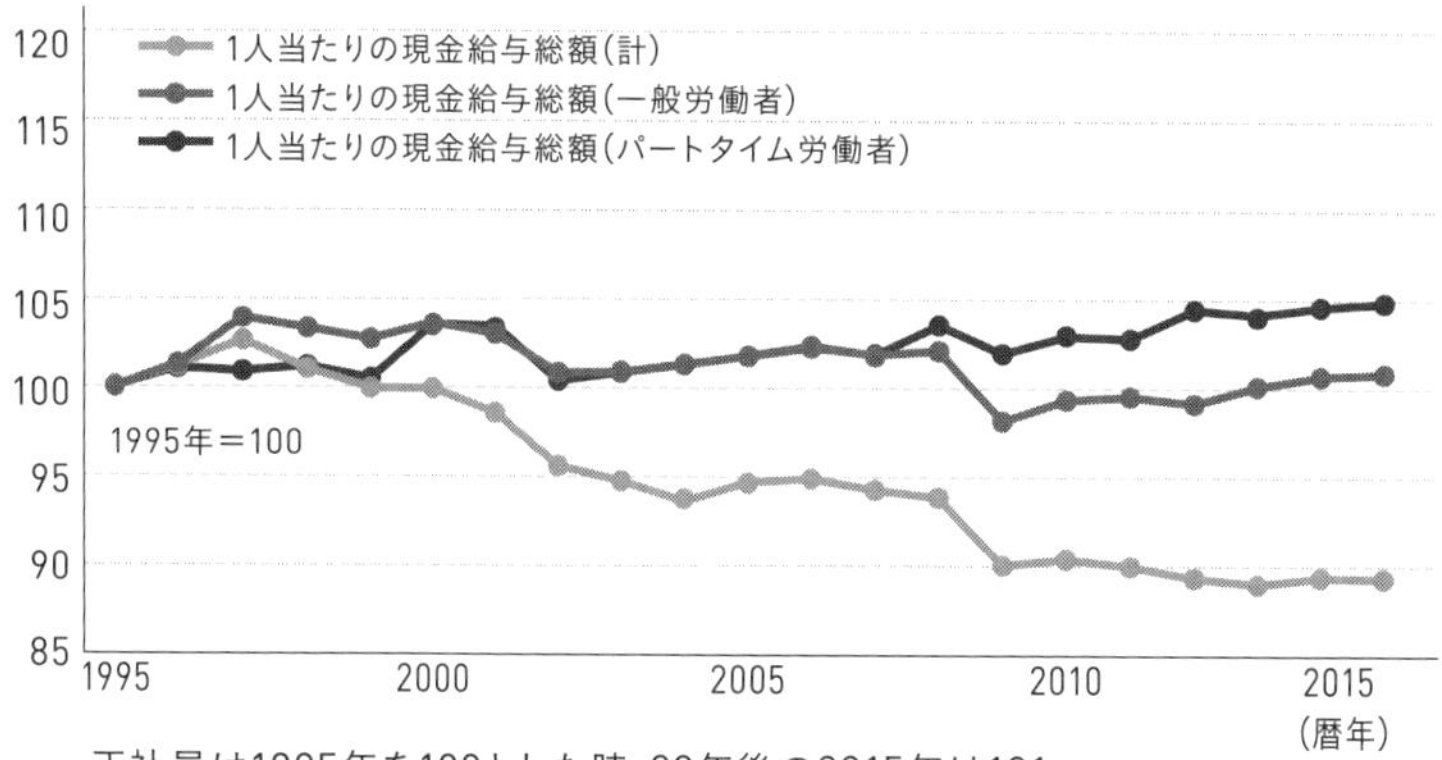

・正社員は1995年を100とした時、20年後の2015年は101
・パートは1995年を100とした時、20年で90と10%減少

ては、信じがたいことに平均の賃金が20年で10%減っています。休日が増えて平均労働時間が減ったためでもあります。

この間、中国の最低賃金は7倍くらいに上がって、外資と技術を導入した近代工業化によって、GDPで12年に日本を追い抜いたのです。中国は現在、その国の物価で換算した購買力平価（商品の数量）で日本の5倍になった世界一の生産大国です（購買力平価では米国のGDP20兆ドルを超える27兆ドル〈2835兆円〉です：18年）。日本の5倍の商品量と知ると、驚くほかはない。世界平均の3分の1の価格で、世界の工業的な消費財の30%を生産しています。

①産業の生産性が1%以内しか上昇せず、
②結果として働く人々の賃金が長期停滞し、
③高齢化してきた5300万世帯の平均所得は、96年に対して83%に減りました。これが91年以降のわが国の総消費額を増やさず、

小売業の売上げを減らしてきた原因でもあります。

消費税による実質所得の減少も加わった

1989年に3%から導入され、96年に5%、14年には8%となって商品価格に上乗せされる消費税（1年に20兆円：小売課税：2018年）の増税によって、所得の実質購買力は実は8%減少していたのです。19年10月から10%に上がりました。消費税は、消費者にとって物価の上昇ですが、政府の小売統計の売上げに内税扱いで含まれています。物価を上げる消費税は、国民の実質所得の切り下げです。

資産所得（株式と不動産からの所得）がない賃金労働者は働いて得る賃金が増えないと、店舗での買い物と消費を増やすことはできないのです。

（注）上場株の売買口座のある人は、名寄せ後の推計で700万人です。平均化は無理ですが、単純に平均すれば1000万円の持ち株でしょう。なお株ではない個人の不動産所得の税務申告者は117万人です。

パート労働の構成比は上限に達した同じ人数なら人件費は上がる

大手の小売業においてパートの労働時間構成費はほぼ85%であり、上限に達しています。年商10億円の店舗に年2000時間労働で35人相当の社員がいる場合、正社員労働が15%、パートが85％、人数では正社員が約5人、パートが60人となります。正社員1人に対してパートは約12人です。小型の店舗では店長だけが正社員で、あとは全員パートという構成も多い。

時間当たり賃金が2分の1から3分の1のパートの構成比が増えてきた間は正社員の賃金を上げても、店舗の総人件費は生産性を上げずとも減らすことができていました。ところが2018年にはほとんどの大型店舗（500㎡以上）で、パート構成比が75％以上という上限に達しています。あとは、店長や店次長もパート化するしかない。

パートの賃金は、欧米流の「同一労働・同一賃金」を謳《うた》う「働き方改革法（2020年4月施行）」と、パート希望者の不足から年3％と正社員以上に上がる傾向になっています。政府・自治体が各県の最低賃金を上げていることも、その下支えになっています。

今後はパート構成比の増加によって、店舗の人件費率を抑えることはできない。人員構成が前年と同じで総労働人時も同じなら、店舗の人件費は少なくとも3％は上昇します。2％の競合売場の増加と消費額の伸びのなさから既存店売上げが、全国店舗の平均並みに年2％下がると、売上対比の人件費率は5％増え続けるのです。

問題は、店舗の総労働人時を同じにする自然体なら「店舗の人件比率が増え続けて止まらない」ことです。店舗の必要な労働人時を1年に5％減らさないと利益が出なくなり、もともと低い1％から2％の売上対比利益率が数年で構造的な赤字に転落していきます。

必須になった人時生産性の上昇

商品作業の標準化のレベルを上げる経営対策を行わず（業務本部）、過去の作業手順を踏襲し、しかし1個の商品単価は下がって同じ売上額でも商品処理数は増えたので、現場の「パートが足りない」という要望に押された決定をしてきた30年間のつけが表れているのです。

本格的な生産性対策を今から打たないと、多くの店舗が赤字に転落し、赤字になったあとは立ち直れず、数年（3年～4年）で資金不足から閉店を迫られるでしょう。現在は、売場作業の生産性上昇を図ってこなかった「小売業の危機」と認識すべき時です。

日本の売上げ1位だったダイエーと米国の1位だったシアーズはともに、開発したPBの比較商品価値の低さから売上げが減り、経費を削減しても次々と店舗が赤字になっていきました。

店舗の経費は多くが売場と商品と人員をかかえることによる固定費なので、経費の削減は合理化にならず、逆に顧客の離反を招くからです。

7 生活文化でのクレンリネス水準向上の21世紀

照明が暗く、クレンリネス（店を清潔に保つこと）の程度が低い店舗には行きたくないでしょう。あえて意識しないことですが、わが国の生活文化の向上には著しいものがあります。いつの間にか水道水は飲まなくなった。水道の水質が悪くなったわけでもないのに、多くの家庭が浄水器やミネラルウオーターです。ご飯もミネラルウオーターで炊く。水道は器を洗う時だけですが、それも食洗器がやってくれます。

ほとんどの家庭でシャワートイレになり、バスルームの設備もクリーンでデザイン化された環境に変わっています。部屋には空気清浄器があり、壁は断熱になり、窓は輻射熱《ふくしゃ》をカットします。こうした環境に住む人が増えると、店舗のクレンリネス、空調の快適さ、香りへの要求は高度なものになっていきます。特に生鮮やファッションの売場です。

住環境の文化レベルは向上を続けてきた

わが国では30年、世帯所得の上昇はなかった。しかし住環境の水準は、世界一の率で向上しています。１９７０年代までは、百貨店があこがれの生活文化を提供していました。住宅にまだエアコンがない夏でも店舗では涼しかった。店舗と商品は、消費者に未来の生活文化を示していました。当時のホテルや旅館の什器《じゅうき》、設備、寝具は平均的な住まいより、はるかに進んだ快適さと文化を示していました。逆転したのが90年代からでしょう。経営面で既存店売上げが減少期に入り、店舗の進歩が止まっていたからです。

２０２０年代はこれを逆転しなければならない。これを示すのが特定のコンビニの明るさ、クレンリネス、および鮮度の高い商品群です。コンビニはわが国の固有文化です。店舗設備と内装は一般に15年が寿命であり、15年目には設備、什器、内装の全面改装が必要です。そのためには利益が必要です。減価償却費以上の金額を留保し、必要経費として設備の更新・改装に充てられなければならない。

それでもわが国の店舗のおよそ50％（50万店）は、ダイエー、Kマート・シアーズより緩慢ではあっても、厳しい状況を迎えるのでしょう。

生活文化をリードすべき小売業が生活文化に遅れた

利益が出ない両社の店舗の「文化」では更新・改装がなく、世間（店舗を取り巻く社会）の進歩に後れていました。店舗は、顧客の住環境と商品文化の先を示さなければならない。スーパーリージョナルSC風に豪華という方向ではない。アジア的な多色系ではないシンプルモダンのクレンリネスの徹底です。建築と設備のミニマリズムです。わが国の80％くらいの店舗は20年、30年経っています。このうち70％（3店のうち2店）くらいは必要なクレンリネスの高度化と更新投資がなく古ぼけています。これは、大都市・地方の店舗に共通でしょう。

レストランのように店舗、什器、陳列が商品価値も左右しているSMはいうにおよばず、ホームセンターやディスカントストアであっても、文化度が高いわが国ではデザイン性とクレンリネスの徹底が必要です。小売業にとって店舗は顧客に商品文化の環境を提供する容器です。食べ物の盛り付け（店舗の商品構成）が器で映え、合わない器で死ぬように。

1990年代に作ったローコスト設備の劣化は15年と速い。ローコスト経営の支柱だった経費削減は合理的な使用に資するのでなく、しばしば顧客に提供すべき「店舗品質」を低下させていることに経営者は留意すべきです。「店舗設備＋商品価値」が店舗品質です。お皿に入れて出す食品の価値は、お皿によっても左右されます。衣料では陳列の美しさです。

設備の更新も削減したことのツケ

経費の削減によって来店客が増加して商品売上げが増えることはない。経費を削減し続けていたシアーズのような、顧客の離反を加速する自滅もあります。店内で過ごす顧客のための経費は、店舗・駐車場のアメニティの高質化を含めて、経営者が積極的に使わねばならない。１９９０年に急速に世界一になったわが国の店舗は、現在もＥＣの付加によって店舗業績を伸ばしているウォルマートの悪いところの影響が及んでいるのでしょう。

世界で最初に既存店の売上げが減りはじめた90年代に、「ローコスト経営」への安易に傾斜したことのツケが回ってきています。ウォルマートのローコスト経営では、スーパーセンター６０００坪で商品単価は下げても、店舗の在庫は大きく増やしたのです。ローコスト経営とは顧客ための商品在庫と、売れ数が５％以下と少ないテールエンドのカテゴリーを含む商品を専門店並みに増やすことでした（標準偏差の2位から外れた品目）。

人口問題から既存店の売上げでは、ドイツ・英国を先頭にして欧州が日本のあとを追っています。10年後は米国、15年後は中国になります。米国では２０１９年からＥＣの増加で、大閉店時代になっています。平均的な既存店舗の売上げは増えず、逆に減っています。経費削減は顧客のためには限界があります。そんな中で人件費は上がり、上げなければパートは集まらず、構造的に利益が出なくなっていくからです。平均は悪いグループの上位といいグループの下位です。救いは、ダイエーやシアーズと比べて5年間の時間の余裕があることです。

⑧ 大手小売業の人的生産性が低下してきたという憂うべき事実

図②-5にチェーンストア協会に加盟する9904店での1坪当たり売上平均値、社員数、パート労働数、1人当たりの管理面積、売上げ（売上生産性）、推計荒利益（荒利益生産性）、労働分配率という生産性のKPI指標を示しています。2006年と11年後の17年を対照させています。経営でもっとも肝心な生産性指標は、継続して作成されているでしょうか？

過去の標準化の工程・手順を変え高度化しなければならないという経営の認識は、ここから生まれるのです。（注）KPI＝Key Performance Indicator：鍵となる経営指標。

わが国の量販型チェーンストアの生産性指標

最近の11年で9904店の1店舗平均売上げは15・7億円から13・4億円へと83％に減っています。13・4億円の平均は悪いグループの上位、いいグループの下位です。平均値からの分布は、平均より業績がいいグループが20％（1980店）、中位のクラスが30％（2970店）、業績の低いグループが50％（4950店）としていいでしょう。平均値以下が多いという統計的な偏りがあります。数学的には、格差のある所得と同じように下の方に裾広がりのポアソン分布（離散確率分布）になるからです。

図②-5　チェーンストア協会加盟店の人時生産性の低下

協会加盟店　56社：9904店（2017年）
総売上げ　12兆9176億円（1店平均13億430万円）

生産性KPI	2006年	2017年	対比
1店平均売上げ	15億7821万円	13億430万円	83%
1店平均面積	789坪	795坪	101%
1坪当たり売上げ	200万円	174万円	87%
(設備生産性)	200万円	174万円	87%
1店平均人員（1人8時間）	51人／店舗	47人／店舗	92%
パート労働時間構成比	71%	77%	108%
1人当たり管理売場面積 (商品作業への配置)	15.5坪	16.9坪	109%
1人当たり売上げ	3095万円／年	2775万円／年	89%
荒利益生産性（推計） 荒利益率25%とする	773万円／年・人 (3865円／1時間)	693万円／年・人 (3465円／1時間)	89%
労働分配率上限45%基準 賞与4カ月込み	月収22万円／人	月収19万円／人	89%

主な会員:イオン、イズミ、イトーヨーカ堂、いなげや、小田急、カスミ、キャンドゥ、ケーヨー、京王ストア、京急ストア、サミット、サンリブ、フジ、相鉄ローゼン、ダイエー、大創産業、天満屋、DCMホーマック、東急ストア、東武ストア、ニトリホールディングス、阪急オアシス、バロー、平和堂、ベイシア、マックスバリュ西日本、丸井グループ、マルエツ、ヤオコー、ヨークベニマル、ライフコーポーレーション他…主は、食品SM＋GMS＋ホームセンター

平均売場面積は、789坪から795坪へとわずかですが1%広くなっています。この結果、店舗の収益（営業利益／売上げ）を左右する1坪当たり売上げは、200万円から174万円へと13%低下しています。小売資本（店舗設備）の売上生産性が13%低下したことを表す指標です。

1店舗の平均要員では2006年が51人、17年は47人であり、8%減っています（パートは8時間労働に換算、約0・5人：本部・物流も含む）。この中でパートの労働時間構成は、71%から77%に上がっています。正社員を時間当たり総賃金が2分の1、3分の1と低いパートに置き換えてきた結果です。会計的には店舗の人件費は増えていない。しかし商品作業の生産性は低下しています。

それを示すのが売場1坪当たりの売上げは13%減ったのに、1人当たりの管理面積は15・5坪から16・9坪へと11年で9%（年1%未弱）しか広くなっていないことです。

チェーンストアの基準値は米国並みの30坪に1人でしょう。日本のチェーンは人的生産性で2分の1でしかない。その分、顧客に高い小売マージン（売価－仕入原価）で売っています。

リーディング産業だった小売業だが……

1980年代まで、1坪当たり売上げは300万円と世界一高く、売場の人的な生産性の低さは設備の生産性で補っていました（これが日本型流通でした）。91年から商品の平均単価も下がり、1坪当たり売上げが29年も低下を続けました。80年代半ばまでのチェーンストアは、内需拡大の政府からの掛け声の中で未来を拓くリーディング産業であり、就職の希望者も多かったことを知る人は少ないでしょう。

1年に最低でも3％は上がって、本来は2・4倍に上がるべきだった人時生産性（7000円／人時…現在は3500円）と賃金（45万円平均…現在は19万円）は、30年前の低さのままとどまったのです。会社が払えなかったからです。これが小売業の失われた30年でしょう。日本小売業平均の約2倍の人時生産性があるコストコ、ユニクロ、ニトリなどの水準が、「あるべき基準」でしょう。

賃金が低い原因

賃金が低い原因は、わが国チェーンにおいて商品作業の標準化の水準が低く、生産性が低いことです。卸からの「ばら配送」は、オリコンを移動させることのない陳列単位のカテゴリー納品ではない。このためオリコンの移動と陳列場所を探す時間が長く、結果として「品出し・棚陳列」の作業効率が低いことが主因です。

セルフセレクションの店舗では、商品作業での品出し・棚陳列に店舗の労働人時の35％から45％を使っています。毎日補充のSMの生鮮部門では、店舗の労働時間の50％以上が品出し・陳列の商品作業でしょう。これは考える作業ではない。機械的な運搬と陳列です。

レジの人時は店舗の総人時の35％から40％くらいです。両者で店舗の労働人時の70％から80％を占めています。品出し・棚陳列の作業人時が大きすぎることが、わが国小売業の労働生産性が米国の2分の1にとどまって向上していないA級原因です。自社DCからの棚カテゴリーに合致するばら納品でないことも原因です。（注）人時＝働く人の数×平均労働時間。

以上の結果、本部・物流も店舗に入れた１人当たりの売上げは、３０９５万円が２７７５万円へと11％も低下しています。毎年、１％ずつ低下してきたのです。

8時間労働換算の１人当たりの荒利益生産性は、７７３万円から６９３万円／年と11％低下しています。憂うべき現状です。生産性の上がっている会社（ニトリ等）も少数混じっているので、それ以外の会社では時間当たりの人時生産性は11％以上、下がっています。平均以下の下位グループ（50％の店舗）では11年で20％減でしょう。平均売場面積で７９５坪という大型店の生産性の平均的な低さが、わが国小売業の宿《しゅく》痾《あ》になっている問題です。

トヨタや京セラで人時生産性が３年続けて下がるなど起こりようがない。生産性が５年間下がれば倒産でしょう。製造業は世界中で生産性競争をしているからです。

国内産業ゆえの競争レベルの低さが許容されてきた

小売業は農業のように国内産業です。生産性の低いレベルでも海外の流通業のない商圏内の競争なので、30年間生産性の低さが放置されてきたのです。

本当に店舗間競争のレベルは低かった。店舗数の過剰は、競争のレベルが低いから許容されてきたのです。このため１９９０年代から高品質なＰＢで競争優位を作ったユニクロやニトリは、1年平均で25％の成長を続けたのです。25％は10年で9倍、２０２０年では87倍になる急成長です。年間20％（１００店の時20店の出店）のペースで増やし続けなければならない。両社以外に急成長の小売業のなかったことが小売競争の水準の低さを示します。

経済産業省が「既存店保護」の行政と補助を続けてきたことも、理由のひとつです。いわゆるゾンビ企業の救済です。ゾンビ企業とは、政府の支援策と銀行の融資によって存続しているものです。世界中でゾンビになった企業が再興することは、まれです。ゼロといってもいい。資本主義は米国のような過去の破壊と新興のイノベーションです。政府財政支出を大きくし、民間企業までが既得権の保護と権限の官僚文化（社会主義）に染まったわが国の経済では、それがなかったのです。政治家と経産省流通政策課は何をしてきたのか。要はイノベーション（技術革新）の抑圧でしょう。不正が幅広く行われる電力産業にも、それがあります。

電力費の高さの問題

１９７３年からの石油危機に対して政府から既得権を得ていた原発に依存せず、ドイツのように自然エネルギー発電と夜間蓄電に進むべきだったのです。電力産業は国の経済のインフラです。米国の2倍、日本の電力コストが高いことはご存じでしょうか。ＳＭは冷房と食品の冷蔵・冷凍のため、売上げの２・１％から２・５％くらいを電力費に使っています。10億円の年商で２１００万円から２５００万円です。利益より電気代が大きいＳＭが80％でしょう。大型店では人件費が売上比で11％ですから、この電力費の大きさがわかるでしょう。

コンビニでは電力費が１日１万円、月に30万円かかっています。年商売上げを２億円として電力費は１・８％です。電力費は水道のポンプも動かす、生活と産業のもっとも重要なライフラインです。台風で長期停電すると江戸時代に戻ります。

低い賃金を懸命に払っている小売業

店舗の設備経費が大きな小売業では、荒利益を人件費に割り当てた結果を示す労働分配率で45%が上限です。これで計算すると、2011年は総平均の上限の月収は22万円、17年は19万円となります。これが経営者・本部・物流・プロセスセンター・店舗のすべてを合わせた2000時間労働当たりの平均賃金として支払うことが可能な上限です。小売業は生産性の低さのため、平均で新入社員並みの賃金しか払えない。これで人が雇用でき、生産性は満足だといえるでしょうか？

同じパート雇用でも日本に進出しているコストコは、採用からトレーニー（訓練社員）を経て90日後のパート賃金が1200円、1000時間ごとに昇給して時給が1800円になります。都市部パートの約2倍です。正社員の営業職は310万円（37歳）、企画・事務・管理系は400万円（39歳）です。店舗の上級マネジャーは1000万円を超えます。これは米国チェーンの標準的な賃金です。日本の小売チェーンの総平均月収19万円（年収では300万円）と大きな格差があります。本書が日本型でチェーンの生産性の低さ（基準値の3分の1）を問題にする理由がこの格差です。

コストコはもちろん、PBのDCからの商品補充です。コストコのPBにおける商品価値の高さは見事です。パン、肉、魚は良質な料理店並みにおいしく、価格は安い。値入率はSMの半分以下の12％、荒利益が約10％です。ただし会費収入が２％あります（年４０００円）。店舗の経費は売上比で７％程度と、日本のチェーンの３分の１以下です。営業利益は売上比３％、荒利益分配率では30％と高い。

コストコはそのＰＢ品質の価値の高さから、サムズに勝ってきたチェーンストアです。

経営の中心は販促、品揃え、ＮＢ値引きではなく、生鮮と食品ＰＢの開発です。強くない衣料と住関連・家電・ＩＴ機器はブランド指定の委託生産です。

日本のチェーンストアの支払額では11年で、11％は平均賃金を下げなければならなかった（引き下げることはできないので出店と設備の更新に使う利益が減っています）。この原因は１坪当たりの売上げが平均で13％減って、パート比率では８％増やしても１人当たりの管理面積は９％しか増えていないことです。

経営者は一生懸命、可能な上限賃金以上を支払っています。しかし賃金の平均は残念ですが、36カ国の先進国（ＯＥＣＤ）の中でもっとも低いグループです。社員が怠けているからではない。会社が決めた標準手順のレベルが低いまま、古いままなのです。「個店経営に回帰」というところもありますが、棚のカテゴリーに合致していない卸の「オリコン」のせいで店舗の人件費が大きくなって、ＮＢとＰＢの価格が高くなっていることはどうするのでしょう。

店舗の標準作業の分析をしていないため、この方針決定があったのでしょう。

以上の現状のままで個店経営により経費率が上がると、売価の上昇の必要から３年後の失敗が目に見えています。対策の筋が間違っています。ボタンの掛け違いは初めに戻らないと直りません。

第3章

標準化のレベルをどう上げて生産性を高めるか

① 商品作業の標準化のレベルはどう上げていくのか

方法

図③-1に、商品作業の標準化のレベルを上げるための改善をどう図っていくかを示します。

店舗の労働人時がおよそ40%ともっとも多いのが、入荷したオリコン（店舗が発注したアイテムが入っている配送の籠）の店内運搬とアイテムごとの陳列作業です（品出し・陳列作業）。

①モデル店を3店選び、バックヤードから売場の所定の棚に陳列するまでの一連の作業を行います。この動画を業務本部が撮影します。デジタルカメラやスマホで動画撮影ができ、細かい工程の単位作業も、秒数が計測できます。3店舗の同じ商品部門、アイテム1個当たりの単価などの数量を記録しておきます。

②業務本部が撮影した動画を繰り返し見て、作業時間の改善をディスカッションします（タイムスタディ）。作業時間が長くなっているボトルネック（隘路《あいろ》）を発見して改善します。

③改善した結果を動画で撮影します。

④改善後の標準時間も記録しておきます。その改善後の動画を担当者に見せて作業訓練をしていきます。これが新しい標準作業です。商品作業工程間の手待ち時間の短縮も大きな効

図③-1　商品作業の生産性改善の方法

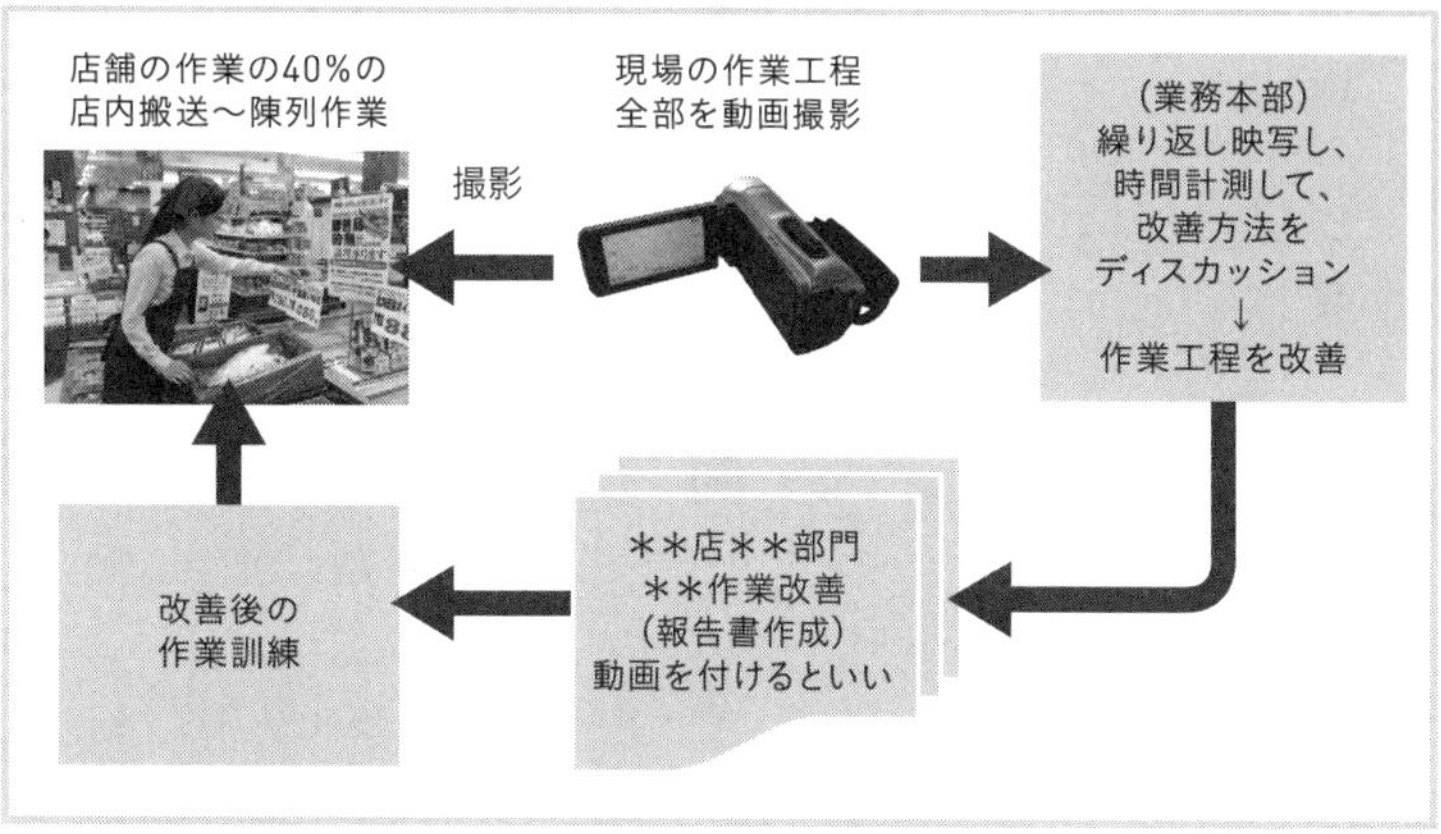

果を上げます。

訓練後の動画も撮り、改善前と比較します。

かつての紙に図を描いて手間がかかっていた標準化マニュアルではなく、「動画マニュアル」を容易に作ることができるのです。

陳列什器の改善と更新も含みます。生産性を上げるための設備・機器の投資を行わねばならないことです。投資は経費の合理的削減となって、回収されるものでなければならない。あるコンビニでは陳列の棚板がスライドして前に出せるゴンドラを作り、その上に商品を載せる方法で陳列作業の生産性を約30％上げています。本部負担で店舗に順次設置します。

動画撮影は、売場の全部門の全部の商品作業について行っていきます。

①本部がプラノグラム（棚割り）を作ったあとの店頭品揃えの改善、
②部門別の在庫調べと発注作業、

③入荷商品の検品、検質、検数の作業からバックヤードへの定置、
④商品部門ごとの品出しから陳列作業、
⑤レジでの商品スキャンと代金授受の販売作業、
⑥商品構成の修正作業（品目の廃番と新規投入）、
⑦生鮮売場における売価割引作業、などです。

以上で店舗の商品作業における労働人時のうち80％はカバーできるでしょう。あとは会議やコミュニケーションです。会議とは言い訳をするのではなく目標と差が出た原因を究明し、目標に到達するアイディアを出し合うことです。

電子マネー化の事例

電子マネーに換えると、レジの販売作業は現金授受と釣銭を渡す作業の生産性をおよそ2倍に改善できるという検証報告があります。店舗側のコストが2分の1に下がる以上にお客を待たせることがなく、サービスレベルは向上します。客の立場では、平均1分30秒のレジ待ちでもイライラします。1回1000円以内の買い物ならレジ待ちがいやだから、5分で買い物が終わるコンビニに行くという消費者も多い。

消費者がショートタイムショッピングに価値を見出す時代になっています。米国では主婦の労働が増えた1980年代、日本では90年代からです。買い物が生活の文化水準を高める喜びではなく、日々繰り返す掃除・炊事・洗濯と同じ家事労働と見なされるようになったからです。

楽しいことに費やす時間が増えたこともあるでしょう。専業主婦は日本でも30％に減り、パートで働く主婦が70％に増えたためでもあります。パートで時間給1000円をもらえるようになると、1時間の買い物は1000円のコストがかかっていると考えるからです。

80年代までの買い物は、消費文化を導入する喜びでした。

90年代からは生活を繰り返すための物資を調達する労働になったのです。

電子マネーの実証実験の結果

消費税の2％増税（2019年10月〜：総増税額5・7兆円）前、コンビニでは2％のポイントを自動付与する電子マネーにする実験をしています。レジの処理時間の合理化が目的です。

現金の受け取りとお釣り渡しに15〜40秒がかかっていて、平均が23秒だった。

・サインの必要がないクレジットカードにすると平均が12秒、

・非接触型では8秒、

・QRコードでは17秒に減ったと検証されています（消費税の2％増税と、ポイント還元前のコンビニでの実証実験）。顧客が慣れればもっと速くなるでしょう。

こうした支払いのツールの変更による改善は、商品作業の標準化レベルを上げるために進めていきます。

その際、「投資利益率」も計算します。機械への投資は高いと考える経営者も多い。しかし産業用の機械や設備は、一定期間（例えば3年）で回収する利益（削減できる経費）より高ければ売れません。売れないと、その機械をメーカーが作ることができない。店舗作業のすべてにおいて、コンピュータ化を行うべきなのです。例外は多いのですが、産業用の機械や設備の価格は「回収する利益」に見合ったものになっているということです。小売業の経営も、以上の合理化経費の計算をもとに機械化への投資を積極的に行うべきものです。人件費は上がっていきますが、機械やコンピュータは年々、下がっていきます。

DC（物流センター）やTC（移送センター）の物流の作業も同じように標準作業を改善していきます。DCへの設備投資をためらう経営者も多い。DCによって削減する店舗の商品作業の経費、下がる発注原価を計算して投資のROI（利益÷投資額）を出してください。DCを作って約5年間、採算に合わない店舗を閉じることがあっても、DCを廃止してはいないはずです。このことの意味は、投資額以上のROIがあったということです。

非上場企業では明確ではありませんが、経営者の第一の責任は株主から委任されたROIをあげることです。

② 商品作業でRFIDを商品管理、在庫管理、ロス管理、発注、自動レジで使う

店舗の商品作業の合理化（コストダウン）と標準化の強力なツールとしてRFID（Radio Frequency Identification：ICタグ）が、利用可能な価格に下がってきています。パート不足に

なってきたコンビニが経産省の支援を得てグループで実証実験中であり、近々の大量利用が想定されているからです。

宅配便で人手不足になっている宅配業でも利用ができます。卸売業におけるピッキング、オリコン集荷、出荷、運搬、店舗納品にも利用できます。メーカーの生産と出荷でも使えるのです。1995年ころからメーカーでソースマーキング（商品コードをつけること）されているJANシンボルに代わるものです。IoT（消費財の全部がインターネットで管理される）時代を拓《ひら》くのは、誘導電流のよる駆動で数千、数万バイトで商品コードと商品情報を一瞬で自動送信するRFIDです。20億枚使用されると、1枚の価格は1円に下がります。

1個5円の労働人時換算

2018年はまだRFIDは、産業での利用が少ないので単価5円でした。5円は、1時間1000円のパートの時給では18秒にあたります。5円のRFIDは商品1個の全部の商品作業で18秒の短縮と見合います。RFIDが2円に下がると、パート労働の6秒のコストになります。東レは1個2円のRFIDを2019年に開発し、23年3月から出荷を始める計画です。

鮮魚ではJANコードと消費期限管理を行っています。1パック当たりの商品作業に75秒（パート人件費22円）が使われています。処理対象のパックが500個なら3万7500秒（10・4時間）となり、パートコストでは約1万円が販売利益から消えています。

平均単価が1000円を超えるユニクロとジーユー（GU）では、18年末からRFIDが使われています。3年から5年後には、全部の小売業でRFIDが個品型JANコードになっていくでしょう。

RFIDの登場よって現場の部門経営によるTQCは、小売経営の中心になっていきます。コンビニのように、1人1店舗（1部門）の商品経営になっていく変化が起こるのです。

コンビニではまだレジの自動化しか注目されていませんが、年々高性能化して安価になるRFIDは商品作業の生産性上昇の最終ツールです。1個1個の商品にゴマ粒大の商品情報自動発信機が付くとイメージしてください。倉庫、物流、店舗の在庫管理と販売を自動認識していくツールがRFIDです。

5・5万店のコンビニだけではなく、わが国の100万店の稼働店舗は導入の研究をしなければなりません。23年には1個2円に低下します。他店に遅れれば、その遅れの分だけ利益効果は消えます。利益の向上のためには先行しなければならない。

発注と倉庫内の在庫管理、出荷ピッキング、宅配のコストダウンが経営的な課題であるECと宅配では早期に利用されます。省力化と経費合理化になり、年率3％で上昇するパート賃金への対策でもあります。レジの現金受け渡しが電子マネーで10秒強の時間になるように、商品を処理する現場生産性は、今の2倍にはできるからです。

RFIDの利用で在庫管理、発注、レジ販売まで自動化

ユニクロでは、2017年12月からRFIDの実験を終え、レジの無人化、自動化に進んで

います。今はまだレジでの利用が目立っているRFIDですが本来は、

①店舗やDCの在庫管理、

②店舗からの発注数量の決定と陳列、

③SMやコンビニで1品当たり商品作業の人時をもっとも使っている生鮮（精肉、鮮魚、青果、惣菜、ファストフードのお弁当やおにぎり）の消費期限管理、

④最適量の自動発注に使うことができるのです。コンビニでの利用が進み、年間20億枚使われるようになると、1個が1円に下がって、しかも高性能化します。

IoT（Internet of Things）に使うことができるのがRFIDです。5円なら1個300円の商品に対して1・7％のコストです。ユニクロの衣料品（平均単価は2000円）に対しては0・25％です。

1円に下がると単価300円のお惣菜・弁当でも0・3％です。今の値札に書かれている製造時間、入荷時間、消費期限、売価、原材料、製造元、店内JANコードのバーコードより安くなります。

RFIDは遠隔の電波で誘導電流を起こし、極小のアンテナから商品コードと商品情報を自動送信します。1個1個読み取らねばならないスキャナと違い、数百個の棚の商品コード（シリアルナンバーと商品情報）も一括で自動送受信できます。イメージでいえば、棚にあるお弁当の単品情報が、あらかじめ設定した時間に自動で読み取られるのです（定時自動棚卸）。

モデル事例

図③-2に、コンビニの利益を左右するお弁当の棚での利用形態を想定しています。RFIDにはプロセスセンター（食品の加工工場）の最後の工程で個品に添付し、自動で消費期限、割引価格、商品情報の必要なデータを書き込みます。

店舗への出荷の際は、それを読み取って配送車に積み付けし、店舗に納品します。店舗で入荷した商品を棚に並べますが、個々の商品が商品情報を持つので定置の必要はなく、陳列に必要な時間が大幅に短縮されます。ほぼ同じ棚の場所に置けばいい。

店舗で40%の労働人時がかかっている「品出し・陳列」の商品作業の必要人時は、半分以下に下がるでしょう。1人で2倍の売場面積の商品陳列ができ、人的な生産性は2倍、3倍になるということです。

レジでは、顧客が買った商品をRFIDを読み取る台に載せると、一瞬で商品と合計代金を表示します。現在、SMで行われている消費期限の2時間や3時間前からの割引価格は、レジで自動表示ができます。顧客は電子マネーやクレジットカード、または現金で支払います。現金も自動つり銭機が処理します。

レジは完全な無人にはなりませんが、高齢者の袋入れ（サッキング）も手伝い、案内もする顧客サポートの係員1人か2人だけいればよくなるでしょう。将来は買い物量が多く、飲み物や米が重くて困っている顧客には駐車場まで手伝っていいかもしれない。65歳以上の高齢者が

図③-2　JANコードに代わるICタグによるロス管理、発注作業、レジの改善

1枚5円＝時給1000円の0.5%・・・3600秒×0.5%＝18秒の人的な商品作業に相当
RFIDの1枚の価格は1円に向かって下がっていく。
→ 5円なら、1個300円の商品に対して1.7%・・・1円に下がると0.3%
（現状では、カメレオンコードが1円程度）

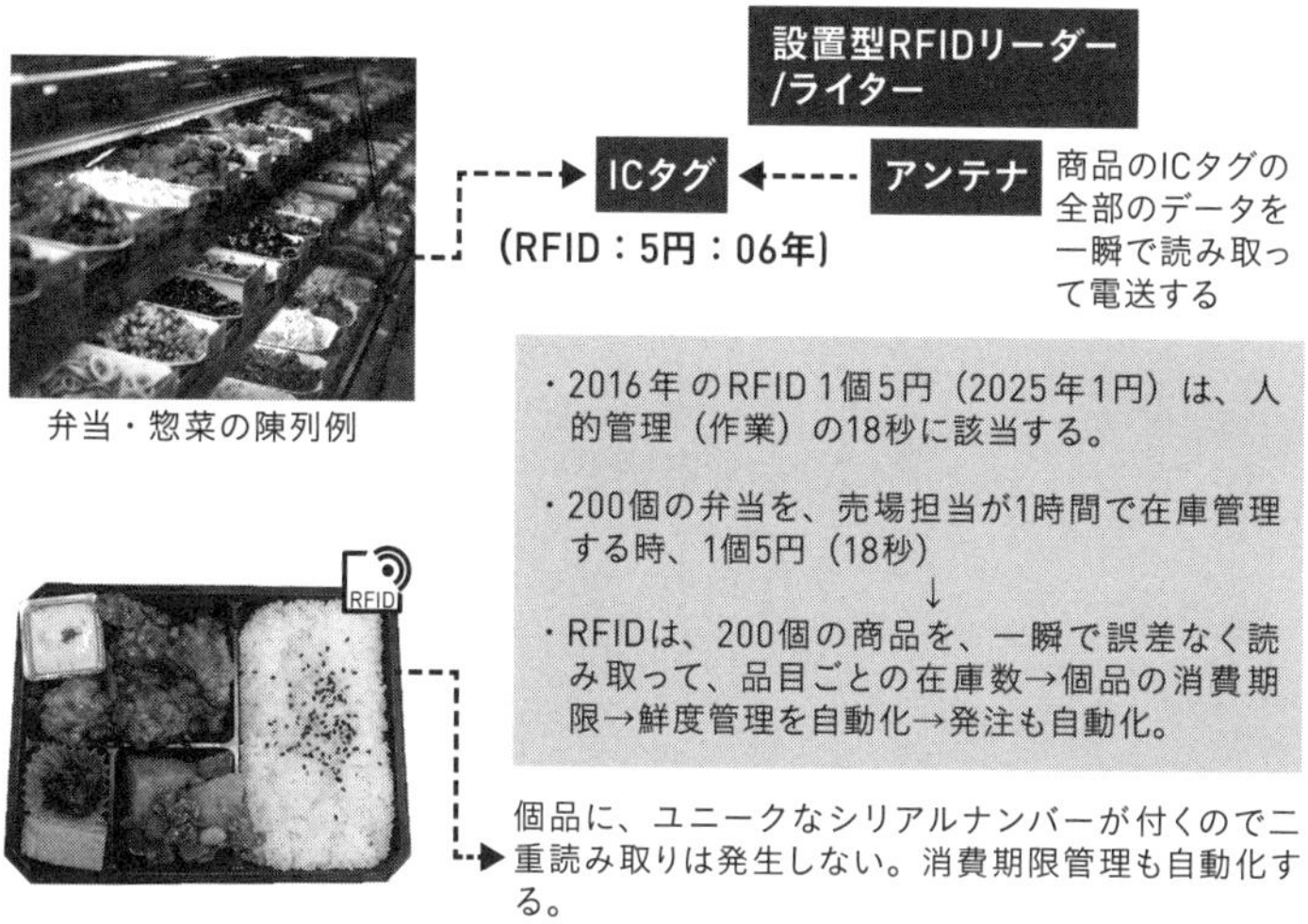
設置型RFIDリーダー/ライター
ICタグ
アンテナ
商品のICタグの全部のデータを一瞬で読み取って電送する
(RFID：5円：06年)
弁当・惣菜の陳列例
RFID
・2016年のRFID 1個5円（2025年1円）は、人的管理（作業）の18秒に該当する。
・200個の弁当を、売場担当が1時間で在庫管理する時、1個5円（18秒）
↓
・RFIDは、200個の商品を、一瞬で誤差なく読み取って、品目ごとの在庫数→個品の消費期限→鮮度管理を自動化→発注も自動化。
個品に、ユニークなシリアルナンバーが付くので二重読み取りは発生しない。消費期限管理も自動化する。

高く評価するは、食のおいしさと店舗のカインドネス（先回りした親切さ）です。

店舗の総人時の35％から40％を使っているレジの要員も約4分の1に減らせます。イメージとしては切符切りがいなくなった駅の改札口です。現在、これを味気ないと感じる人がいるでしょうか。駅員がいないのは約30年も前からで、今では普通になっています。

レジ作業のカットによって店舗の総人時の30％から40％をカットできます。陳列作業と並んでレジでは30％から40％の店舗人時が使われているからです。

アマゾン・ゴーと同じことが実現

ＥＣの最大手のアマゾンが無人店「アマゾン・ゴー」で行っていることと同じことが、ＲＦＩＤによって可能になります。アマゾン・ゴーは1店舗１・5億円、顧客単価１０００円の売上げで成功したので、手始めに２０２０年、21年に３０００店に増やす計画です。ちなみに日本のコンビニの顧客単価は６５０円程度です。

衣料品は商品単価が1枚１０００円以上と高いからいいのですが、ＳＭにとっての利用のネックは1枚5円のコストです。しかし5万５０００店のコンビニでＲＦＩＤが増えると、4円↓3円↓2円↓1円と下がります。前述のように、23年には2円に下がることが決まっています。読み取り精度の問題も、少し強い電波を発する仕様により、改善に向かうでしょう。

小売業でのＲＦＩＤの利用は17年に始まったばかりです。

１９８０年代末の初期ＭＳ-ＤＯＳのＰＣ（60万円）と、機能は圧倒的に拡充して安くなった現在のスマホ（数万円）は、比較を絶しています。利用数が増えると、ＰＣと同じような低価格化と高性能化（1年に2倍の機能で価格は2分の1）が起こるのが、超ＬＳＩ（超集積回路）でしょう。

③ 最適量の生鮮発注は修正指数平滑法で自動化できる

RFIDを使うことの利益効果

図③-3はRFIDを在庫数管理に使った場合の生鮮発注の自動化を図表にしました。コンビニとSMで難しいのが生鮮（コンビニでは日配）における最適数の発注です。コンビニでは7％（14個に1個）の廃棄が出ると、お弁当や惣菜の日配部門の利益はなくなります。10％（10個に1個）あると赤字です。平均して14個に1個の廃棄しか出さないようにする発注量の決定は難しい。

このため店舗側では10％くらい不足気味に発注し、本部側では廃棄の防止のため物流コストを3倍、4倍かけて、1日3回から4回という超頻回配送をしています。

店頭で発注の時は、1個ずつ在庫の消費期限を担当が確認しています。この鮮度管理、在庫管理、つまり発注数の決定はコンビニでは店主が行っています。パートには、少なくとも5％は出る廃棄の責任が取れないからです。コンビニでは1坪当たり700万円（売れるSMの2倍）を売るのに、利益がないのはお弁当、惣菜、おにぎりの最適量の発注が難しいからです。

廃棄をゼロにするのは、売れ数がばらつく原理から不可能です。4週での廃棄の量を、売上

図③-3　RFIDを使う生鮮部門の発注と在庫管理

（精肉、鮮魚、惣菜での修正指数平滑発注：筆者の開発）

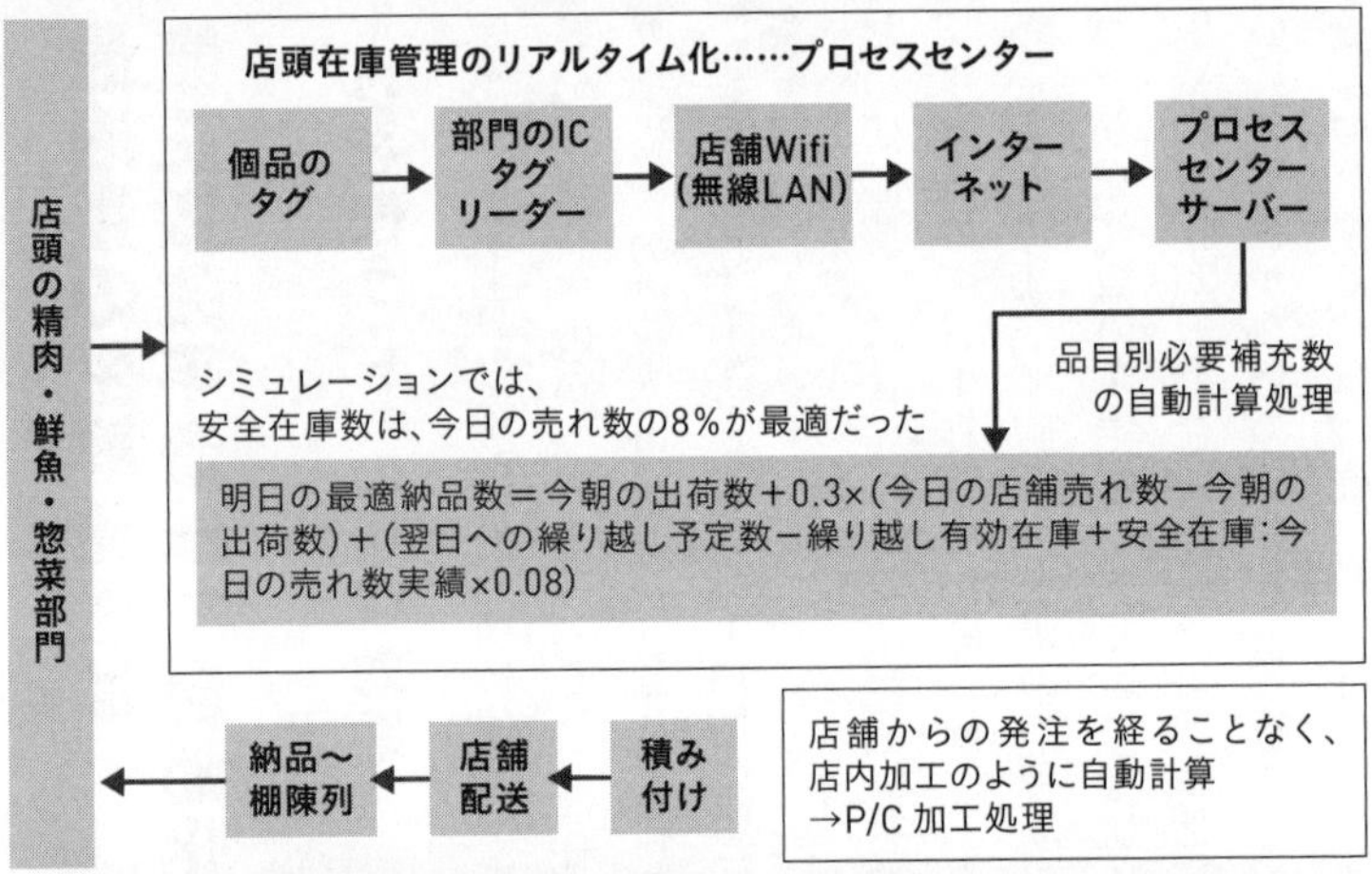

（1）棚の品目別の陳列数と消費期限間近の鮮度管理は、ICタグでリアルタイム化→プロセスセンターで、常時モニター。
↓
集中加工により生産性の高いプロセスセンターが、各店内に設置されたのと、同じになる。（1時間～2時間の物流時間のみが遠隔）

（2）コンビニは、2018年から実証実験している →　コンビニでの、生鮮取り扱いの増加（7-11の、60坪コンビニ業態）。

数の7%以下に抑えることしかできない。原因の確定ができず、結果の多変量解析も無理なのです。売れ数の予測の最大精度は5%から7%の誤差の範囲でしょう。株価の予想に似ています。

RFIDを使う

発注の時、棚の在庫のRFIDを定置型のリーダー（読み取り機）に自動認識させ、記録します（図③-3）。RFIDで、個品の消費期限の管理ができるので、次回発注まで持ち越せる有効在庫と廃棄する在庫が区分できます。その上で、発注数は「修正指数平滑法」の方程式で自動計算します。指数平滑は、売上データに重味をつける加重移動平均です。エクセルで簡単に作れます。

筆者がエクセルでシミュレーションをして開発した、最適発注量の公式をこの章で公開します。もっとも重要な安全在庫は、売れ数の標準偏差でのバラつきを加味した、本日の売れ数実績の8％が最適でした。図③-3では、プロセスセンター（加工工場）でまとめて各店への最適出荷数（店舗別納品数）を計算しています。

Wi-Fiの自動通信を使い、インターネットで結んだプロセスセンターで各店の在庫をリアルタイム管理すると、店舗側からの発注処理は必要がなくなります。店舗で発注するのと、プロセスセンターで発注数の計算をするのは同じことになるからです。

SMやコンビニでは各店で発注数の計算をしています。理由は生鮮を加工し、惣菜を調理するプロセスセンターでは、店頭の有効在庫と廃棄在庫がわからないからです。RFIDでは、遠隔の店舗の棚在庫の何十店、何百店分がプロセスセンターでリアルタイム管理ができます。遠隔の店舗在庫でも、リアルタイムでモニターシステムになるのがRFIDの強味です。

プロセスセンターで個店の最適発注数を計算できるようになると、店舗での鮮度管理、在庫管理、発注数の計算作業は合理的にカットされ、店舗の商品作業生産性は飛躍的に上昇します。店舗には、入荷した商品の陳列作業だけしか残らなくなります。最良の生産性上昇は、自動化による人的作業のカットから得られます。自動化は、店舗を味気なくするのではない。人的作業を正確にし、発注で決まる在庫量も最適化します。

修正指数平滑法

SMの店舗側で、1日に1回発注計算するなら、以下に示す「修正指数平滑法」になります。これはプロセスセンターで30店分、陳列の2000品目（売場では50坪分）を行っても、同じことです。最適発注量のエクセルでの計算（修正指数平滑法の公式）は、店舗数と品目がいくら多くても瞬間で終わります。

◎「a品目の今日の最適発注数＝今朝の入荷数＋0・3×（今日の店舗の売れ数－今朝の入荷数）＋（翌日への繰り越し予定数－繰り越し有効在庫＋今日の売れ数実績×0・08（安全在庫率）」です。

これはSMで1日1回発注する時に使う数式です（図③-3）。

グロサリーなどの3日サイクル、7日サイクルの発注なら、右記の方程式の変数である売れ数と入荷数の期間を3日や7日にすればいい。耐久財、衣料等を含む生活用品の週間のサイクル発注なら、普通は7日です。

1日に3回発注のコンビニでは、パラメータをサイクル時間での売れ数や入荷数にすれば、同じ公式が使えます。

◎「a品目の今回の最適発注数＝前回の入荷数＋0・3×（前回の売れ数－前回の入荷数）＋今回への繰り越し予定数－繰り越し有効在庫＋前回の売れ数実績×0・08（＝安全在庫率）」

店舗で計算しても、プロセスセンターで数十店や100店分を一括計算しても最適発注数は同じですから、店舗側で労働人時と頭を使って発注数を決める必要はないでしょう。

ＲＦＩＤと修正指数平滑法のおかげで、コンビニと食品ＳＭの最大の悩みである日配・生鮮の利益を最適にする発注ができるようになるでしょう。

（注）指数平滑法：明日の売上数予測（＝今晩の発注数の決定）に使うのに最適なロジックが指数平滑法です。指数平滑は、近いところの売れ数に平滑指数（０・３が適切）で比重を重くした加重移動平均です。

数学的な公式は「今日の売れ数予測（ＥＭＡ）＝前日のＥＭＡ発注数＋０・３×（今日の売れ数実績－前日のＥＭＡ発注数）」です。前日のＥＭＡ発注数に、前日の発注数と今日の売れ数実績の差（プラスまたはマイナス）の０・３倍を加えていくものです。店舗では消費期限が短いため、毎日発注する生鮮部門（精肉、鮮魚、惣菜、日配）で用います。

当方の検証では「明日の最適納品数（今晩の発注数）＝昨日のＥＭＡ発注数＋０・３×（今日の販売数－昨日ＥＭＡ発注数）－翌日への繰り越し可能在庫数＋安全在庫数」が売場の営業利益にとって最適でした。

安全在庫数は売れ数の増加変動（５％の頻度）に対応するもので、営業利益を最適化する安全在庫は「今日の売れ数実績×０・１」でした。なおＥＭＡ発注数の小数点は四捨五入します。日量の売れ数予測が１店舗で10個以内の品目の発注数では、１個が10％以上を占めるため重要になる。指数平滑は発注数を株価に置き換えれば、株価の短期予想にも用いることができます（ＭＡＣＤという）。

完全な標準化は自動化である

以上のことは、店舗の発注作業の自動化による完全な標準化です。店舗の人的な生産性を飛躍的に上げるものです。店内作業の40～50％を占める商品作業が減った分、値入率は低くできます。安くできた売価のため、顧客にとっての商品価値が上がるのです。売上げは増加するようになるでしょう。

ＩｏＴ（全部がインターネット管理）時代の生産性上昇は、超小型＆高性能になった情報ツールを使って、人的な作業を合理化・自動化してカットすることで推進されます。人間の頭脳は進歩してはいませんが、情報機器の機能の進歩は想像を絶する領域にきています。なお深層学習型のＡＩで発注数を決定しても、利益の結果は本書の修正指数平滑と大同小異です。

（注）一瞬、知的所有権の特許を取ろうかとも思ったのが、修正指数平滑法の方程式でした。公開するのは格好をつけていえば、「わが国の小売業（１００万店）の進歩のため」です。

商品ロス＋在庫管理作業のＲＦＩＤ効果

次の図③-4では、ＳＭの生鮮（鮮魚、精肉、お弁当・惣菜）におけるＲＦＩＤの利用効果の利益をシミュレーションしています。図の上には商品作業の工程を示しています。

①店内加工の方式、②プロセスセンターで調理または加工して、店頭に配送する方式（アウトバックとされる）です。作業工程は言葉で説明すると長くなるので、コンピュータの機能設

計風のフロー図で見てください（簡略にしています）。

同じ図の下の表では、①店内加工、②加工センターで作るアウトパック、③アウトパック方式をRFID管理した時の、売上対比コスト率と部門利益の違いをシミュレーションしています。売価帯の違いは無関係になるよう売上比の％で見ています。加工原価のデータがある店舗からとったSMの実績平均です。

想定事例は、年商18億円の売れ数の多い店舗ですから、店内加工も採算に合います。年商8億円レベルの店舗の店内加工では生鮮の売れ数も2分の1になり、1品当たりの店内加工費が高くなって採算に合わなくなります。

生鮮の営業利益

①1品当たりの加工費が高くなる店内加工では、鮮魚部門の営業利益が売上比1％です。鮮魚は店内加工でももっともロスが多くあります。精肉では7％、惣菜では3％でしょう。

②PC（プロセスセンター：調理・加工を行う流れ作業のセントラルキッチン）での加工では、複数店舗分を作るため加工費は下がるものの、店頭ロス率（割引率＋廃棄率）と物流費が増えます。

鮮魚では売上比1％の営業利益、精肉では6％です。割引と廃棄が増える惣菜では赤字になることが多い。

③プロセスセンターからの出荷、物流、個店の売れ数と店頭在庫の消費期限管理を、商品に

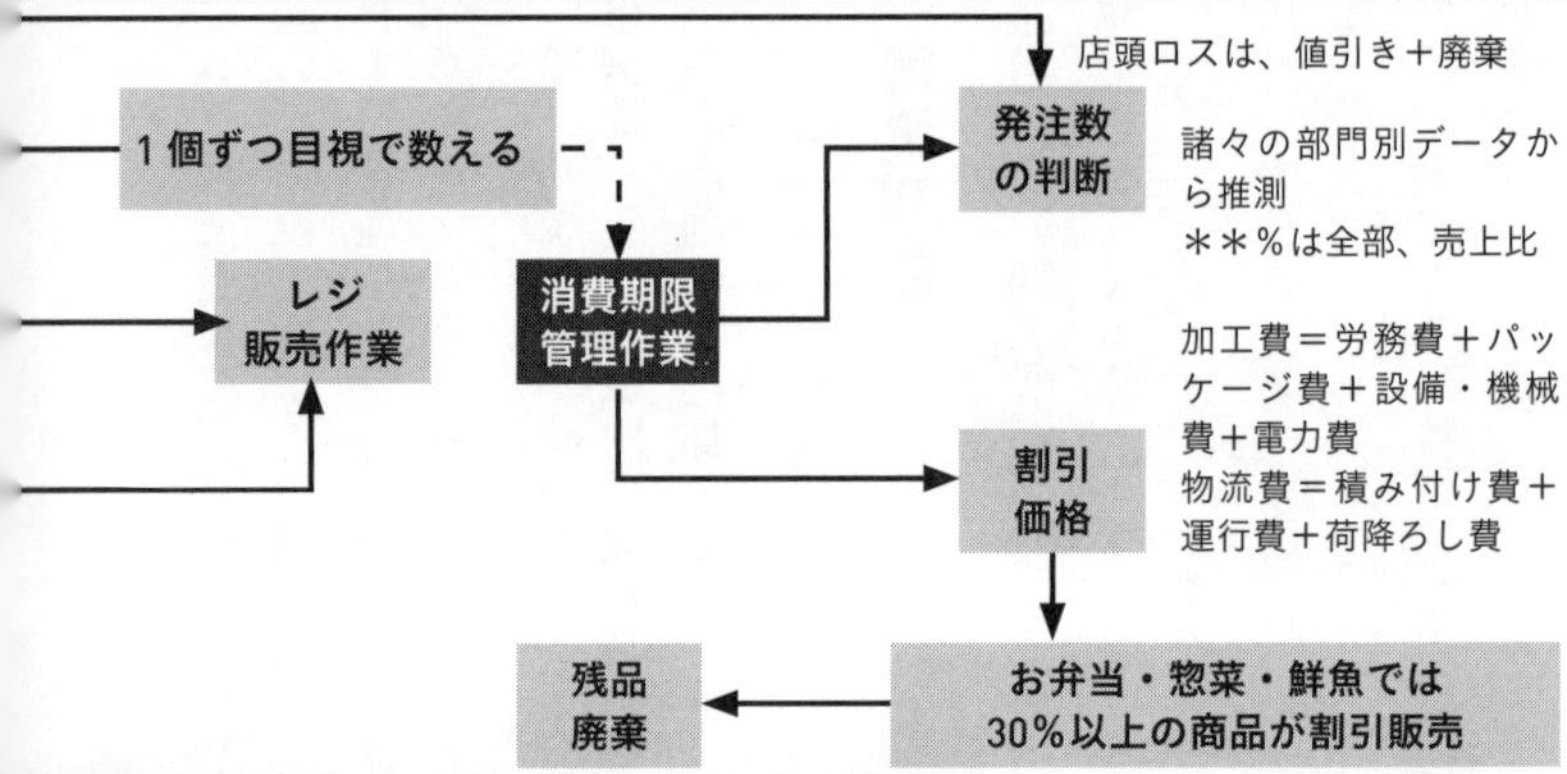

	ロス後荒利益	店内作業費	他の経費	部門の営業利益
	10%	2%	7%	売上比 1%
	16%	2%	7%	同 7%
	12%	2%	7%	同 3%

	ロス後荒利益	店内作業費	他の経費	部門の営業利益
	15%	7%	7%	売上比 1%
	18%	5%	7%	同 6%
	12%	8%	7%	同 -3%

	ロス後荒利益	店内作業費	他の経費	部門の営業利益
	19%	3%	7%	売上比 9%
	21%	3%	7%	同 11%
	19%	4%	7%	同 8%

RFIDまたはカメレオンコードの効果
①加工費のコストダウン（約半分）
②店内作業のコストダウン（約半分）
③ただし、約3%の物流費が加わる
↓
原材料費を、デパ地下並みに上げ、鮮魚・精肉・惣菜を高品質にして、商品価値を高めることができる

図③-4　SMは、生鮮(鮮魚、精肉、お弁当・惣菜)の商品ロス＋店頭管理作業で大きなコスト

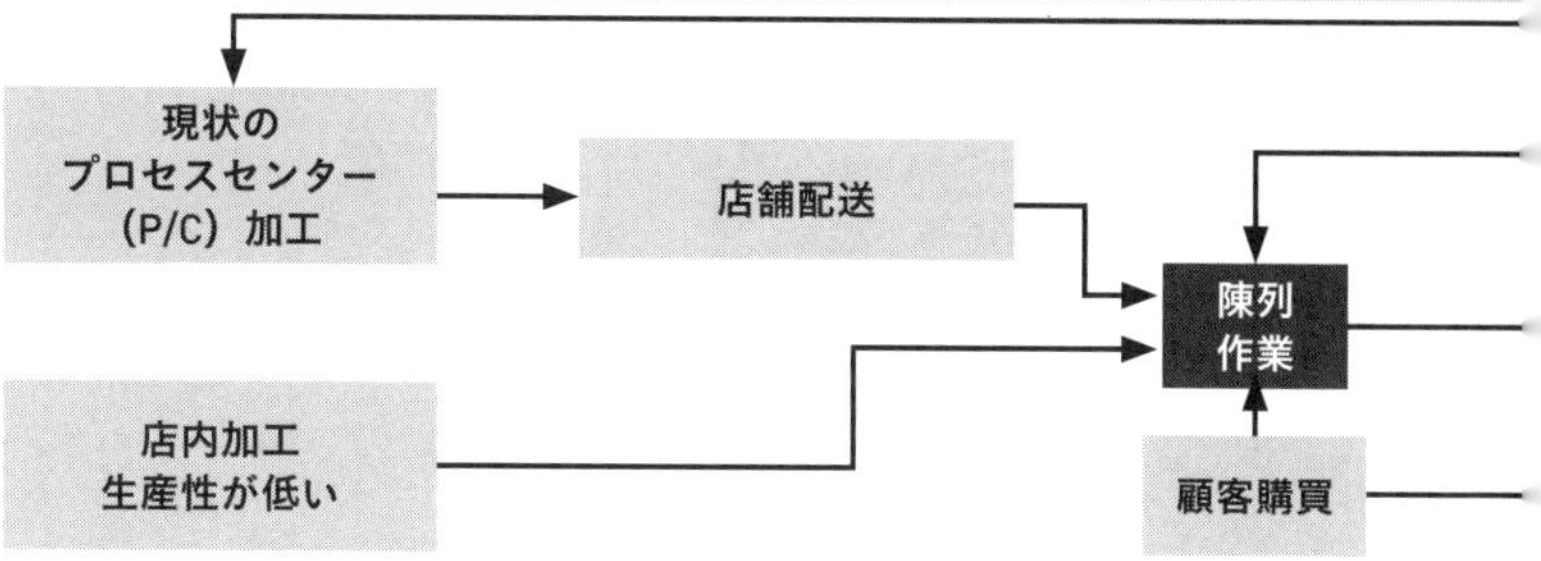

3つの方法によるコストと利益の比較

年商18億円のSM

店内加工	原材料費	加工費	物流費	出荷原価	店頭値入率	店頭ロス率	
鮮魚	58%	24%	0%	82%	18%	8%	
精肉	62%	18%	0%	80%	20%	4%	
惣菜	45%	35%	0%	80%	20%	8%	

P/C加工	原材料費	加工費	物流費	出荷原価	店頭値入率	店頭ロス率	
鮮魚	58%	12%	3%	73%	27%	12%	
精肉	62%	10%	3%	75%	25%	7%	
惣菜	45%	25%	3%	73%	27%	15%	

P/C加工＋RFID	原材料費	加工費	物流費	出荷原価	店頭値入率	店頭ロス率	
鮮魚	58%	12%	3%	73%	27%	8%	
精肉	62%	10%	3%	75%	25%	4%	
惣菜	45%	25%	3%	73%	27%	8%	

(注) P/Cは生鮮調理・加工をするプロセスセンター

添付したRFIDで行ったケースです。RFIDをプロセスセンターで使用すると、ガラス越しあるいはオープンに棚が見える店内加工のように、遠隔の店頭在庫の全部をPC画面の表でリアルタイムに管理できます。

店頭ロス率と廃棄は店内加工と同じように減り、JANコードにはないシリアルナンバーによって、個店での鮮度管理、在庫数管理、発注は要らなくなるのです。

13桁のJANコードはアイテムで共通番号であるため、同じ品目の異なる消費期限の管理ができません。RFIDには、JANコードとともに、シリアルアンバー（ユニークな製造ナンバー）と、個別の消費期限（時間）を入れることができます。必要なら消費期限の時間が間近になった時の割引価格も入れていい。

自動化は作業の完全カット

これによって現在、各店舗の担当者の目視で行われている鮮度管理と、続けて販売ができる有効在庫の管理は自動化して要らなくなります。標準化の究極は作業をなくす自動化です。

RFIDの利用により、部門の営業利益は鮮魚部門が売上比9％、精肉は売上比11％、惣菜と弁当は売上比8％と飛躍的に上がります。

プロセスセンターで一括した加工によって、店内加工より1品当たりの加工費は減ります。1品当たり売価の3％の物流費は余分にかかっても、合計経費の減った分が営業利益になります。

1個当たり5円のRFIDコスト（売上比で1・6％）をかけても、生鮮部門の採算全体が向上します。2023年から2円に下がると、利益率は表より売上比で1％上がります。RFIDでのリアルタイム遠隔管理により、生産性が上がった効果が出るからです。

小売業は、平均単価の低い商品を店舗に10万個以上も並べ、1個1個の商品の動きを管理する細かい商品作業の業務から成り立っています。単品管理はこの10万個に対して行うべきものです。商品管理と在庫管理が、RFIDと発注のアプリで自動化すると、以上のような利益効果を上げます。現在はまだコストの高い目視と人手による管理で行っています。

品質と価値を上げる

増えた利益をより良質な原材料を使うことに充てれば、商品価値は上がります。ほぼデパ地下並みの味で価格は安くできるので、売れ数は2倍、3倍になるでしょう。

売れ数が増えると、補充数の決定は簡単になり、ロス率も売上数の増加に比例して低下します（5個の発注〈＝売れ数予測〉が3倍の15個になると、廃棄ロス率は分散の加法性の定理により約2分の1に下がります）。さらに生鮮の商品価値が上がると、集客が増えて店舗全体の売上げも上がっていきます。

本書のテーマである、既存店を利益化する新しいチェーンストアの作業標準化は、RFIDというゴマ粒のように小さな情報端末の利用で行うことができます。

導入のためらい

ＲＦＩＤは商品管理、在庫管理、発注作業だけではなく、レジでの代金精算も自動化します。10年後から現在を見れば、「なぜあの時導入しなかったのか」という後悔にもなるでしょう。

小売業にとって情報機器はそういったものでした。１９８０年代に1台60万円のファクシミリを入れる時、「経営者も混じった議論」がありました。もっとさかのぼると60年代に約60万円のＮＣＲのレジスター（手動の金銭登録機）を入れる時、個人商店では高過ぎるとして導入を拒否する店主がほとんどだったのです。レジのない店舗では、現金の受け取りを店主や奥さんが行っていました。ＰＯＳの導入の時も、オフコン型のレガシーコンピュータの時も同じでした。

経営のコツを格言風にいえば「これから安くなる経営資源を大量に使い、高くなるものを減らして節約すること」です。現代の6大経営資源（人の作業、人の知識、設備、商品、お金、情報）のうち、高くなるのは人の作業と知識にかかわる人件費です。同じ性能なら、確実に1年に30％以上安くなり続けるのは情報機器・情報端末・ＡＩです。

情報機器による人的生産性上昇の効果

ユニクロがすでにRFIDを導入しているのは利益効果、つまり人的生産性の上昇効果を知っているからでしょう。他のチェーンストアではどうでしょうか。30年の人的な生産性と設備生産性（坪当たり荒利益）の低下が本質である経営問題、経営戦略が逆の方角を向いていないでしょうか。反省すべきことです。反省は、①目標とする状態や数字と実績の差異を計測し、②差異を縮める原因対策を考えて立案し、実行することです。

業務としての成果管理における反省

会議の日に朝寝坊したことを謝っても意味はない。寝坊の原因が目覚まし時計を無意識に止めてしまったことにあるのなら、目覚まし時計を2つ置くことです。朝の会議時間に遅れて責任を取るとして降格を受けても、何の意味もない。原因対策を立案することです。

責任はResponsibilityです。結果に対して反応（Response）する責任です。現代企業での業務責任は、成果が目標に達していないからといって不利益を受けることではない。目標の未達時、成果責任を負うとは、その後に対策（Response）を立てて実行することです。社員は対策実行の責任を、目標未達でも同じ固定報酬を払っている会社に対して負います。目標未達の責任は減給、降格、または辞職（腹切り）ではない。

わが国では伝統的に、忠義や自分の名誉に反する言動の責任を取るのが腹を切る切腹だった武士の文化があったので、今も責任を怖がる人が多い。伝統は、時代劇の映画や小説から隠れた血肉になっているからです。組織が近代化された会社において業務の成果責任は、武士の時代の責任と違います。なお業務ではない犯罪的な行為・言動の責任は言うまでもなく別の次元のものです。

④ 生産性を上げ続けるには人員配置計画とその実行が必要

小売業でも各年度に経営計画として、目標損益計算書が作成されています。実はここに人的な生産性が上がってこなかった原因があります。一般に店舗の人件費の計画は、売上目標に対して経費率が維持か下がるように作られています。ところが1年たつと、ほとんどの会社で当初の売上目標が達成できていない。しかし人員配置は期首の計画のままであるということです。これによって人的生産性の下限である、年当たり5％の上昇は果たせない。正社員をパートに置き換えることで、人件費の上昇を抑えてきたのが実情でしょう。パートの総労働人時が80％になって、パート比率の増加ではもう人件費全体を抑えることができません。政府の「同一労働・同一賃金」への方針から、2018年以降、パートの時間給は1年当たり3％から4％上がる傾向です。今後、過去と同じように損益計画を作ると、一層売上目標に達しないことが多くなります。人件費比率は16年まではなかった上昇を示して、会社の利益は減っていきます。

売上目標と人員配置計画の問題

店舗の売上目標は目標の達成に向かって努力するという意味で、例えば前年比5％増であってもいい。しかし店舗の人員配置計画は、売上げ5％増を前提としてはいけないでしょう。

図③-5　既存店の人員配置計画（チェーンストア協会加盟店：1店平均で試算）

（　　）店	2017年	2018年	2019年	2020年	2021年	2022年…
売上高傾向（100万円：1.5%減）	1,304	1,284	1,265	1,246	1,227	1,209
要員数（8時間換算：5%減）	47人	44.7人	42.4人	40.3人	38.3人	36.4人
パート労働の構成比（同じ）	77%	77%	77%	77%	77%	77%
8時間換算1人当たり売上げ（万円）	2774	2872	2983	3092	3203	3321

①既存店の売上げは、過去10年の傾向から、前年比98.5%とする。店舗によっては、前年比97%になる。 従来のような希望的な売上予想では、人員配置数が同じであり、人的生産性は上がらない。
②人員数は、前年比で最大でも95%とする。47人に対して、毎年2～ 2.3人の減少になる。パート数ではその2倍になる。余剰になった人員は、年率5%以上が必要な新規出店分に回して行く。

店舗の人員配置計画は、時間賃金の下限の3%増に合わせて、生産性が少なくとも年当たり5%は上がるように計画されねばならない。年5%の生産性上昇は、今後の小売業の存続と成長に必要な下限の基準値です。

人員配置計画は売上目標ではなく、その店舗の売上げの傾向（前年比マイナスが70%の店舗）をもとに作られなければならない。そのサンプルとフォーマットが図③-5です。店舗売上げは長期傾向の年1・5%減とし、8時間換算の1人当たり売上げは5年で20%（年率平均3・7%）上げるように作っています。最低でも、年率3・7%の生産性上昇は必要です。本来は、平均年率5%の上昇で、5年では1・3倍でしょう。

わが国の95%の店舗の労働人時は維持ではなく、減らしていかねばならない。店舗の労働人時を年5%減らしても、売上対比の人件費率は変わらないでしょう。小売業の経営計画は、根底の部分から見直す必要があります。売場の商品作業（商品構成、発注、検収〈特に入荷商品の検質〉、品出し・陳列、レジ販売、ロス管理）の生産性上昇の決め手としてＲＦＩＤがいかに必要か、人員配置計画から見てもわかるでしょう。行わないとおよそ50％の店舗（50万店）は赤字から資金不足になって、5年から10年で消滅に向かいます。それくらい生産性の上昇は大きく重要な緊急課題です。

なお人的な生産性は少しずつ上がるのではなく、本章で述べた売場の作業改革を行った時、大きく上がります。

第4章

現場を活性化させる TQC、部門経営の導入

① 業務における責任の3つの意味

報酬をもらう対価として、社員は目標とする成果への達成責任を負います。スタッフは、会社の経営目標に沿って担当する業務の領域で方針を作って実行し、数値（または状態）の好転という成果をあげる責任です。時間給が多いラインは、標準作業を実行し基準とされる成果をあげる責任です。しかし仮に時間給であっても主任以上の役職者は、目標にコミットするスタッフに属します。主任もチームのマネジャーです。マネジャーはマネジメントを行うべき職責です。

パートの労働人時が75%かそれ以上になった小売業では、パートにも役職者を作るべきです。マネジメントをする役職者には、時間給以外に役職手当を支給します。チームのマネジメントは、メンバーが仕事の生産性を上げるサポート（助力）をすることです。店長は部門長が生産性を上げるサポートをします。米国の小売業では、店長や店次長を除く店舗とDCの全員が時間給です。働く時間の差はありますが、同一労働・同一賃金は守られています。

コストコのパート賃金との比較

日本で26店（世界では783店：商圏人口50万人）に増えたコストコのパート賃金は、雇用の最初は全国一律で1200円／時間です。これは労働時間1000時間（6カ月～10カ月）ごとに上がる仕組みで、１６５０円から１８００円になります。日本の同業の2倍高い時間給になる背景には、生産性の高い標準作業（商品作業）があります。

パートの時間賃金がほぼ同一労働である新入社員クラスの約2分の1と低いのは、先進国ではわが国だけの慣習です。米欧では違法です。わが国も「同一労働・同一賃金」が敷かれていく２０１９年から順次、欧米型に向かっていくと前提しておかねばならない。

30年も低いままの小売業の人時生産性の上昇は急務です。今後は1年に少なくとも5％の上昇、10年では１・５倍が店舗の存在できる下限条件になっていくでしょう。生産性の目標は、10年で2倍とすべきです（年率7％上昇）。

今の生産性のままで労働人時の80％を占めるパートの時間給が１・５倍に上がれば、最大手のイオングループを筆頭にして、わが国の１００万店のほとんどは、営業利益が赤字になります（現在は1人当たりの売上げが２７７５万円：チェーンストア協会９９０4店：17年）。営業利益が赤字になると、ほぼ3年で経営困難になります。

ここでは社会の法ではなく、「会社の組織内における業務（Business）の責任はどんなものであるべきか」を示します。部課長制の権力型組織の権限ではなく、責任の体系の組織では、業務遂行と結果の評価において「責任」の意味が肝心です。チェーンストアは責任の体系の組織でなければならない。

業務における責任はCommitment（契約責任）、Accountability（説明責任）、Responsibility（対応責任）の3つからなります。日本語の「責任」が持つ、「できないと不利益を受ける」という意味は、現代企業での責任として不適です。ところが実態では責任の意味の定義はないまま使われています。

安倍元首相も、「不祥事を起こした大臣の任命責任は私にある」と言っていましたが、その責任の内容は当人がどんなものとイメージしているのでしょうか。謝るだけでは責任を果たしたことにはならない。総理の言葉は重いはずです。「総理」とは、大臣の仕事に筋を通すためのサポートをする役職です。「理」の意味は、物事の筋道です。

（補足）責任の反対語である権限の意味と深さすら定義されていません。権限は、権力をある範囲に限定したものです。権力は、相手の意思にかかわらず強制できるとする「法」に由来する強制力です。例えば政府が持つ行政権は、反対があっても国民の全部に政府の決定を強制します。

「責任」の3つを展開します。

①コミットメントは、合意した目標の達成を契約する責任です。

②レスポンシビリティは、目標と実績（成果）の差異を原因から説明し（これがアカウンタビリティ：会計の原義）、

③差異を埋める原因対策を立案して、実行する責任であり、この3つがまさにマネジメント（利益管理）です。以下で、3つの業務責任の具体的な展開方法を見ます。

② 部門経営における責任の展開の具体的方法

①店舗と部門の成果目標（Object）の決定

まず本部と店長の間にある強制権力ではないMBO（Management By Object：目標による管理）による部門経営を示します。図④-1に、それをまとめています。

図④-1　業務における成果責任と、2段階の週間マネジメント

業務責任＝コミットメント（契約する責任）
→アカウンタビリティ（説明する責任）
→レスポンシビリティ（反応の責任）

2段階の週間マネジメント
（MBO：権限ではなく目標による管理の方法をとる）
（1）店舗運営部と店長
①店舗・部門のP/L目標へのコミットメント→②週間マネジメント→③次週対策の実行
（2）店長と部門マネジャー
①部門のP/L目標へのコミットメント→②週間マネジメント→③次週対策の実行

最初は、店舗と部門の成果目標の決定からです。店舗運営部（本部）は、店舗ごと・部門ごとに年間の業績目標を月割りにして作成します（推奨は4週割です）。商品のカテゴリーで分けた40～60坪の部門の売上げ、荒利益、人員配置計画による人件費、人件費以外の販売費を割り振って、結果として算出される「部門の営業利益の目標」です（部門のPL目標）。単位面積当たりの売上げが衣料や耐久財の2倍のSMやディスカウントストアでは平均が30坪単位です。1人当たりの人件費と整合する部門の人時生産性（パートは8時間換算での1人当たり売上げと荒利益／年）も目標として示します。

これがCEO（最高経営責任者）が中心になって作る本部案です。店舗と部門PL（損益計算）の作成・修正・再集計と配布が容易なエクセルでフォーマットを決めて作成します。短い時間で縦横の集計値が合う、大きな表の部門PLが作成できます。

本部と現場との間のセッション

次は作った目標案について本部とストアマネジャー（店長）との間で「セッション（交渉）」をします。本部案の「店舗および部門別のPL目標」に対して、ストアマネジャーがコミットできるかどうかです。

セッションとは、店舗運営部と店長が目標の達成にコミットするのに必要な「交渉」です。仕事の目標が本部から店舗と部門に押しつけられるものだと意味を失い、店長の自己目標として機能しません。

本部案の達成の可能性が低いと判断する時、店長は根拠と論理的な理由を述べ、目標案を修正することできます。これが、「本部案を現場が修正して対案を提出すること」です。この対案は本部である店舗運営部が認めた時、公式の目標になります。本部が修正案を認めない時は、セッションが長引きます（ただし年度目標では3カ月を限度と決める）。

店長が説明もせず対案を出さず、本部の目標案を否定することは仕事を放棄することと同じであり、辞職に値します。

現場からは対案作り

修正時に行うのは、ストアマネジャーと自店の十数名の部門主任（部門マネジャー）との間で行う部門目標のセッションによる対案作りです。本部が原案を作り、店長が修正した部門のPL目標、生産性目標を、部門マネジャーとの間のセッションで修正を加えて対案を作ります。実はこうした目標数値の検討そのものもマネジメントの行動です。

年度案では、期の開始後3カ月を対案の最終的な決定期限とします。店舗目標と部門目標の合計が整合しない時も、店舗目標を再修正し、店舗運営部に提出して論理的に説明します。セッションの平均期間の約2カ月を経て、全店・全部門の売上げ、営業利益、生産性について現場のコミットメント（達成の契約）を経た年度経営目標ができあがります。セッションの2カ月そのものが教育であり対等な会議であって、目標達成への現場の動機付け（コミットメント）を行うものです。

現状の経営計画の問題

上場会社も含めて多くの会社で現場からのコミットを経ていない経営目標が、東証が要求する「当期経営計画」として作られています。これでは「社員の仕事の目標」としての意味が弱い。4週の実際のマネジメントでは本部が作った目標が機能を果たさず、「CEOと本部の希望的な予想」になっているのです。

上場会社のおよそ95％で前年比だけが意味のある基準になっているのは、このためです。これでは、現代の企業に向かってドラッカーが提唱した成果責任型のＭＢＯ（目標による管理：マネジメント）は実行できません。ＭＢＯがなかった過去の経営理論では、約80年もテイラーの標準化による経営すら、現場への達成ノルマの強制と誤解されてきたのです。この誤解を解くのも本書の役割です。

実は、日本の経営者は世界一ドラッカーを読んでいます。しかし多くの本に分散して書かれているため、せっかくのＭＢＯも会社が目標を現場に押しつけるＰＤＣＡ（計画→実行→チェック→アクション）としか理解されません。多くの会社で仕事の目標は、事実上強制されています。上からの強制であるため、数値計画が現場マネジメントでの目標としての機能を果たしていないのです。

上司と部下は目標の決定において対等

原理的なことを言うと、チェーンストアが取るべき「責任の体系の組織」では部門目標の決定について、本部と現場は対等の権限を持ちます。対等の立場で初めて行えるのが「議論、つまりお互いが正しいことを求めて話し合い、目的に照らして論理的に決定すること」です。正当な議論は対等の立場でないと行えません。

命令の権力型組織では間違っていても、結局は上が正しいとされるからです。軍隊では上長の命令に服従しないと、軍規への違反で犯罪者になります。権力型組織の中では、社長が「カラスは白い」といえば、その会社では「カラスは白い」とされます。

これと同じものが、国民の支持率の高さが首相の権力（内閣による官僚の人事権）になってきた安倍政権で出世を目指す高級官僚の態度になった上への忖度《そんたく》でした。官僚制度が堕落していきます。次官が持っていた人事権を、内閣人事局に帰属する制度に国会で変えたことが主因です（安倍内閣２０１４～２０２０年）。

社長の仕事に対する強制権力が意見の裏にあれば、役員を含む部下とは議論になりません。実際は、全権である人事権（雇用、配置、評価、報酬の決定の強制権）を背景にした命令になっているのに、議論したつもりになっていることが多いのです。

議会の議長は議事進行を行いますが、自分の意見は言いません。議長が指名した議員が意見を述べるルールです。議員は対等ですから議論になります。議長が自分の見解を示す時は、自分の意見に近い議員の発言を指名するという方法をとります。議員は対等な立場で論理的なディベートができるからです。

議会の制度は18世紀の英国で、王国間で繰り返していた戦争を避けるために作られたのが始まりです。それが戦争をしたくない世界に広がったものです。命を奪い合って国を破壊する戦争の代わりに、対等の立場で議論をしようということだったことをご存じの方はおられるでしょうか。「議」の意味は言葉でお互いが正義を求めて、論を戦わせるディベートです。言葉での論争であり、暴力は使いません。

コミットメントがない

コミットメントには適当な日本語がありません。「部課長制の階級組織」が多いわが国では、目標は上から現場に押しつけられていて、現場からのコミットという概念がなかったからでしょう。

日本IBMとの合同プロジェクトで、仮想店舗システムのプログラム開発をしていた時のことです。当方は機能設計でした。IBMのマネジャーが「*月*日」までに仕上げてほしいとHTMLのプログラマーに言うと、プログラマー側は「その目標にはコミットできません」と応じた場面が幾度かありました。なるほど外資のIBMでは、成果目標へのコミットがマネジメント（プログラム開発の進捗管理）の始まりになっていると思ったことでした。プログラム開発では、期限日が成果目標です。

コミットは、わが国の部課長制での「上司→部下」ではなく、対等の立場での「契約」という意味合いの言葉です。契約は、対等な立場での実行の約束です。約束とは、あらかじめ実行をいうことです。未来を約束することは、時間感覚を持つ人間だけができます。

旧ソ連の計画経済の失敗は国民への生産ノルマの押しつけだったから

強制的な権力で部下に押しつけられた事例は、ソ連の計画経済にあったノルマです。ソ連の経済では、共産党の中央委員会が計画し、国営企業・国営農場に生産のノルマを強制していました。

計画の数値が結果として集計されたので、GDP（＝商品生産額）の数字は計画通りに上がった。ところが生産の中身は空洞化していました。政府通貨のルーブルは毎年増発されたので、最後はソ連崩壊後のロシアで1000倍のインフレになったのです。ロシアは、1998年に1000分の1に、ハイパーインフレ通貨のルーブルを切り下げて現在に至っています。ハイパーインフレは、その国の商品生産力に対して政府が通貨の増発を続けた時、購買力が過剰になって起こるものです。

計画経済

旧ソ連は、共産党のエリート階級が国民に押しつけた計画経済の破綻を主因として、つぶれた国家です。生産と売上げは「国家希望的に目標化」はできても、実際の生産と流通には国民の意思（生産現場の労働意欲と国民の購買）が絡むので計画化はできない。

ところが通貨は政府の意思で増発され続けたので、購買力のない名目所得は高く、商品は常に不足していました。しかも物価は統制価格だったので、形の上では上昇していなかった。不足するパン、衣服、家具を買うために長い列ができていたのです。ここに計画経済の誤りがあったのです。ソ連には不良品の流通在庫という概念もなく、生産されたものは100％販売されたとされていたのです。ソ連は国家ぐるみで、国民のコミットがない計画経済による失敗を犯したのです。

このノルマのような本部からの強制では、現場が達成を目指し努力を払う自己目標になりません。養育の義務を持つことを背景に、親が子供に押しつけたテストの点数やピアノのレッスンと同じです。ソ連の経済計画では、押しつけた計画の数字上は達成されたとされていました。

（注）現代中国の国有企業の生産、販売、ＧＤＰの成長率にも類似のことがあります。

現場の活性化とは、達成目標の押しつけではなく権限を下におろすことでもなく、「対等の立場での議論を通じた契約」のことです。組織での権限と責任については、各社が公式の定義をしていないため、それぞれ勝手に使われています。仕事における権限とは何か、責任とは何かを経営学者でも正当に説明できる人は、ほとんど見かけないのです。

②2段階の週間マネジメント

ＭＢＯではレスポンシビリティ（対応する責任）として、店舗と部門のＰＬ目標、生産性の目標を決めて、週間マネジメントを1年間に52回実行します。

本書でも慣習的に経費の支払いを集計される月次と書いているところもあります。しかしマネジメントのための管理会計のＰＬ（部門の業績を示す経営指標が入った損益計算書）は、仕事と売上げのサイクルに合わせ13週（4半期）、4週、1週の単位で作るべきものです。部門ＰＬのフォーマット作り、部門経営ができる組織、ＰＬ管理の教育は経営の重要な一環です。

サム・ウォルトンは、業務提携していた当時のイトーヨーカ堂（セブン＆アイ）グループで、フランチャイジーのオーナー店主が自店のＰＬ管理をして、本部が会計のサポートする仕組みを見ています。そして自社に部門経営として導入したのです。セブン‐イレブンでは会計情報を本部がフランチャイジーに提供し、自店のＰＬは店主が管理しています。税後利益は、オーナーのものです。

セブン‐イレブン

セブン‐イレブンが2万店を超えることができた理由は、

①本部には受注準備の６０００品目の在庫を持つＤＣシステム、または協力の卸があり、

②店舗のＰＬマネジメントのサポートがあるからです。

コンビニの1店舗は、チェーンストアの大型店では店舗内の1つの部門に相当します。週が終わった翌月曜日にはストアマネジャーが店舗運営部に対して、

(ｉ) 部門別各項目の目標および前年比と実績の差異数字、

(ⅱ) 目標との差異が発生した推定原因を示し、

(ⅲ) 次週から目標に接近するために打つべき対策を検討します（部門会議）。

店舗運営部は、部門長からストアマネジャー経由であげた原因が確かなものかどうかを判断し、部門の対策をサポートするか、別の対策を示します。

ストアマネジャーは、1年に52回の店舗マネジメント会議で合意した対策を実行する義務を負います。数値や情報はｉＰａｄなどのエクセルでやりとりします。実績データは本部が作って、ストアマネジャーのタブレットの端末で閲覧します。

	部門売場1坪当たり					部門1人時当たり				顧客・商品指標					
	売上高	アイテム数	売価在庫高	荒利益高	前年比	1人時当たり荒利益	1人時当たり営業費	1人時当たり営業利益	1人時当たり商品処理数	顧客数・前年比	顧客単価・前年比	売上げの平均売単価・前年比	商品の売上数量・前年比	1品当たり営業費	1品当たり営業利益

スコアカードを作る

図④-2として、店舗と部門の管理に使う、経営指標が混じった「スコアカード」の書式例を示しています。この表の管理項目を参考に自店用のフォーマットを本部のコントローラー（全体の数値管理者：管理会計を担当）がエクセルで作ります。

ウォルマートではファクスでこの表に類似するスコアカード（いわば成績表）を、全部の店長と部門マネジャーに毎週送って検討させています（現在ではインターネットでの閲覧であり、毎週50万回のアク

図④-2　店舗と部門のスコアカード（　年　月　日～　年　月　日）

		部門の売上げ・荒利益・営業利益							部門の在庫指標									
店舗　A店	売場面積	売上高・前年比	売上高・累計・前年比	荒利益累計・前年比	営業費累計・前年比	内人件費・前年比	総作業人時・前年比	営業利益累計・前年比	売価在庫	アイテム数	陳列の平均単価	売上げ80％を占める品目数％	値入率	ロス率・値下げ・廃棄	荒利益率	在庫日数	交差比率	
A店																		
B店																		
C店																		
D店																		
…																		
平均																		
標準偏差																		
合計																		

セスになっているでしょう）。
この表をもとに全店で1年に52回、本部と現場の協調による部門経営が実行されます（5000店なら26万回の部門会議）。セブン-イレブンでは、店舗のスーパーバイザーにあたるＯＦＣ（Operation Field Counselor）が店主のＰＬ（損益）マネジメントをサポートしています。

　サム・ウォルトンは「店舗の中の店舗の現場参加による管理（自律的マネジメント）」を行ってきたことが利益の成長を続けた原動力だったと言い切っています。今はインターネットのエクセルやタブレットなどの端末やPCから閲覧できるように作っておけば、ファクス送信の手間もありません。サム・ウォルトンは「他社を見て優れた点をまねる人」でした。一般に多くの経営者の幹部は、自己肯定の心理から他店のあら捜しをします。欠点探しでは、自店を成長させるストアコンパリソン（競合店調査）の意味はないのです。

TQCと共通する部門経営

トヨタのTQC、京セラのアメーバ経営、フランチャイズのコンビニチェーンでのオーナー店長による自店の利益管理は、ウォルマートのMBOにあたるものです。成長を続ける企業は、成長を促進させる他にない経営法を持っています。それが本章のスコアカードによる部門管理（部門経営）です。

部門経営は、マイケル・カレンの部門別管理を進化させて、店舗現場が主体的に経営参加するTQC（Total Quality Control）にしたものです。店長と部門長の部門会議は、店長による部門長の教育の場でもあります。「部門の業績を上げるためには、こうではなく、こうしよう」と提案できるからです。

製造業では、精度と品質が製品の命です。現場が経営参加することによって、その品質を高め、不良品を限りなくゼロにする部門会議にあたるものが、現場のTQC活動でした（ソニーの目標は不良品100万分の1：シックスシグマでした。これがソニーをAV家電で世界一にした原動力でした）。

大規模工場と大型店の共通性

工場の大規模化とは、個人が実行責任を持つ分業の細分化でもあります。1人の生産性が高い（加工数が多い）大規模な現代工場では、全部の工程の手順を知っていても工場長1人では品質管理の目が届かなくなったため、石油危機の後の1970年代半ばから、デミングのTQCが製造業のおよそ全社に導入されてきました。筆頭は個人の損益管理をする京セラとカイゼン・テイアンのトヨタです。品質管理では製造業のISO（International Organization for Standardization）のみが注目されますが、本質は経営の標準化の品質です。小売業ではMBOがそれに当たります。

10億円の年商規模で年間500万個の商品を延べ50万人に売る大型店は、現代の大規模工場と同じです。SMでも2万品目の品揃えと在庫を店長や次長だけで管理できるわけがない。できるとしているなら間違いです。

商品の用途を細かく分類したカテゴリーマネジメントは、部門経営の現場担当（パート）がいて、初めて実行できるものです。1個ずつの商品管理と在庫管理がカテゴリーマネジメントだからです。日本流にいえば単品管理です。

大型店の商品管理と在庫管理

商品管理は品目の品揃えが目標の営業利益に対して最適になるような管理、在庫管理は品目単位での在庫が過剰でも不足でもない最適在庫数の管理です。ところが両者はしばしば混同されています。違いが認識されてこなかった理由は、現場の商品管理・在庫管理が標準手順化されておらず、それぞれ勝手な方法で行ってきたからです。

マニュアル化、あるいは図と文章と数字で手順化すれば、管理方法の違いはわかっていたはずです。小売業の現場では標準手順化されていないため、「掛け声」だけの管理の装いが多い。「はい、在庫管理は十分にきちんと行っています」……それでは、この結果はどうして生じたのか？ 何を、どう、十分に行ってきたのか？

大型店の1部門に当たる2600品目を1日1000人に売るコンビニは店主1人でも、商品管理、在庫管理ができます（単品管理とも言われるカテゴリーマネジメントが可能）。コンビニの1店の30坪という売場の規模は、店主1人で本部DCからの仕入れ・品揃えの最適管理できる最大の範囲として経験から作られてきたものです。

コンビニを実験的に60坪にすれば、品目数は2倍（6000品目）になって、1人で最適管理はできなくなります。数値モニターの管理ではなく、6000品目それぞれの在庫数による売上予想に対する最適数管理を行う必要があるからです。

３ 部門担当による週間マネジメント（ウィークリーマネジメント）

図④-3には、部門の横比較をするスコアカードを示しています。図④-2と同じフォーマットですが、左の縦の列が店舗になっています。同じ部門の週間実績を横に比較します。

他店との比較によって自分の担当部門の順位と位置がわかり、「原因と対策」が具体的に浮かぶからです。「高い業績（部門売上げ、営業利益、人的生産性）を出しているA店の同じ部門では、どんな方法で商品作業（商品構成、発注、品出し陳列、鮮度とロス管理、クレンリネスの管理作業）をしているか」ということです。業績とはパフォーマンス、つまり仕事の結果です。

本部が標準作業を決めていても時間とともに、あるいは担当が替わると、全店の部門が同じ標準的な方法と手順とは言えなくなっていきます。これが現場の実態です。

１年に52回、部門実績の横比較で自己管理をしていくと、業績のいい店舗の部門に自店の業績（売上げ、営業利益、生産性）を近づける努力が行われるようになっていきます。

テストの成績での自己管理と同じです。世界の近代学校制度は、テストによって有効なものになったのです。偏差値で最上位の２・５％に多い自律的な人を除き、みなさんもテストがあるから勉強したでしょう。スコアカードは部門の成績表です。

	部門売場1坪当たり					部門1人時当たり				顧客・商品指標					
	売上高	アイテム数	売価在庫高	荒利益高	前年比	1人時当たり荒利益	1人時当たり営業費	1人時当たり営業利益	1人時当たり商品処理数	顧客数・前年比	顧客単価・前年比	売上げの平均売単価・前年比	商品の売上数量・前年比	1品当たり営業費	1品当たり営業利益

	商品＆在庫指標						
	値入率	ロス率	荒利益率	在庫回転日数	交差比率	売上数量（前年比）	売上げの平均売価

（注）商品に棚番号を付けると、小カテゴリーをゴンドラ単位にすることができる。ゴンドラ単位の商品管理・在庫管理が管理効果は優れている。

図④-3　部門の店舗間比較のスコアカード(　年　月　日〜　年　月　日)

		部門の売上げ・荒利益・営業利益							部門の在庫指標									
部門名　＊＊＊＊＊	売場面積	売上高・前年比	売上高・累計・前年比	荒利益累計・前年比	営業費累計・前年比	内人件費・前年比	総作業人時・前年比	営業利益累計・前年比	売価在庫	アイテム数	陳列の平均単価	売上げ80％を占める品目数％	値入率	値下率	荒利益率	在庫日数	交差比率	
A店																		
B店																		
C店																		
D店																		
…																		
平均																		
標準偏差																		
合計																		

図④-4　部門内　小カテゴリーのスコアカード(　年　月　日〜　年　月　日)

期間：4週	売上げと営業利益								
店舗： 部門：	推計売場面積	4週売上げ(前年比・目標比)	4週荒利益(前年比・目標時)	経費割振り	営業利益(前年比・目標比)	売価在庫	アイテム数	平均単価	
カテゴリーA									
カテゴリーB									
カテゴリーC									
カテゴリーD									
…									
平均									
合計									

現場の単品管理を可能にする小カテゴリーのスコアカード

図④-4に、「部門内の小カテゴリーを単位にしたスコアカード」を示しています。売上げと営業利益の管理項目が5個、商品&在庫指標が10個です。これを作ると、売場の商品の状況がありありと見えてきます（トヨタ的な現場の「見える化」がこれです）。

1個1個の商品に陳列棚の番号を付ければ、小カテゴリーの単位が陳列のゴンドラ単位と一致し、商品管理・在庫管理でより優れた効果を発揮するスコアカードになります。現状として、これがまだ少ないので小カテゴリーで作っています。

米国の大手チェーンの多くで陳列棚の単位を商品カテゴリーにしています。棚単位の共通カテゴリーにしないと、数千店の商品と在庫の最適マネジメントができないからです。

ウォルマートではモジュラー化

556兆円、商品数量では1000億個くらいを管理して売るウォルマートでは、棚をモジュラー（売場の構成部品の1単位）と呼び、棚単位のカテゴリーマネジメントを行っています。売場6000坪に約6000本、1部門には平均で60本のモジュラー（陳列棚＝90㎝）があります。5000店にある商品16万品目の中分類カテゴリーの1単位がこのモジュラーです。ウォルマートは大きな売上げを小さな単位で管理する会社です。

商品カテゴリーのモジュラー化または類似の方法がないと、5000店の適正なマネジメントは実行できない。わが国の大型店マネジメントでの本質に横たわる欠陥は、ウォルマート風の部門と部門を構成するモジュラーを作らず、一挙に1アイテム単位の単品管理（掛け声のみで管理の手順がない）となっていて、実行は無理なものになってきたからです。

トヨタのカイゼンの実際は、次々に発生している現場の〝ムリ・ムダ・ムラ〟の合理的な追放です。それなのに小売業では、単品管理の無理が放置されています。

理由は、現場のパートを、対策を考えることのない定型手順の実行とのみしてきたからです。単品管理になる商品管理、在庫管理は本部が行うとし、現場の定型手順を作ってこなかったからです。パートに労働人時の構成比が増えてきた時も、パートの位置を定型作業の実行者としてきたからです。

商品管理、在庫管理は、パートではなく正社員の仕事とされています。しかし店舗の数名の正社員だけで2万品目（在庫数では20万～30万個）の単品管理は、実行できなかったのです。

ほぼ毎年、営業利益を伸ばしてきたウォルマートの大型店経営では平均60坪単位を損益の1部門とするMBO（目標による管理）という方法を作っています。また2万1000店になっても店舗数が増えているセブン-イレブンは、30坪のオーナー店主によるMBOという方法を持っているのです。

前述のRFIDは現場の1品目・1在庫の見える化により、真の単品管理を可能にしていくツールです。RFIDを有効にするためにも、MBOとして部門経営の導入が必要です。

部門担当のアカウンタビリティとレスポンシビリティ

翌日の火曜日は、ストアマネジャーと部門マネジャーの週間マネジメントの会議とします。平均が40坪〜60坪単位の大カテゴリーを担当する売場の部門マネジャーは、ストアマネジャーに対し、

①部門別の小カテゴリーごとの目標または前年比と実績の差異数字、
②目標または前年との差異が発生した原因を述べて（過去）、
③次週から目標を達成するために打つべき対策を示します（未来）。

過ぎ去った過去への対策はもう打てない。対策は、未来の目標に対して手を打って初めて意味を持ちます。これを1年に52回、現場で行うのがMBOによる週間マネジメントです。52回も行えば、効果が上がることがわかるでしょう。月次の損益管理では、現場対策が1回になり週間より効果が薄い。経営力といわれるものの正体は、この週間管理です。

サム・ウォルトンは、全店全部門で一斉に行われる部門会議を現場とのコミュニケーションとしていました。コミュニケーションとは、共通の定義をした言葉で対等の議論をし、検討して対策案を作っていくことです。

管理とはマネジメントであり、
・目標と実績の差異を計測し、
・差異が発生した原因を究明し、

・対策を立案して実行することです。

部門経営では、売場の担当をマネジメント（経営）に参加させます。

以上は、一般にいわれるように上の権限を下におろすエンパワーメントではない。権力型組織のチェーンでは、売場の部門のPLと人的生産性に実際に責任を持っている人はいなかったのです。大型店の店長も漠然とした、経験的な印象での全体管理しかしていなかった。

単品管理を可能にする部門マネジャー制

商品1個ずつの単品管理に至る部門管理は不在でした。それを管理するのが新しい職責の「部門マネジャー」です。売場主任や部門担当としてもいい。役職とは成果責任を負う職位です。3年以上勤務の時間給のパートも、2人のチームの部門マネジャーにしていきます。会社は部門の業績責任を負うための主任手当も払います。

お客は棚の全部ではなく数種の商品をよく観察して、使う立場、食べる立場から比較・判断して買っています。会社の管理も商品の1個1個に行き届かねばならない。商品を管理可能な状態に近づけるのは、売場の担当です。

売場の担当こそが、商品と在庫のマネジメントに経営参加しなければならない。これが成功する小売業の基本原理です。担当である部門マネジャーは、部門つまり「店舗の中の店舗（ウォルマート）」の店長役です。6000坪のスーパーセンターでは店長、店次長の店舗管理責任者の下に時間給の部門マネジャーが100人くらい存在しています。1坪当たりの平均売上げは円換算で150万円くらいです。1部門が60坪なら、1年に9000万円相当の売上げのミニ店舗になります。それが100部門集まったものがスーパーセンターです。

部門経営の単位

スーパーセンターは品種総合の業態です。衣・食・住・工具・家電などの商品カテゴリーによって部門の面積と売上げは異なります。60坪は平均です。売上げ9000万～1億2000万円単位で1部門と理解していい。肝心なことは、部門平均60坪・年商平均9000万円（週間では173万円）を2人の時間給社員のミニチームで管理していることです。2人が担当する売場面積は約60坪であり、日本のチェーンストア平均の約2倍です。多フェース陳列が多い大型店のウォルマートの平均品目数では、1部門平均が約1300品目です。

わが国のコンビニの2600品目の半分であり、2人なら十分に商品管理、在庫管理ができることがわかるでしょう。

日本型コンビニが20年前の4万店で飽和といわれていた水準を超えて、国内で5万5000店に増えることができた理由は、30坪・2600品目が店主1人で管理可能な範囲であり、その面積で1店舗の現場による部門経営を行ったからです。仮に60坪で5000品目だったら、管理の手が回らず不可能になっていたことです。

売場の部門はウォルマートの人的生産性の基準（数値のStandard）になり、これがコンビニでは1店舗です。日本型コンビニは、2000年代には世界の店舗になっています（海外も約6

万店）。本部がサポートする部門経営のＭＢＯが優れていたからです。

コンビニとウォルマートの部門経営は共通する

驚くことに６０００坪のウォルマートと、２００分の１くらいの広さである30坪のコンビニの、基幹の経営法（商品のマネジメントと生産性管理）は同じです。必要なことは、１人当たりで商品１個ずつ適正管理可能な売場面積として売上げがあることです。前章で示したように、このような人的な生産性の管理（Plan → Do → Check → Action の工程を管理）が、わが国のチェーンストアでは欠落しています。

生産性の基準を決めた上での人員配置の計画がなく、前年を引きずって配置を続けたあとの店舗の売上げの成り行きが結果としての生産性になっています。

このため10年サイクルくらいで大量の店舗閉鎖（店舗数の20％）、数千人の正社員雇用のカット、顧客へのサービス水準を低下させる経費削減のリストラが行われています（照明のカットやクレンリネスの低下）。顧客のための経費は、年々増やさねばならない。しかし営業利益率が低く、90年代からの３１００カ所のＳＣでも、核店舗とテナントの赤字店が50％に増えて、もう増やせなくなってきたのです。

再びＧＭＳのリストラ

実例をいえば、日本型ＧＭＳ（総合スーパー）は２０１８年から全社がリストラの嵐です。

経営方法の構造的な問題から由来しています。先を予想すれば、3年後の2023年には再び大リストラが必要になるでしょう。結局は、上からの権力型の経営だったダイエーやシアーズと同じ運命をたどります。米国は現在、店舗閉鎖の嵐ですが、日本もそれに向かうのです。

わが国のチェーンでは、週1回を超える頻回配送が多く、1品目当たりの陳列在庫数（＝フェース数）はウォルマートの約50％です。60坪の平均品目は2600になり、30坪のコンビニ1店舗の品目数と同じくらいになるでしょう。2600品目60坪は2人で管理できる量です。

店舗の商品の管理では、商品管理と在庫管理は区分しなければなりません。

・商品管理は、1品目ごとの売上げと数量の管理です。

・在庫管理は、発注、品出し陳列、鮮度管理、ロス管理です。

商品管理と在庫管理の商品作業は、現場のアクションでは方法と手順が違います。

④ 商品本部の標準商品構成と部門の商品構成の決定

部門経営の体制で、部門の商品構成はどう決定するのかという質問が多く出されます。個店経営のように個店（店長、店次長）が決定するのか、あるいは本部が標準を作って部門の商品構成を決めるのかということです。

目標による管理（ＭＢＯ）である部門経営の体制では以下に示すコミットメント、レスポンシビリティ、アカウンタビリティという3つの責任を担当者が負っています。前述のように責任の組織を合理的にするには、この責任の3要素で考えます。

①商品構成

まず商品本部のPBマーチャンダイザーとNBバイヤーは、担当する商品部門の標準商品構成のプラノグラム（棚割表）を作成します。

商品構成を13週ごとに大幅に変更し、4週単位で小幅な変更を加えます。2600品目の1部門では13週の変更が30％（780品目）、4週の変更は10％（260品目）をめどにします。定番の日数を短めにすることが、売上げを落とさないコツです。NB商品飽和で、NBでは既存店売上げが増えなくなった市場となっているからです。

どの店舗でも売っているNB商品では、他店よりも価格を低くする競争しかない。その品目で売上げが多い店で長期の定番陳列になると、ほぼ100％売価の下をくぐる店舗が多く出てきます。他店の出店とネット販売で売上げが減るのもNB商品です。

作った年度で店舗面積が異なっていて部門面積も違う時は、部門の標準商品構成を3種は作る必要があるでしょう。その分手間がかかりますが、年代で異なる売場面積と部門面積を作った過去の経営（設備投資も経営）の結果をカバーする必要があります。

②変更の起案

商品本部は、店舗の全部門に標準棚割表（写真入りならプラノグラム）を配布します。これも紙とファクスではなく、「インターネット～タブレット」の端末を使います。

プラノグラムの配布を受けた店長・店次長・部門マネジャーは、本部が作った棚割品目を見て、そのまま受け入れるものと変更が必要と判断するものを示して返信します。変更が必要と考える商品には理由を書きます。スマホで話してもいい。多くの場合、現場からの変更希望品目は最大でも部門の5%以下しかない。2000品目の部門では50~100品目以下でしょう。

③本部の判断

商品本部では店舗からの変更提案を入れるかどうか、全店の売上実績から判断した上で、新しいプラノグラムを作ります。このプロセスで全部門の商品構成の品目が決定し、店舗現場の部門マネジャーは、それを一括発注します。または同じことになりますが、商品本部がプラノグラムをつけて商品を送ります。

④店頭売価の現場での修正

店頭売価については、定期的（週1度）に競合店の定番品目の売価調査をしている部門マネジャー、サブマネジャーに対して10%幅の変更の提案権を与えます。

部門マネジャーは、必要な売価変更を商品本部に伝えます。商品本部の判断を受けて、標準売価を決定します。なお店舗の部門の品目のうち10%程度を上限として、部門マネジャーが標準売価を変更できるとします。

売場では手の作業をカットして、「考える時間」を増やすことが必要です。商品を選ぶ顧客の動きを見た売場の担当が考えることが売上げを増やすからです。

５　部門経営は現場の人的生産性を上げることが目的

部門の商品構成へのコミットメント（契約責任）も部門経営の一環です。仕入れ・売り切り販売の「サムズ」では、ストアマネジャーと店次長が部分的に独自の仕入れをしています。しかしチェーンストアでは、部分的でも個店仕入れの方法は取らないほうがいい。生産性の低い個店仕入れは補充発注をしない売り切り販売、またはコレクション特売、あるいは販売実験でのみ、断続的にできることだからです。

チェーンストアは「成果責任を分業で負うことによって、１人では不可能な水準に生産性を上げること」を目的とする事業です。人的な生産性が高くないと顧客貢献、社会貢献はできません。商品本部と店舗が責任分業をしないと、生産性は下がっていくからです。

各担当が成果責任を負えるには、分業責任の範囲を狭くしていく必要があります。一般に大企業は人的な平均生産性が高く、同じ年齢・社歴での賃金も50％は高いのは、中小企業に比べて個人が分業責任を負う範囲が狭く、人時生産性が上げやすいからです。

25年遅れた高い年収

チェーンストアでは、年収１０００万円以上の社員を多く作ることを今後の経営の義務とすべきです（今後の経営目標では正社員の50％）。高い年収は社員の希望になり、希望のある会社には応募が殺到して、人材不足と無縁になります。優秀な学生は年収の高い企業を選びます。わが国では店舗と企業業績の低さのため、年収目標を掲げるチェーンストアは消え、報酬秘密主義に陥ってしまっています。このため小売業へ応募の全体が少ない。業界の報酬シンボルとなる企業がニトリとユニクロ以外は消えたからです。

1970年代までは、ダイエーを先頭にしてチェーンストア志向企業は高い年収目標を掲げていました。80年代には年収1000万円を超えた社員が100人と自慢されていたのです。業績が上がっていたからです。本来なら、2019年で今の2倍の年収になるべきでした。1年にわずか3%が上がっても、24年間では2倍になるからです。5%なら3・2倍です。課長以上では1000万円、部長で1500万円、執行役員なら2000万円以上です。その分の生産性の高い仕事が標準でなければならないということです。

本部バイヤー・マーチャンダイザーの生産性

担当する棚（仮に5本：200品目）の1店の平均売上げが800万円で300店舗なら、本部マーチャンダイザー・バイヤー1人当たりの売上げは24億円になります。商品本部のコストを1人当たり2000万円としても、売上比では0・83%にしかなりません。

しかし標準部門の店舗が150店なら、本部の商品部コストは売上げの1・66%、100店なら2・49%と増えて、2000万円の本部コストをかけることができません。マーチャンダイザー、バイヤーの賃金も上限が3分の1になっていきます。ばらばらな仕入れになる個店経営は低い賃金でしか成り立たないものです。

チェーンストアの部門経営はＭＢＯ（目標による管理）であり、現場からのＴＱＣの系列に属する方法です。

新しいチェーンストア経営では、情報技術、数値情報、映像情報を多用して現場が考える時間を増やし、手足を動かす作業時間を短くすることが人的生産性を高めて利益を上げるコツです。インターネットに接続し、数字と文字、映像、動画情報を個人がコンパクトに扱えるスマホはベストのツールです。スマホでは、バーコードやＱＲコードの認識もできます。

⑥ 現場からの標準作業の変更提案 トヨタ式のカイゼンであるＴＱＣの導入

店舗からの標準作業の変更提案では、前掲図②-1に示した問題解決シートを使います。店舗やＤＣ内の７人くらいでチームを作り、小集団活動としてリーダーを選任します。現場の小集団が経営参加をするのがＴＱＣ（Total Quality Control）活動です。

①改善目標

改善の目標を例えば「Ａ店の鮮魚部門の営業利益黒字化」とします。

②目標の具体化

その目標を具体化します。鮮魚部門の部門ＰＬの実績数字を書いて、それと対照して目標となる部門PLを数字で描きます。人的な生産性指標である人時数量生産性、売上生産性、荒利益生産性、在庫ロスも入れます。リーダーがこれを行います。実績と目標に差異が出ますが、その差異を数値で記入します。これが問題の明確化です。

最新の実績数値で書いた時は、表内にある実地調査をしたことになります。

③差異の原因

次はもっとも大切なプロセスです。実績と新しい目標の間における差異の原因は何かということです。この時、自店と競合他店の売場の実地調査が必要になるでしょう。

差異が生じている原因は何かということです。原因は5つを挙げます。原因には、大きな順に番号を付けます。

人時生産性の低さ、消費期限が迫った在庫の売価割引ロス、または廃棄ロスの多さ、あるいは競合店に「商品価値＝品質÷価格」で負けているための売上げの低さなど、いろいろあるはずです。

その中で今回の差異の発生について、もっとも大きかった原因を決定します。仮に鮮魚の割引、廃棄ロスの多さであったとします。しかし割引・廃棄ロスの多さは結果です。その奥に真因があります。発注数の決定方法、売場陳列の方法、売価、鮮魚の製造品質、販売単位など多くの原因が複合しているはずです。その中で原因の原因になるものを挙げて真因とします。

④改善後の想定数値

次は、割引と廃棄ロスについて鮮魚部門の営業利益を黒字にする「あるべき数値」を描きます。品質の競合負けの問題である時は、別の問題解決シートを作ります。

⑤真因対策作り

その上で、問題を解決する真因対策を作ります。割引・廃棄が増えているもっとも大きな原因が、発注数の多過ぎる日がたくさんあることだと判断した時は修正の手順を作ります。これが、今までの慣習になっていた標準手順の修正起案になるでしょう。

新しい標準手順を作る過程を作業分解して、ガントチャートに描きます。この段階では、作成した問題解決シートの審査を業務本部から受けます。業務本部は、採用するものに必要な修正を加えてチームに戻します。採用しないものは問題を指摘して、問題解決シートを再びそのチームで作成することを指示します。このプロセスが業務本部による現場コーチングになります。

⑥評価方法

新しい手順として作った割引・ロス減少の対策手順について、実行した結果の評価方法を作ります。新手順で行った結果が、どのように鮮魚部門を改善させたかを数値で示します。効果が有効だったら、業務本部が全店の新しい標準手順として動画マニュアルを作り、店舗に配信します。

⑦定着活動

次は動画マニュアルでの現場訓練です。これが定着計画の実行になります。

以上のように分業の細かいところでも、利益成果を挙げる新しい標準作業を作って、それを現場に定着させることは経営行動そのものです。問題解決シートは、現場に経営の方法を与えるものです。

第5章

これからのＤＣ物流とＰＢ開発の方法

① NB需要が飽和する時代

店舗売上げと顧客消費30年の停滞

資産バブルが崩壊した1990年以来、わが国の消費需要額は増えていません。連続性のある商業統計の小売売上げは99年が143兆円、店舗数は120万店でした。2014年には122兆円、店舗数が100万店です。18年には行政改革という改悪のため、全数調査で費用が掛かっていた商業統計は行われなくなっています。同じ経済産業省の商業動態調査によると小売売上げは144兆円になっています。これには自動車小売り18兆円、ガソリンが主の燃料小売り13兆円、合計31兆円を含んでいます。一般的な店舗売上げは、ECの7・6兆円を含めて110兆円台でしょう（18年）。なお米国のECは、日本の約8倍の60兆円です。

業種別の内訳では、①衣食住の総合店12・1兆円、②衣料品店11兆円、③飲料・食品店45・2兆円、④家電等の機械器具店6・1兆円、⑤医薬・化粧品店10・1兆円、⑥その他専門小売21・4兆円、⑦無店舗販売7・6兆円です（18年：経済産業省の商業動態）。現在では、商業動態がわが国唯一の店舗全体の売上げの統計です。

売場面積では、94年1億2100万㎡、97年1億2800万㎡、99年1億3300万㎡、02年1億4000万㎡、04年1億4900万㎡、07年1億4300万㎡、12年1億3400万㎡、

16年1億3500万㎡（4455万坪）です。22年で1400万㎡（約10％：年率平均0・4％）増えています。

80年代まで考えられなかった閉店が00年代では1年で1・5％あるので、コンビニ以外で新店の増加は主に大型店だけになります。全国平均で年率2％と見ておいていいでしょう。地域では35年で大型店1店舗の出店が平均で、都市と郊外では1・5倍の3％でしょう。25年で商圏内に大型店1店舗ができているペースです。商圏の既存店売場に対して3％の新店の売場が増えると、平均的に古い店の単位面積当たりの売上げは3％薄まります。既存店売上げの平均が前年比97％付近で続くということです。既存店売上げで前年比を超える店舗が5％、前年並みが15％、前年比割れが続くのが80％になるでしょう。

（注）時流（時代の社会主観、共通価値観）の変化があるので、店舗寿命は最長でも30年でしょう。30年で大幅な増床、改装、新装開店を繰り返す必要があるという意味です。設備の劣化である減価償却費分を貯めておいて使わねばならないのです。これが行えないと、20年を過ぎるころから長期低落に入ります。

需要が飽和したＮＢ

わが国は小売ＰＢが多い米欧とは違い、ＮＢの大国でした。政府商業動態からうかがえるのはＮＢの需要飽和です。その証拠として売場面積は増えているのに、総売上げは増えていません。小売需要が増えない中で売場面積が増えることは、NBは競合値引きされていることを示しています。どの店舗でも販売ができるNBでは、小売業の関与は店頭の売価だけだからです。

（注）本書ではNBを有名ブランドではなく、メーカーがリスクを負って生産した商品という意味で使っています。

大型店のマーチャンダイジングはNBの品揃えと割引

世帯の平均所得と小売売上げが増えなくなったこの30年、競合店の売価に合わせるNBの割引合戦が続いています。価格を下げるのは、思うように店舗売上げが増えないからです。今後もNBでは、割引の泥仕合が続きます。NBの生産設備と生産力が伸びない需要に対して、20%は超過しているからです。生産力が超過した市場では、例外なく価格割引が起こります。店頭の価格を割り引いても、同じNB商品を売る競合相手も必ず対応しますから、既存店売上げが伸びるのは身を切る特売の時だけです。年間を通じては、今後もずっとないでしょう。店舗の商圏の吸引人口は減って、その店舗での購買数量も減っていくからです。

一方で小売業が開発する商品価値の高いPBは、NBと違って市場飽和ということはない。NBの売上げを吸い寄せるからです。

ニトリやユニクロのPBを見れば、誰でもわかります。業界の総売上げが減る中でこれら2社の既存店売上げは大きく伸びることはなくても、減ることはない。NBの需要を食っているからです。わが国では、ＰＢでしか既存店売上げが増えない時代が２０１０年ころから始まっています。ところが小売業のＰＢの構成比は、今も低いままです。

最大手のイオンでは、ＰＢであるトップバリュの売上げだけが17年の７１００億円から19年は１兆２０００億円に増えています。売上げの構成比では、15年の９・７％から3倍の27・5％まできています（17年）。３年で４０００億円（56％）の増加です。

ＰＢの陳列面積の増加でＮＢ売上げが減っているので、ＰＢの増加が店舗売上げ全体を増やしたとは言えません。既存店売上げは、横ばいから＋２％程度です。イオンのＰＢは、まだＮＢより商品価値（機能・品質÷価格）の高い理想的なＰＢとはいえないと判断します（図①-1の商品価値を参照）。ユニクロやニトリと比較した進捗度では、初期10％から15％の段階でしょう。

ＰＢが１００％のコンビニ

売上げが11兆円のコンビニは今も店舗数を増やしています。約60％を占める食品では１００％がＰＢです。荒利益は「本部＋店舗」で売上げの31％程度です。本部側と店舗側がおよそ50対50です。

１９９０年代までのトレードオフ型のＰＢでは、顧客の購買は増えません。中国やアジアからの「一括買い入れ＆コンテナ混載輸入」の安易な低価格商品が、その価格に驚いた顧客から買われたのは95年ころに終わりました。トレードオフは高品質と低価格は両立しないとして、品質、機能、耐久性を落として低価格にしたＰＢです。医薬の特許切れからヒントを得たジェネリック型ＰＢもトレードオフの系列です。

95年は、実は1ドルが79円という最高レベルの円高の時期でした。米国の物価は日本の２分の１に見えていました。中国とアジアの物価は日本の４分の１だったでしょう。この超円高を背景にトレードオフ型の輸入が流行して売られていました。企画開発ではなかった多くの商品が「安かろう・悪かろう」でした。現在も開発輸入ではない中国製品に多く見られます。１００円ショップ的な商品です。使い捨てても惜しくない１００円ならいい。食品と売価３００円以上のトレードオフ型商品は、品質への要求が高い日本では難しい。わが国では、ウォルマートの衣料や耐久財の商品にも品質の低さをいう消費者が多い。他方、コストコ（年商14・5兆円：世界に７６２店：日本では28店：２０１８年）１店舗の世界平均売上げは２００億円と大きく、ウォルマートのスーパーセンターの約2倍、イトーヨーカー堂の3倍です。

② 物流センターの４つのフォーマット

小売業のＰＢ開発（工場への生産委託）で必要なものがＤＣです。ＤＣはDistribution Center、直訳では店舗への集配センターです。メーカーまたは卸からＰＢとＮＢを集荷し、在庫して店舗に配送するセンターです。ＳＭのプロセスセンターは生鮮を加工・調理し、店舗への配送を行う食品の工場です。生鮮（肉、魚、青果、惣菜、弁当、ファストフード）のプロセスセンターでは流動在庫しかなく、店舗からの受注量、または最適補充量を調理・加工して、店舗に配送し

図⑤-1　小売業の物流センターの4つのフォーマット

TC：Transfer Center　DC：Distribution Center

(1)TC A型	メーカー・卸が、店舗別に仕分けしたオリコンを届け、TCでそのオリコンを店舗別に積み付けして店舗へ配送
(2)TC B型	メーカー・卸が、受注商品をまとめて届け、DCで店舗別にピックし、オリコンに仕分けして、店舗別に積み付けて配送
(3)DC A型	NB商品を、売上げの2週間分平均等の常備在庫として保持し、店舗からの受注を受けて、店舗に配送 DCの発注点在庫残数＝（入荷リードタイム日数）×（1店舗での日販数予測×展示店舗数）＋安全係数2×展示店の日販数合計の標準偏差×√（入荷リードタイム日数）
(4)DC B型	PB商品を、売上げの2週間分平均等の常備在庫として保持し、店舗からの受注を受けて、店舗に配送 DCの発注点在庫残数＝（入荷リードタイム日数）×（1店舗での日販数予測×展示店舗数）＋安全係数2×展示店の日販数合計の標準偏差×√（入荷リードタイム日数） （注）DC　A型とB型は、複合機能として1カ所であることが多い

ます。

図⑤-1には、物流センターの4つのフォーマット（類型）を、機能とともに示しています。店舗から受注する常備在庫を持たず、流通在庫のみの物流センターであるTCは、店舗からメーカー・卸に発注した商品が納品され、各々の店舗へ配送する中継機能を持つものです。

①TCのA型

店舗別に仕分けしたオリコンで納品されるのがTCのA型です。委託された卸が代表してTCのA型を運営するのが、わが国の1970年代からの窓口問屋制でした。TCは、一般にメーカー・卸からの仕入割引のリベートで運用されていますす。流通のコストダウンにはならないのがTCのA型です。

②TCのB型

店舗が発注した商品をメーカーが一括してTCに配送し、TC内で入荷商品を発注店別にピックして、オリコンに入れ、店舗別に配送するのがB型です。TCのA型より小売側の流通コストがかかります。その分は、一般に店舗配送がなくなったメーカー側が負担します。B型は小売りのTCで仕分けして店舗へ陳列棚に合わせたカテゴリー納品ができるので、店舗の陳列作業のコストダウンになります。

③DCのA型・B型

DCは、PB、NBにかかわらず常備在庫を持つ集配センターです。図に示した発注点在庫法を取ることが多い。在庫が発注点に減った時点で、店舗売上げの合計（2週分など）の定量ロットをメーカーに発注します。

数式は、「DCの発注点在庫残数＝（入荷リードタイム日数）×（1店舗での日販数予測〈または指数平滑〉×展示店舗数）＋安全係数2×展示店の日販数合計の標準偏差×√（入荷リードタイム日数）」です。発注点在庫数に減った時、国内および海外のメーカーに経済生産のロットを発注します。

①定期発注法を取ることもあります。定期発注数＝（発注サイクル日数＋出荷までリードタイム）×その品目の店舗合計での平均日販数（または指数平滑）＋2×日販数の標準偏差×√（発注サイクル日数＋出荷までリードタイム日数）です。生鮮では、修正指数平滑法を使います。

②生鮮のプロセスセンターでの明日の最適出荷数は、「今朝の出荷数＋0・3×（今日の店舗の売れ数－今朝の出荷数）＋（翌日への繰り越し予定数－繰り越し有効在庫＋（安全在庫：今日の売れ数実績×0・08）」です。

③この3つが、小売業のDCとプロセスセンターにおける最適ロジスティクスの計算式です。

DCでの定量発注数の決定で肝心になる入荷リードタイムは、メーカーに発注してからDCに入荷するまでの日数です。PBでは「生産期間＋物流日数」になります。

海外の場合は、物流日数が2週間等の船積みコンテナの配送日数が加わります。発注日からの入荷リードタイムが3週間の場合、「最低在庫＋安全在庫数」は店舗売上予測数の3週間分になります。

安全係数の2は、DCでの欠品確率が2・5％（40週に1週）という意味です。安全在庫を持たないと欠品確率は50％に上がります。「安全係数2×展示店の日販数合計の標準偏差×√（入荷リードタイム日数）」が安全在庫の適正数です。

発注点在庫法、あるいは定期発注法を取ることは、DCでまとめて発注するセントラルバイイングになります。DCは、「それがない時の仕入価格－DC仕入価格」を下回る費用で運用されます。

③ 店舗の発注作業をカットして DCで店頭在庫管理し必要量を納品

商品に「RFID」を付け、棚に「設置型のRFIDリーダー」を装備すると、遠隔地のDCでもリアルタイムで個々の店舗の生鮮・惣菜、弁当の在庫残数と、その在庫の消費期限を単品レベルで管理することができます。

売場の棚に設置型RFIDリーダーを定時に起動し、DCのサーバーに店舗のWi-Fiを通じて自動送信すれば、全店で毎日、個々に行われている生鮮の発注の際に、消費期限の在庫調べの必要はなくなります。

生鮮では、前掲図③-3の「修正指数平滑法」の数式を使い、各店への必要補充数を自動計算してプロセスセンターで加工・調理して、各店に必要数を補充すればいいのです。

店舗では生鮮も発注の必要がなくなり、入荷した商品の陳列作業のみになります。これによって、「個品の在庫調べ＋発注数計算」という発注作業がなくなって、店舗の総人時生産性は約10％は上昇するでしょう。

従来、個店から発注してきたのは、

①発注先がメーカーや卸であり、

②消費期限を含む在庫調べは個々の店舗でしかできなかったからでした。

それ以外に理由はない。店舗の発注権うんぬんという権限の問題からきたものではないのです。

生鮮では修正指数平滑法を使う

筆者が数年前に作った生鮮の修正指数平滑法は、「明日の最適納品数＝今朝の出荷数＋0・3×（今日の店舗の売れ数－今朝の出荷数）＋（翌日への繰り越し予定数－繰り越し有効在庫＋安全在庫：今日の売れ数実績×0・08）」です。

この数式「安全在庫＝今日の売れ数実績×0・08」は、欠品による売上げの機会損失と、「消費期限切れ割引＋廃棄損」を営業利益に対して最適化するものです。深層学習のAIとほぼ同じパフォーマンスを示すものです。エクセルで標準偏差の乱数を入れた売上シミュレーションでテストして、安全在庫のパラメータを最適に決めたものです。

深層学習のAIは、過去のそのアイテムの売れ数と、他の条件を手作業で「データセット」にして学習させる必要があります。およそ1カ月以上の定番の生鮮でないと適用できませんが、頻繁にアイテムが変化しているお弁当や惣菜でも1カ月未満の陳列期間は少ないでしょう。データセットにした条件にない変化はルールの変更になるので、AIも適応できません。

店舗からの発注をカットしてDCから最適量を納品

新しいチェーンストアの生鮮商品の発注は、

①生産性を上げる目的で、

(i)商品にはRFIDを付けてプロセスセンターでまとめて自動で棚調べをし、

(ii)本書で示した修正指数平滑法で個店の受注数を計算して店舗納品する方向です。

(iii)個々の店舗でも修正指数平滑法を使って発注するなら、個店で発注する意味はなくなります。他の数式化した発注法をとっても同じです。

ドラッグストアチェーンの米国CVSではRFIDをまだ付けていませんが、店舗発注は配当エリアの中心にあるDC(出荷額は60店分の600億円)でまとめて行い、DCから店舗の棚に補充しています。ドラッグストアの化粧品、OTC医薬品、雑貨に鮮度管理は、ほとんど必要ないからです。

「店舗への入荷数-POS販売数-(万引きロス見込み)」を発注日の理論在庫として、DCにおいて定期発注法で計算し、個店に必要補充数を納品しています。米国では万引きが日本の数倍も多いからです。個店の棚割り(品揃え陳列)はエンドや特売に至るまで、全部をDC内にいる商品担当が決めています。画面で、個店の1アイテムごとの棚在庫の状況をモニターできます。店舗でも携帯端末で発注しているので、DCでまとめて行うことと同じ発注数になるからです。店舗で発注する必要がなくなるのです。

それがウォルグリーン(世界に1万8500店:年商14・7兆円:2018年)と並び、世界ナンバーワンクラスのドラッグストアのCVSケアマークです(全米に9769店:年商8・2兆円)。1万店を超えるチェーンで個店仕入れと個店品揃えができますか? できるわけありません。

DCがなく卸からの仕入れの日本

わが国で個店経営が喧伝されることがあるのは、店舗配置が配送エリアのドミナントではないためDCもなく、遠隔立地の店舗数が少ないからです。わが国のドラッグストアが現在、大合併に向かっているのは、DCを核にする商品集荷と配送システムを作って店舗の商品作業をカットすることと、PB開発が目的です。

DCシステムの目的は店舗の人的生産性を上げ、店舗の利益を高めるコストダウンです。店長も1店ではなく、複数店を管理します。店舗の商品管理・在庫管理は、30代の店長をリーダーとしたMBO（目標による管理）の方法による現場経営です。

2000年代始めにわが国大手小売業が作ったDCの目的は、パワーポイントのフリップを見ると「荒利益率の上昇」でした。前述したように目的からして間違えています。

生鮮以外の発注システム

店舗からの生鮮商品以外の最適発注数は、「定期発注数＝（発注サイクル日数＋1日）×そのアイテムの店舗での平均日販数－発注時点の有効在庫＋2×日販数の標準偏差×√（発注サイクル＋1日）」です。

このアルゴリズム（計算法のプログラム）はエクセルの関数を使った表計算で実に簡単に、1

日で作ることができます。最適発注数計算のエクセルと、在庫管理システムを連結すればいい。平均日販数と日販数の標準偏差を自動入力するだけです。

先行したウォルマート

ウォルマートはスーパーセンターを作った1980年代末に、UPCコード（日本のJANコード）でのDC管理システムを作り、店舗へは全部DCから配送するように変えました。さらに本部、物流、店舗の合計オペレーションコストを20％に下げて、25％の荒利益で売上対比5％の営業利益が出る仕組みを作っています。これを果たしたのが前述した「発注端末の魔法の杖（セブン-イレブンではGOT）」でした。

店舗の総コストは、売上比で15％に下げています。当時の競合相手だったKマートの店舗コストは売上比で23％くらいでした。8ポイントも差があり、これが同じ仕入価格でも全商品の平均で8％の価格差になったのです。

ウォルマートより店頭価格を高くできないKマートがトレードオフ型PBの安物売りに追い込まれたのは、ウォルマートがDCシステムを核にするサプライチェーンで店舗の運営コストを合理的に下げ、売価を下げたからです。10年後の倒産は、10年前に原因が発生しています。

④ 店舗の商品作業時間の半減に向かう取り組み

店舗の商品作業では、上流のDCシステムと連結することで、
①店舗からの発注作業をカットし、
②陳列の棚（ゴンドラ）に一致するカテゴリー納品も事前加工（プリ加工）で実現できることから、
③店舗で必要な労働人時は半減していきます。
陳列とレジだけの商品作業になり得るからです。
わが国の店舗での人的生産性の低さ（米国の2分の1）は、DCシステムを持たないことも原因になっています。

DCを中継点にするサプライチェーンがECになっていった

ウォルマートは、このDCシステムを世界で最初に「EDIによるサプライチェーン（ウォルマートとP&G）」と名付けました。メーカーの受注処理と、小売業のセントラルバイイングの発注システムの連結です。世界一になる企業は、世界で最初のことを行います。というより、世界で最初に大きな生産性効果のあることを行うから世界一になるのです。

現代ではECのアマゾン、全文検索エンジンのGoogle、中国のアリババでしょう。ア

マゾン、Ｇｏｏｇｌｅ、アップルは株価時価総額が１００兆円クラスです。トヨタが20兆円台、ウォルマートは30兆円台、ホームデポが20兆円台です。中国のアリババも40兆円台です。日本では最大のイオンがウォルマートの15分の１以下、アリババの20分の１の約２兆円です。これが小売資本の世界との差です。日本の小売業が資本市場で評価が低いことがわかる数字です。

アリババが望むなら、現金は要らない株式交換だけで、日本の小売業全部の上場企業を買収できます。それくらい情報化に遅れた日本の小売業の世界での会社価値は低い。これからの10年で、アリババ以上に資本価値も上昇させなければならない。世界のキャッシュリッチな投資家は、それを評価します。

マウスを使うWindows95とともに、世界でインターネット時代が始まった１９９５年以降は、インターネットの情報システムでした。ＥＤＩはメーカーと小売りが同じＵＰＣの商品コードを使って、発注、受注、納品、在庫管理、出荷のデータを送受信して、サーバーで処理することです。90年当時は高価なフレームリレーの専用回線での通信しかなかったのですが、現在ではインターネットと無線のＷｉ-Ｆｉが１店舗数万円の投資で簡単に使えます。

スマホとＷｉ-Ｆｉのイノベーション

世界では30億台のスマホが利用され、アフリカでも使われているＷｉ-Ｆｉは20年前には考えられなかった超高性能の通信システムです。その認識はあるでしょうか。

山奥の村からも世界中（例えば食が豊富なアルゼンチン）とテレビ電話、動画送信すら、ほぼ無料でできます（月5000円くらいの固定通信費）。商品情報のEDIで交換も、インターネット回線のVPN（仮想専用線）で容易です。必要なら商品画像つきで送受信してもいい。インターネットのTCP／IPで専用線のEDIは旧型になったのです。

海外の工場に行かなくても、開発する商品仕様と品質の打ち合わせは、ZOOMなどのテレビ会議のアプリで実行できます。国内でも、例えば山形の山間部にある食品の工場と大阪の本部で、画像とデータ入りの頻繁な打ち合わせをしてもいい。試作サンプルは宅配便で翌日届きます。これは本部のマーチャンダイザーが一度に多くのメーカーに開発・委託できるということです。海外を含んで、PB開発の生産性も上昇します。

送金は、銀行系の電子マネーで十分でしょう。相手が承諾すれば、仮想通貨で支払ってもいい。受け取った仮想通貨を取引所ですぐにドルや円に替えれば、変動型であっても価格変動のリスクは小さくなります。面倒で時間がかかり、レガシーになった信用状（L／C）での送金は不要です。手数料を低くした会社の国際クレジットカードでもいい。クレジットカードの中身は暗号のデータ送信であり、これは電子マネーと同じものです。

DCシステムが今後の流通の核になる

「アマゾン・ゴー」などAIによる販売の自動化を行っても、形がある商品を配送して補充するDCシステムは必要です。この意味からも2020年代の小売チェーンにとって、常備在庫を持つDCは発展の鍵になっていくでしょう。

出店の投資より優先して一刻も早く、「発注、および受注と在庫管理を完全に情報システム化したDCシステム」に着手する必要があるということです。店舗の人的生産性を一段も二段も上げる「DCシステムと店舗の連結」が、20年からの小売業の生き残り、勝ち残りの条件になります。

20年代中期からの物流は、大変化します。自動運転ができる高速道路と幹線道では無人になっていきます。商品運送ではドライバーのコストがおよそ50％ですから、仕入価格の5％がかかっている遠隔物流のコストも2分の1に向かうということです。一般道だけを、DCからドライバーが有人運転の中継点まで行って運転し、店舗へ持ってくればいい。AIは商品仕入れの全国物流も容易にします。物流のコストの半分は労働時間にかかる経費だからです。

あらゆる企業に通じる経営のコツは、激しい勢いで安くなる情報システムを大量に使い、高くなる人件費を労働生産性を上げることにより、節約することでしょう。

商品の陳列作業の細かいマテハン（保管、運搬、出荷）は、まだロボットにはできません。できますが、コストが高い。しかしそれ以外の全部の商品作業は、エキスパートシステム（専門家の技術のプログラム化）と深層学習型のAIで行うことができます。AIはエキスパートシステムを深層学習で、自動プログラムにしたものです。自動化されているので、人間がその判断と予測の理由を問うても答えません。判断は、原理的にいえば予測のことです。

企業競争の本質にあるのは、生産性の上昇による商品作業のコストダウンです。コストコが世界最強の小売りである理由は、会費収入（売上比2～3％）もあって、商品の売価に対する値入率（マージン率）が売価の12％から13％と世界一低いことです。店舗の総コストが売上比20％と低いウォルマートも値入率は25％付近です（19年）。

コストコの人的生産性は世界一

コストコは仮に仕入価格が同じでも、ウォルマートより平均で12ポイントは売価が低い。商品によっては30％も売価が低いということです。コストコは店舗コストを下げることで商品価値（機能・品質÷売価）を高めていて、大手小売りでは世界一の商品競争力になっています。

米国の2分の1でしかないわが国小売業の人的な生産性は情報システムとＡＩの多用で、10年で3倍から4倍に上げることもできるでしょう。

バックオフィスの会計システムなども処理ルールは決まっているので、損益計算書、貸借対照表、税務申告書作りまで自動化できます。総勘定元帳は全部データベース化されます。10年後の本部の仕事は、標準作業の教育部だけになっていくでしょう。

通信は現在の4Ｇから約100倍のデータ通信速度の5Ｇ（3・2Ｇｂｐｓ）になり、あらゆるところで進歩・高度化しているＡＩと連結されていきます。住宅も音声命令のスマートハウスになる。世界は近々の5ＧとＡＩで生産性革命に向かっています。先頭を走るべきは人的生産性が低い小売業ですが、この認識はあるでしょうか。

今後の小売業は生産性競争

業界に生産性の高い小売業が1社現れると、今のままでは競争負けになって売上げが減ります。生産性の高さとコストの低さで追いかけることができないと、脱落です。本書の読者には、業界でナンバーワンの生産性のチェーンになっていただきたいと願っています、追随は二番手としての負けだからです。

衣料では生産性がもっとも高いユニクロ、家具インテリア業界ではニトリの独走になっています。今後は5GとAIの利用により、生産性で業界首位になる期間は4分の1の5年に短縮していくでしょう。現在、日本のAIの利用は米国と中国の3周回遅れともいわれます。大きく遅れていることは、2020年代の普及が急速に進む可能性を示すことでもあります。日本は、人口減と労働者の減少を移民ではなく、AIで補うでしょう。わが国は方向が定まると、横並びで一瀉千里《いっしゃせんり》に進む文化を持っている国です。

変化の速度が世界一遅くなった日本企業

GDPが伸びなかった30年の中で、日本企業のビジネスの変化の速度は世界一遅くなっています。海外を旅行すると感じます。中国だけではなく世界中の後発国の都市は、もう先進国のレベルです。北京はまだしも、上海は8年くらい前に東京を超えています。ドバイの人工土地の摩天楼を見て、われわれはどう思うでしょう。われわれがあまり知らないアゼルバイジャンやトルクメニスタンも成長力（＝GDP生産性の上昇率）は高い。

人間は五感の感覚器でデータを受け取り、頭でデータ処理を行っています。AIは両者を自動化します。語感のニュアンスは消えますが、リアルタイム音声で多言語の自動通訳すらできるようになってきました。数年後には精度が上がり、翻訳は完全化していくでしょう。文法のルールは固定していますから、AIで自動通訳ができます。われわれが読めない平安や鎌倉時代の毛筆の流れるような草書を読むAIも作られています。学術論文では十分に可能です。成功が2万5000分の1といわれる新薬の製造には、試行錯誤のシミュレーションとして使われています。

ただし小説や詩の言語が持つ、文脈で「詩的な意味」を出す文章の解読はまだ無理です。

⑤ PBにおける価格と商品価値での競争優位

小売業が店頭売価にしか関与できないNB商品は、生産力が需要を超過しプールの水があふれるような飽和が起こっています。小売業はNBに対して身を切る価格割引しか方法がありません。NBが90％以上だったわが国では従来、小売業のディスカウントとはNBの値下げでしかなかったのです。

2020年代はNBの販売だけなら、既存店では2％から3％の売上げの減少が続くでしょう。平均的な小売業の売上げの増加は「出店の売上げ－既存店の売上げ×（2％～3％）」。20

年代の売上増加はどの店舗でも販売でき、微差の割引競争をしているNBではなく、「顧客にとっての商品価値（機能・品質÷売価）の高いPB」でしか得られなくなります。

45兆円の飲料と食品

小売需要の45％の45兆円を占めているのはSM（スーパーマーケット）、コンビニ、ドラッグストアが販売している飲料と食品です。45兆円の食品の中でも、SMでは総売上げの60％を生鮮（肉、魚、青果、惣菜、お弁当、ファストフード）が占めています。生鮮の中でもっとも伸びているのは、すぐに食べるファストフード化した、中食用のおにぎりを含むお弁当・惣菜です。5万5000店のコンビニがファストフードの最大手です。

わが国の世帯は高齢化とともに小家族化していますが、夫婦2人で食材を買って調理するのは不経済です。4人家族の時は、ほとんど毎食を作っていた。しかし大きく増えた家族2人以下の世帯（3300万世帯：世帯構成比62％：2015年）ではファストフードが増える。単独世帯（1800万世帯：構成比34％）では、とりわけ増えます。中食市場は10兆2518億円に増えています（日本惣菜協会：2018年）。年間増加は、2000億円です。

販売のチャンネルでは、①コンビニ3・3兆円、②専門店3・0兆円、③SM2・7兆円、④GMS9500億円、⑤百貨店（デパ地下）3600億円です。

カテゴリー別では、①米飯類（弁当、おにぎり、寿司）46％、②惣菜（おかず：代表はコロッケ、唐揚げ、天ぷら、サラダ）36％、③袋物惣菜7％、④調理麵6％、⑤調理パン5％です。

お弁当、おにぎり、おかずで82％を占めています。米飯弁当で４・７兆円の需要と知れば、その大きさに驚くでしょう。全国の平均単価を４００円とすると１１７億５０００万食分。人口１人当たりで年間で１００食、月間で８・３食を食べています。２人世帯ではこの2倍、単独世帯では4倍でしょう。

衣食住の全品種の中で、1品種でもっとも需要が大きいのが米飯弁当です。富裕層の歌舞伎や相撲観戦時の幕の内弁当が食文化として伝承されてきたからです。ハンバーガーやサンドイッチしかない外国人が日本に来て驚くのは、お弁当のおかずの種類の多さ、おいしさです。世界に誇るべき文化です。オーストラリアからの交換留学生が拙宅にいた時、「なぜ毎日、お弁当のおかずを変えるの？　オーストラリアでは、いつも同じサンドイッチだけど」と言っていたことを思い出します。和食は世界中で人気があります。

生鮮は自社ＰＢという認識が薄かったＳＭ

ＳＭにとっては、生鮮の全部が店舗のＰＢです。しかし業界では従来、ＰＢという認識は薄かった。肉、鮮魚、惣菜、弁当での初期には、地元の専門店をテナントに入れたコンセッショナリーチェーンが多かったからです。

現在は、ＳＭでは店舗内での調理が多い。このためもあってＮＢに商品価値で対抗する意味を持つＰＢとしては、認識されてこなかったのです。ＳＭのＰＢといえば、生鮮以外のグロサリーでのＰＢを挙げることが今も続いています。モデルだった米国のＳＭでは、生鮮を冷凍・

冷蔵してグロサリー化してきたためでしょう。米国のSMでは肉と魚を冷凍のまま売ることが多い。日本では生《なま》のままか、解凍してカットして販売しています。

モデル化したPB開発の事例

これからの小売業のPB開発のモデルとして、世帯のニーズが4・7兆円（117・5億食）と、もっとも大きな米飯弁当を取り上げます。コンビニのみならずSMにとっても、米飯弁当は顧客のデスティネーション（目的来店）になります。弁当を買う目的で来て、他の食品・飲料を1500円分くらい買うということです。

需要が伸びていない商品領域で店舗売上げを増やす戦略は、コストをかけても難しく採算割れになります。惣菜や弁当のように時代変化から需要が年々増えている領域では、はるかに容易に売上げを増やすことができます。食品ではお弁当・惣菜です。おにぎりは米国のハンバーガーに相当しています。

筆者の住まいの近所にある人気の高い揚げ物惣菜とお弁当の専門店と、調理パンの専門店では、毎日顧客が列をなすくらい多い。駐車にも待ち時間があります。やっと空いたと、入って行くくらいです。新店オープン日以外のチェーンストアで、そうしたことがあるでしょうか。需要が増える領域の商品をもっと増やすマーチャンダイジング（商品開発〜品揃え）をしていないからです。

顧客ニーズはおいしい、リーズナブルな価格帯のPBでは飽和していません。ニーズに対して供給する店舗が少ないから、商品価値の高いＰＢを作って販売する店舗には行列ができます。これは日本全国に共通な現象です。１人の主婦が驚くくらい多く買っています。時代のニーズが高い商品では、こうした「びっくり現象」が起こるのです。

ＰＢの商品価値が日本一の食品スーパーがある

小さな食品スーパーにも、その価格の商品価値では日本一ではないかと思える惣菜、おはぎ、米飯弁当をバックヤードで作って販売している製造小売型の店舗があります。前述の「さいち」です。元は調理人ではなく素人です。顧客が列をなし棚の惣菜・お弁当を争って買っています。旅館の仲居さんに訊ねると、「喜ばれるお土産はさいちさんのものです」とその店名を挙げます。ＳＭ（スーパーマーケット）でそういった店舗があるでしょうか。価格は低い。ポピュラープライスの下のほうです。調理とパッキングが上がって棚に出ると、短時間でなくなる。補充される時間を待つ。こうした食品スーパーも存在しています。惣菜・弁当専門のＳＭといっていい部門構成です。ＮＢのグロサリーは付属品的な品揃えです。

時流となった食への価値観

共通する価値の鍵は、「おいしさ」です。ＴＶ番組でも、日常食のグルメ番組が実に多い。価格が低い中での「おいしさ」がわが国の現代の共通ニーズになっているからです。コマーシャルが収入源である民放の番組は、試聴率が低いと続けることはできません。視聴率も高いことを示しています。こうしたことが、「マーケティング」、つまり時代のニーズの探索です。

1年に1回も行かないような高価なミシュランのグルメではない。1食で400円から600円、あるいはワンコインという、日常的な低い価格の中のミシュランです。顧客の生活水準を向上させるという目的を持つべきチェーンストアは、時代のニーズに敏感でなければならない。

わが国のスーパーマーケット

わが国のスーパーマーケットは例えばカレーライスを作るのに、肉屋、八百屋、乾物屋を回らなくてもいいワンストップの、食の総合部門の店舗作りから出発しています（1960年〜70年代）。次の関門は、「高かった牛肉のすき焼きを普通の家庭が気軽に食べることができる価格にする」という関門でした（GMS：70年代）。80年代、90年代は特売に流れるだけで経営の方向（オリエンテーション）の混乱が続き、現代は、「日常的な低い価格でのミシュラン」がニーズでしょう。事例に挙げた「小さな食品スーパー」の惣菜とお弁当への顧客の列は、満たされないニーズの高さを示します。SMのチェーンが経営の使命とすべきものがこれでしょう。経営者のミッションは顧客ニーズを満たすことです。

顧客が集まれば利益が出て、利益は商品価値を高めることに使うことができます。事実、事例のSMの原材料費率は60%であり、一般のSMの2倍です。たくさん売れるから、原価率を高めて値入率は低くしても、荒利益額は確保できる。これがSMのあるべき姿です。

店舗で必要なものは、荒利益率の高さではない。陳列線では90㎝当たりで測ることが多い荒利益額（売単価×売れ数×荒利益率）です。売れ数が2倍なら荒利益率が半分でも、荒利益額は同じです。売れ数が3倍なら荒利益額は1・5倍。競合する他店と比べて商品価値が目立って高いと、顧客ニーズの強い商品の売れ数は翌月から3倍、4倍にも増えます。おいしいPBの食品は需要が飽和していません。強いニーズに対し、供給が不足しています。

「すき焼きを日常食に」としていたSMの現代の関門がここです。NBのグロサリーでは大きな割引特売でも起こらないことが、PBの生鮮部門（精肉、惣菜、鮮魚、お弁当、ファストフード）では発生します。

パックの量が多過ぎ、価格帯が高めなのが難ですが、コストコの生鮮もこれです。パン、精肉、鮮魚がおいしい。青果は鮮度が高い。NBでは飽和している食パンでも、「おいしい食パン」なら、ユニット単価が1・5倍でも売れています。時代のニーズが大きいからです。

45兆円の食の商品価値の時流

多く売れるには理由があります。商品価値（機能・品質÷価格）の高さです。おいしさは現代では、カロリーよりはるかに重要な価値です。カロリーと成分の栄養が重視されたのは、1960年代、70年代の貧困な時代でした。現代では、①低いカロリー、②アンチエージングや生活習慣病の予防、③食からの健康、④おいしさ、⑤無添加が価値です。これらの価値要素が人々に共通の社会主観（科学的には集合知）になっています。時流ともいいます。

図⑤-2-1　小売業によるPB開発のコストと商品価値の優位

(1) NB商品の卸原価＝企画開発費＋原材料費＋加工費＋在庫リスク＋メーカー利益＋卸の流通コスト＋卸利益

店頭売価　＝NB卸原価＋小売りの値入額

(2) PBの仕入原価　＝企画開発費＋原材料費＋委託加工費

PBの店頭売価　＝PBの仕入原価＋小売りの値入額

（注）小売業のPB開発では、「在庫リスク＋メーカー利益＋卸コスト＋卸利益」が要らない。このため国内の工場での開発でも、原材料費・加工費を同じとしても、約20％は低い仕入原価になる。同じ値入率でも、売価は同等のNBの20％安にできる。
コスト適地での委託生産の場合は、「原材料費＋加工費」が現地価格（事例：日本の２分の１から３分の１）に下がる。ただし、海外からのコンテナ輸送コストが加わるが、1品当たりでは低くなる。コンテナ輸送費を25万円として、衣料が1万枚入る時は、1品25円である。
PBの商品価値＝使う立場、食べる立場での商品の機能・品質÷売価
NBと同等の機能・品質の場合、売価を下げた分、商品価値は上がる。

図⑤-2-2　惣菜・お弁当のPB開発のための試作品価値の評価チャート

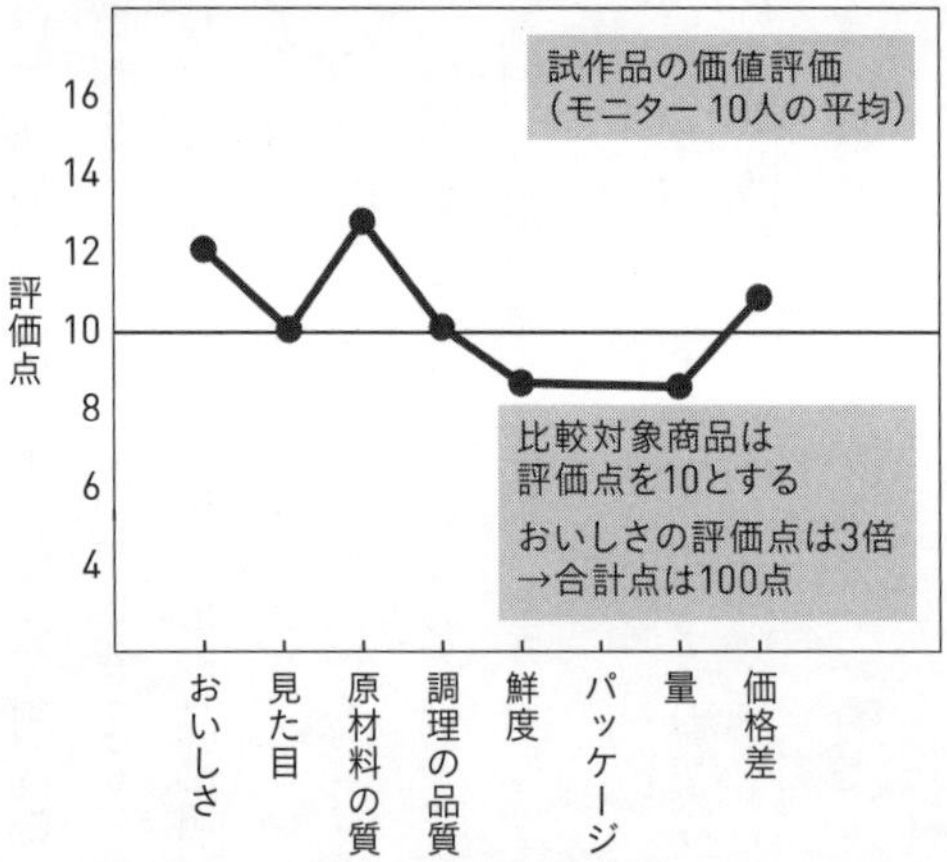

（注）評価チャートは、エクセル上に作るといいでしょう。品種ごとに価値要素は違います。現代の日本では、食品でもっとも重要な価値はおいしさです。グルメのテレビ番組世界一が日本です。

感想/意見の記入
・優秀な点
・問題点など

２０１９年になって都市型小型スーパーの新店で、この時流に気がつき、自社チェーンの従来のマーチャンダイジングの方向を5つの価値要素に向かって転換したところも出ています。

米国では抵抗がない肉や魚の冷凍品が売れにくいのも日本の特徴です。刺身と寿司の伝統文化があるからです。伝統文化は対象化されず、われわれの血肉になっています。

ＳＭでは、冷凍のマグロをわざわざ解凍して売っています。高周波で振動させ細胞を壊さず冷凍するＣＡＳ（Cells Alive System）はありますが、手間と時間（コスト）がかかり普及していません。寿司屋での冷凍保存に使えばいいかもしれません。

プロセスセンターで調理に使う包丁の切れ味は、魚肉、食肉の細胞を押しつぶさずエッジを立てて切るために味にとって重要です。調理の標準化として大切な要素でしょう。魚や肉の舌触りと味を左右します。切れ味の悪い包丁を使う寿司屋の名店はありません。注文を受けたあとに切る。切っておくと、冷蔵で水分が蒸発し、乾燥して味が落ちるからです。原材料そのものより、調理の過程も大切です。ただしこれはＳＭでは実現できません。数時間前に切った刺身を冷蔵しておかなければならないからです。寿司の文化を持つ日本人の生鮮の鮮度と味へのこだわりは、世界で最高レベルのものです。

ここでは商品価値の優位を持つ、お弁当と惣菜のＰＢ開発の方法と手順を示します。

市場の規模が４・７兆円と大きく、顧客のニーズが毎年増加を続けているからです。世帯の少人数化と高齢化は、家庭で調理をしないファストフードのニーズを増やし続けます。ＳＭで顧客を吸引するデスティネーション商品に浮上してきたのが、お弁当・惣菜・ファストフード加からです。5万5000店のコンビニが成り立ってきたのも、この商品カテゴリーへのニーズの増です。

お弁当のPB作りの手法

①価値評価チャート作り

まず商品部の担当マーチャンダイザーがお弁当の評価チャートを作ります。参考事例は図⑤-2-2に示しています。おいしさの評価点を30点として評価点を重くします。さらに見た目、原材料の質、調理の品質、鮮度、パッケージ、量、価格差をそれぞれ10点として合計を100点とするものです。マーチャンダイザーが他の価値要素を作ってもいいでしょう。

これらの価値評価について、絶対的な基準はありません。モデル商品との比較法をとります。比較すれば、誰でも評価ができるからです。

②モデルとするお弁当を日本中から探す

ベンチマークの比較モデルとなる、もっとも商品価値が高いと判断されるお弁当を県内のSM、GMS、専門店、デパ地下などで探します。モデルの価格帯は、試作するPBの想定価格から50%高くらいまででしょう。400円とするなら、400円から600円の範囲がめどです。県内に適当なものがない時は全国から探します。このモデル選びは重要です。

③試食会を開き、試作品の評価を受ける

自社工場でマーチャンダイザーが工場と仕様を打ち合わせて作った試作品のお弁当と、モデルの評価をします。両方を並べて、モニターになった社員とパートが実際に食べ比べた結果を価値評価チャートに記入してきます。事例ではモデルの評価を10点として、試作品がおいしさで上回るなら10点を超える評価をします。16点を最大、4点を最小の比較評価としています。それぞれの価値要素についてモニターが評価し、言葉と数字での意見を記入します。

モニターとしては、社員・パートから選んだ10人から14人が適当でしょう。その日は同じ会場に集まってもらい、数種のPB試作品の評価をします。顧客の主婦モニターが混じってもいい。より客観的な価値評価になります。

これが「集合知：Collective Intelligence」といわれる科学的な方法でのモニターです。透明のガラス瓶にジェリービーンズを750個入れておく。ランダムに選んだ通行人に声をかけて、「瓶の中に何個入っているか」と尋ねる。Aさんは350個、Bさんは500個、Cさんは1000などと相当に幅広いばらつきが出ます。不思議なことに、30人くらいが答えた数値を合計して平均にすると、750個に近い数字になっています。これが個人ではできない「集合知（集団が持つ知性）」です。現場の社員やパートをモニターにすると、組織の士気は上昇します。自分たちがPB開発に参画するからです。

市場で売買されて決まる株価も、その時点の情報総合からの集合知です。選挙結果も同じです。社会の集合知が「適度」と思える判断をしています。

社会学の根拠になったものがこの集合知です。昆虫の個体同士が協力し合うように全体としてコロニーを作って振る舞うことの観察から発見されたものです。蜜蜂は蜜を集めて見事な巣を作りますが、デザイナーの蜜蜂（個のインテリジェンス）がいるわけではない。集団が知識を持っています。コロニーになるアリの巣も同じです。株価も投資家集団の集合知が作るものです。経済の商品価格、金融の金利も、個体がコミュニケーションし合った結果の集合知によるものでしょう。経済学は「価格と取引を決める市場」として集合知という概念を持っています。学問も、学者の歴史的な集合知の累積で作られています。学問では適者生存の原則が作られています。古典が作られるのは、集合知での検証の結果です。

8つの価値軸における評価チャートの10点の合計値は、おいしさを30点の配点にしたので100点です。モニターの評価の平均が100点を上回った時、試作品のお弁当の仕様を合格として生産し、店舗で試売します。試売して売上げが大きく伸びない時は、再び比較価値のモニターを行います。

100点に達しない時は、仕様を改善して試作を繰り返します。注意事項を言えば、モニターは味がわかると自称する1人や役員では、個人のバイアス（偏り）があって駄目だということです。10人から14人の社員モニターを決めて実行すべきです。モニターは主婦に近い素人がいいのです。アダム・スミスが市場の「見えない手」とした「集合知」を使うからです。株でも同じですが、世評で玄人とされる人の評価はバイアスがあり、間違えることも多い。プロの料理人の評価も同じです。

④既存商品のモニター評価

現在のお弁当について、改めてモニターによる評価のし直しも必要です。400品目あるなら、１日20品目を連続で行っても20日かかります。モニターによる比較評価で合格しない商品は仕様変更のカイゼンが必要です。生鮮のＰＢ開発は、マーチャンダイザー１人での評価では間違えます。必ず10人から20人によるモニターの評価を経ます。これも実は、ＰＢ作りの標準化の一環です。

なお消費価値の評価軸は、品種ごとに変わります。評価軸を作ることは、開発マーチャンダイザーの重要な仕事です。顧客にとっての商品価値の要素が何かを知らないとＰＢの仕様の決定はできない。目標と方法を持たず、自分の基準で漫然と行っていることにしかならない。

ＮＢの大手食品メーカーでは、「集合知」は知らなくても、以上に類することが実行されています。カップ麺や、冷凍惣菜では徹底して行われていることです。使う顧客、食べる顧客にとってＮＢより価値の高いＰＢを作るには、評価軸を持ったモニターが必須です。以上のモニター評価を経た食品の売上げは保証できるものです。

真面目に実行して約１年経つと、事例の食品スーパーのように「行列ができる店舗」になっていきます。

チェーンストアであるコストコの生鮮全部は、ＳＭチェーンの比較評価の対象として適当です。肉や魚では、同じ方法で調理した後のものをモニター評価します。衣料、耐久財、家庭用品のＰＢでも当然、モニターによる集合評価が必要です。チャン・キムの「ブルーオーシャン」での商品価値の比較評価をヒントに、さらにわかりやすくして作った方法です。本書で述べてきた商品価値の位相差を作れば、総額が伸びない市場での青い海を開くことができます。

60歳以上になると1人当たりの需要がおよそ半分減る衣料品チェーンでは、住関連ともに2018年からすでに大閉店の時代が始まっています。SMでは、1000万人の団塊の世代が75歳を超えていく23年ころからでしょう。この時期からは横ばいを保っていて、増える年度もあった食品需要も減り始めます。SMで現在のコンビニのようなPBの店舗を作れば、国内の需要減に束縛されることなく、コンビニのようにアジア、米国、欧州にも出店できます。

⑥ 4000億円（40億個）売れるコンビニの大型商品になったおにぎりの開発事例

ファストフードという用途カテゴリーの設定に基づく、コンビニのPBであるおにぎりの開発をモデル事例にして、技術的な進化の12のハードルを示します。おにぎり屋が行っていないことにはハードルがあります。PB開発の全般に、業種メーカーが作ってこなかった原因である技術ハードルがあります。コンビニの本部マーチャンダイザーは、400mハードル競走のように高速でクリアしてきたのです。

「おにぎり屋とは違う、ファストフードとしてのコンビニ用おにぎりのPBビジョン」のハードルを高めながら作ったことが原動力でした。単純な商品にも、今まで行われていないことには、必ず技術的な困難があります。その困難にぶつかった時、妥協しなかったのです。コンビニでは今日も、顧客にとって商品価値の高いおにぎりを作るため、研究活動をしています。S

Mの生鮮の開発、他のＰＢ開発も、コンビニのようでなければならないでしょう。

ニトリは家具・インテリアで、ユニクロはカジュアルウェアでこれを行ってきたのです。品目の数だけの開発戦略の物語があるでしょう。

①需要の想定

新鮮で作り立て、手作りのふっくら感、おいしさという３つの商品価値。このうち他の数倍の最重要な要素はおいしさです。

消費者のニーズはこの３つの価値要素に集約されるように単純です。ただし、それを遠隔のプロセスセンターで作っておいしさを落とさず、店舗に補充し続けるのは容易ではなかった。このためコンビニ用おにぎりにはメーカーもなく、存在もしなかった。そこで30代のマーチャンダイザーが自ら開発したのです。

②おにぎり屋にはない新しい技術の開発

（ⅰ）米の産地、銘柄、炊き方の実験と試食テスト
（ⅱ）味を落とすＰＨ調整剤という添加物を使わない（２００２年以降）。

（ⅲ）のりの産地、銘柄とのその巻き方（ぱりぱりか、手巻き型のしっとりか）

（ⅳ）具材…具を入れる中心の穴をどうあけるか。

（ⅴ）穴をあける機械を川崎の中小企業（町工場）である30人の機械メーカーが開発した。

　　中心の棒を回転させながら、ご飯を入れる従来の方法では硬くなる。

　ご飯をふっくら炊いて全体を軟らかくしておいて、穴をあける。

(vi) 塩…2001年まではご飯を塩水につけて炊くことで塩味にしていた（おいしくない）。おにぎりに外から塩をまぶす。ご飯100gに対して塩1gの最適量を守る機械。真空計量法で解決した。塩と反対側の管は一時的に真空に近くして振りかける。大阪の中小企業のシノブフーズが2001年に開発。

(vii) 1976年…パリッコ・フィルム方式の開発。

2001年…和紙フィルムの開発…150円以上の高級感のあるおにぎり用。

2010年…パラシュート・フィルム方式の開発。

現在はセンターカット方式：フィルムにご飯と具材がくっつきにくい。

(viii) サイズ…2005年、1個でファストフードにするため、1・9倍のご飯と4種の具材を入れた。180g（400カロリー）、価格は198円（ファミリーマート）。

一般のおにぎりは100円から120円。

(ix) ひとくちサイズのおにぎりの開発：80グラム…女性に人気。80％は女性客だった。

(x) 高級化…おいしい「こだわりおにぎり」…2001年セブン-イレブン。価格は160円から170円。

(xi) 2002年4月には180円で鯛めしおにぎりを開発…セブン-イレブンの新商品。毎月2桁の伸びだった。顧客ニーズにおいしさが合致したため。

③配送・物流

・セブン-イレブンでは1日3回から4回補充。配送コストをかけて鮮度を高める。

・最低発注単位は店舗の販売数に合わせて1個から。

技術的には右記の11のハードルがあり、これが最低数1個単位の頻回補充と合体したのです。コンビニおにぎりが4000億円の主力商品に育った原因です。もっと大きな鍵はプロセスセンターで、機械で大量に作ったおにぎりを作り立てに近い鮮度でおいしく提供することです。時流の価値観が、「150円以内でのおいしさ」だったからです。米飯のお弁当では「500円以内でのおいしさ」というニーズを探るのが、マーチャンダイザーと経営者が持つべきマーケティングの仮説でしょう。

確かに思える仮説に基づいてPBを試作し、販売実験を重ね、カイゼンを続けていかなければならない。PB開発の技術には、トヨタの自動車作りと同じように限界がない。進歩が止まり、3カ月単位の新商品がなくなれば売上げの停滞です。10年後には、今のコンビニおにぎりも、コンビニ間の競争から10年後の自動車のように進歩しているでしょう。

おわりに

2020年代は、どこの店舗でも売るNBの割引価格や特売で、店舗の売上げを上昇させていくことは難しくなっていきます。小売業は使う顧客、食べる顧客にとっての比較商品価値を高めた「位相差の商品価値のPB」によってしか既存店の売上げが増やせない時代が続きます。既存店の売上げが約3%減っていく中で必要な人的生産性を高めていくのは、実際は難しい。スクラップ&ビルド、経費の合理化、人的生産性の上昇は、セブン-イレブンのように業績を上げている時期に行わないと効果的ではない。

売上げを増やすには、本書で書いた商品価値の高いPB作りが必要です。下限でも既存店の売上げでは前年比98%以上が必要だからです。地方都市と郡部の市場環境では、既存店売上前年比97%が20年代の平均でしょう。市場環境から消費需要が増えることは、今後の数十年ないのです。

売上げが減って1人当たりの商品処理数量（売上数量÷総人時）が減っていくと、生産性の維持だけのために労働人時を売上減以上に減らしていかねばならない。試算では1年10%の労働人時削減が必要になります。100人が90人、80人、70人、60人、50人と減らして1年に5%から7%という必要な生産性を上げることができるものです。この過程で正社員・パートの賃金を上げることができず、構造的な赤字になり脱落していく店舗が増えるでしょう。

米国では、ＥＣの増加（アマゾンは年率25％で売上増加）により大閉店時代に向かっています。店舗を持たないＤＣシステムのアマゾンも、25兆円というウォルマートの半分、イオンの３倍の売上げを背景にＰＢを作っています。わが国では、ＥＣより地域人口の減少による総需要の低下の中で出店が続くことから、20年代は米国のように大閉店時代になっていくでしょう。こうした面からも勝ち残る店舗にはチャンスが大きくなるのです。赤字の競合店の閉店は、残る店舗の売上げをワンランク上げるからです。

本書で述べてきた、

①商品価値の高いＰＢの標準化した方法的な開発と、

②人的な生産性の上昇がどの店舗にも必要な時代がこれからの20年です。断言できることです。

経営者の深慮遠謀のないビジョンから、冒頭に挙げた個店経営に後退すべき時では毛頭ない。

本書は、１００万店の小売業の全社で読んでいただきたいと願っています。

質問や反論も待っています。メールの宛先はyoshida@cool-knowledge.comです。

18年前から「ビジネス知識源プレミアム」として週刊の有料と無料のメールマガジンを「まぐまぐ」などから発行しています（有料版は1カ月６６０円）。両方とも金融経済と流通論を送っています。購読をお薦めします。

→https://www.mag2.com/

著者略歴

吉田繁治（よしだ・しげはる）

1972年、東京大学卒業（専攻フランス哲学）。流通業勤務のあと経営とITのコンサルタント。87年に店舗統合管理システムと受発注ネットワークをグランドデザイン。経営、業務、システムの指導。95年〜2000年は旧通産省の公募における情報システムの公募で４つのシステムを受託して開発。2000年、インターネットで論考の提供を開始。メールマガジン『ビジネス知識源プレミアム（有料版）』『ビジネス知識源（無料）』を約４万人の固定読者に配信。経営戦略、商品戦略、在庫管理、サプライチェーン、ロジスティクス、ＩＴ、経済、世界金融、時事分析の考察を公開し、好評を得る。主な著書に『アフターコロナ次世代の投資戦略』『臨界点を超える世界経済』『仮想通貨 金融革命の未来透視図』『米国が仕掛けるドルの終わり』『膨張する金融資産のパラドックス』『マネーと経済これからの５年』『マネーの正体』（いずれもビジネス社）、『財政破産からＡＩ産業革命へ』（PHP研究所）、『ザ・プリンシプル：サム・ウォルトンが実践した経営の成功原則100』『利益経営の技術と精神』『新しいチェーンストア理論』（いずれも商業界）などがある。

HP：http://www.cool-knowledge.com/
メールマガジン：http://www.mag2.com/m/P0000018.html
e-mail：yoshida@cool-knowledge.com

新装改訂版 新しいチェーンストア戦略

2021年１月15日　第１版発行

著　者　吉田 繁治
発行人　唐津 隆
発行所　株式会社ビジネス社
〒162-0805　東京都新宿区矢来町114番地　神楽坂高橋ビル５階
電話　03(5227)1602（代表）
FAX　03(5227)1603
http://www.business-sha.co.jp

印刷・製本　株式会社光邦
カバーデザイン　大谷昌稔
本文組版　茂呂田剛（エムアンドケイ）
営業担当　山口健志
編集担当　本田朋子

ISBN978-4-8284-2249-7